PRAG

Michael Bussmann
Gabriele Tröger

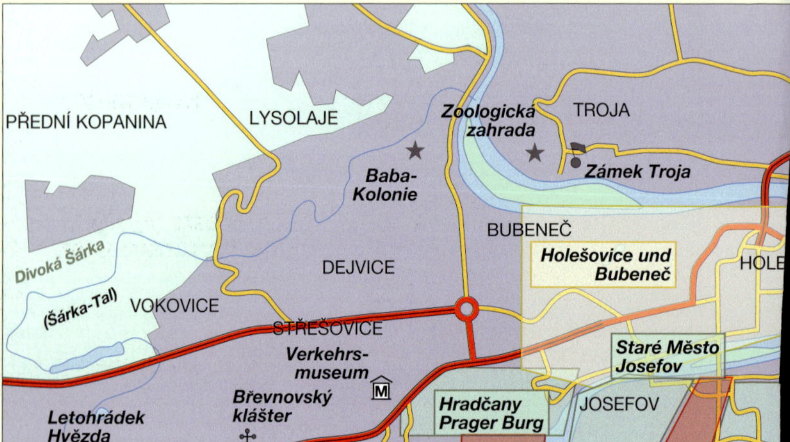

PŘEDNÍ KOPANINA
LYSOLAJE
Zoologická zahrada
TROJA
Zámek Troja
Baba-Kolonie
BUBENEČ
Holešovice und Bubeneč
HOLE
Divoká Šárka
DEJVICE
(Šárka-Tal)
VOKOVICE
STŘEŠOVICE
Verkehrs-museum
Staré Město Josefov
Břevnovský klášter
Hradčany Prager Burg
JOSEFOV
Letohrádek Hvězda
BŘEVNOV
Müllerova vila
Malá Strana
STARÉ MĚSTO
VINOHR
Bílá hora
Panna Maria Vítězná
MOTOL
Nové Město
VRS
KOŠÍŘE
SMÍCHOV
Vyšehrad
NUSL
Smíchov
VYŠEHRAD
RADLICE
STODŮLKY
PODOLÍ

Reisepraktisches

Geschichte und Architektur

Nové Město

Staré Město (Altstadt)
Josefov (Josefstadt)

Malá Strana

Hradčany (Hradschin)
Pražský hrad
(Prager Burg)

Smíchov
Holešovice und Bubeneč

Žižkov
Vinohrady

Ziele rund um
die Innenstadt

Ziele rund um Prag

Text und Recherche: Michael Bussmann und Gabriele Tröger
Lektorat: Angela Nitsche, Sabine Senftleben
Redaktion und Layout: Dirk Thomsen
Fotos: Michael Bussmann, ausgenommen S. 58 (Fotoarchiv Obecní dům), S. 82 (Prague Pill) und S. 221 (Karsten Luzay)
Titelfotos: oben: Karlsbrücke
unten: Am Altstädter Ring (beide Michael Bussmann)
Umschlaggestaltung: Karl Serwotka
Karten: Gábor Sztrecska, Judit Ladik, Susanne Handtmann, Matthias Patrzek

Danksagungen

Ein herzlicher Dank für die vielen wertvollen Tipps gilt insbesondere Renate Zöller, Till Janzer und Gerald Schubert. Des Weiteren den Lesern: Roland Heindl (Sengenthal), Kerstin Mangels, Barbara und Karl Stockmann (Dresden), Michael Strehler (Bamberg), Günther Krämer (Lonsee), Heike Otto (Köln), Alexander Schertz, Robert Briese, Dr. A. Klumpp (Hohenheim), Bernhard Angermair (Wien), Thomas Waeber, Pamela Kierath und Felix Loebbel (Hamburg), Sabine Schulz, Dr. Walter Stütz (Künzelsau), Markus Rörig (Iserlohn), Torsten Abraham, Anja Röglin (Berlin), Stefan Belz, Boris Demuth (Pressath), Erika und Peter Fegeler, Andrea Dohmessen und Dirk Lenzkes (Düsseldorf), Heiko Ratzburg (Ilmenau), György Molnar, Heidi Walter (Esslingen), Anka Siever-Ludewig (Breckerfeld), Hans Pürner (Sulzbach-Rosenberg), Dieter Wolters, Hermann Kupfer, Judith Weibrecht (Fürth), Reinhard und Hannelore Dolle, Axel Haberstolz (München), Doris Winkler, Peter Reinwald, Jens Kalliefe, Carolyn und Wolfgang Ohnesorge, sowie Ursula Lemmertz (Freiburg).

ISBN 978-3-89953-336-1

4. komplett aktualisierte Auflage 2007

INHALT

Zeichenerklärung für die Karten und Pläne

Autobahn	Grünanlage	Kirche
asphaltierte Verbindungsstraße	Haltestelle Metro	Kloster
asphaltierte Straße	Straßenbahnhaltestelle	Sehenswürdigkeit
Nebenstraße	Botschaft	Flughafen/-platz
Piste	Information	Bushaltestelle
Stadtrundgang	Post	Taxistandplatz
	Parkplatz	Bank/Wechselstube
	Tankstelle	Supermarkt

Alles im Kasten

PRAHA
VÁNOCNÍ POZDRAV
PRAGUE'S JEWISH TOWN
PRAHA - ŽIDOVSKÉ MĚSTO
JOHN LENNON
KARLŮV MOST PRAHA CHARLES BRIDGE

Über den Dächern von Prag

Prag

Um all die Facetten der tausendjährigen Stadt zu entdecken, bräuchte man Wochen. Um sie zu verstehen, Jahre. Genießen aber kann man Prag auf Anhieb.

Prag ist eine Stadt im Wandel, eine Stadt auf dem Weg zu einer neuen Identität im Herzen Europas und innerhalb der EU. Die Tristesse aus der Zeit des Sozialismus ist passee, das Grau der Fassaden übertüncht. Das Attribut „golden" trägt Prag wieder zu Recht. Farbenprächtig und lebensfroh präsentiert sich das Zentrum. Anteil daran haben auch die Millionen Besucher aus aller Welt.

Prag zeigt seine Reize freizügig: eine erhabene Burg, hundert Türme und Kuppeln, verschlungene Gassen und prächtige Straßenzüge mit Bauten aus der Gründerzeit. Die Schätze liegen nicht wie in anderen Metropolen in Museen versteckt. Zwei Weltkriege hat die Stadt dank der ausgebliebenen Bomber nahezu unbeschadet überstanden, das kommt ihr zugute. Aber nicht nur die Vergangenheit ist an allen Ecken lebendig, auch die Gegenwart. Als eine pulsierende, weltoffene Metropole präsentiert sich Prag, als eine Stadt, die voller Optimismus in die Zukunft blickt.

Ein Optimismus aber, den nicht alle Bewohner teilen: Während sich in trendigen Cocktailbars die neureiche Oberschicht zur Caipirinha trifft, hinter mondänen Glasfassaden die Weichen für das Prag des neuen Jahrtausends gestellt werden, in schicken Shoppingcentern die noch unentdeckten Eva Herzigovás flanieren und in prächtigen Jugendstilcafés Touristen über Kafka und den Golem plaudern, sitzen die einfachen Arbeiter in den Eckkneipen dicht gedrängt beim Pausenbier und studieren die Quoten der Fußballwetten. Ihre Frauen durchwühlen die Wäscheberge der Secondhandläden, von der glamourösen Hochglanzwelt können sie nur träumen. Auf den Straßen knattern Auspuffe, Presslufthämmer und Ampeln um die Wette. Am Gehweg daneben erledigt der humpelnde Rauhaardackel sein Geschäft. Sein verarmtes Frauchen – zum Zaungast im neuen Prag geworden – kramt in der Mülltonne. Nur eine überfüllte Straßenbahn schaut zu. Prag hat verschiedene Gesichter.

... zwischen Gotik und Moderne

Das historische Zentrum Prags präsentiert sich als einzigartiges Freilichtmuseum, nicht umsonst ist es Weltkulturerbe. Gotik, Barock, Jugendstil, Kubismus – die architektonische Vielfalt auf engem Raum ist überwältigend. Mehr als 2000 historische Gebäude auf einer Fläche von rund 860 ha. Die Synthese von „Moderne und koboldhafter Romantik" entdeckte schon Thomas Mann in der Moldaumetropole. Daran hat sich bis heute nichts geändert, als jüngstes Beispiel sei nur Frank Owen Gehrys „Tanzendes Haus" genannt (→ S. 97). Zudem besitzt Prag erstklassige Museen, allen voran der Veletržní palác, eine architektonische Meisterleistung der 1920er. Auf Kunstliebhaber warten ferner unzählige Galerien, über die ganze Stadt verteilt.

... zwischen Figaro und Fugazi

Klassische Konzerte, Ballett, Theater – jeden Abend stehen unzählige Veranstaltungen auf dem Programm. Sie haben die Qual der Wahl zwischen Aufführungen in prunkvollen Opernhäusern oder unter freiem Himmel in einem duftenden Rosengarten. Berühmt ist Prag aber auch für seine Jazzclubs, rockenden Revivalbands, Avantgarde-Sessions, Festivals, Lesungen und so fort – auf irgendeiner Bühne laufen die Verstärker immer heiß. Und wer es ganz anders mag: Blas- und Volksmusik zum Schunkeln auf Karel-Gott-Niveau servieren viele Touristenkneipen.

... zwischen Sonnenuntergang und Morgengrauen

In Prag steht dem Clubbing nichts im Weg. Wie in nur wenigen europäischen Städten lässt sich in der Moldaumetropole die Nacht zum Tag machen. Viele Clubs haben bis zum Morgengrauen geöffnet, eine Sperrstunde gibt es nicht. Egal, ob man nun auf Punkrock, Modern Jazz, elektronische Beats oder afroamerikanische Rhythmen steht, Orte zum Feiern findet man genug.

... zwischen Staropramen und Budvar

Nicht nur Gotik und Barock haben Prag berühmt gemacht, auch die über 1000

Sommerkonzert auf der Burg

Schwanengesang

Pivnices. In diesen traditionsreichen, rustikalen und verrauchten Spelunken werden – so sagt man – die besten Biere der Welt gezapft. Dementsprechend fließt das *Pivo* in rauen Mengen. Dazu werden deftige Happen serviert. Das tschechische Grundnahrungsmittel Nr. 1 enthält übrigens weniger Alkohol als deutsches Bier – den bekannten Krug zu viel trinkt man dennoch. Wer nicht nur wissen will, wie das Bier ins Glas, sondern auch wie es ins Fass kommt, kann sich bei den Brauereien Staropramen (→ S. 172) und U Fleků (→ S. 102) darüber informieren. Und wer sich durch die gesamte tschechische Bierlandschaft trinken will, dem sei ein Ausflug in die Pivní Galerie nach Holešovice (→ S. 178) oder in den Pivovarský Klub nach Karlín (→ S. 187) empfohlen: Weit über 100 Biere stehen Ihnen in beiden Lokalen zur Auswahl.

... zwischen Rosenbeet und Himmelbett

Die verträumteste Hauptstadt Europas ist der Tipp für Flitterwöchner mit oder ohne Trauschein. Die schönsten Augenblicke für Verliebte versprechen der Frühling und der Sommer. Duftende Gärten und lauschige Parks laden dann zum Trödeln und Plaudern ein. Hand in Hand durch verwunschene Gassen spazieren oder auf der Moldau im Ruderboot Schwäne füttern – Prag kann verführerisch sein. Bei romantischem Kerzenlicht im „Pálffy palác“ dinieren oder Frühstücken in der Himmelbettsuite des „Nebozízek“ – träumen Sie nicht nur davon. Übrigens: Eine Münze, von der Karlsbrücke geworfen, besiegelt die ewige Liebe!

... für Kleine und Große

Familien mit Kindern können sich auf Prag freuen, jeder kommt auf seine Kosten. Die Kleinen bis 12 Jahre wohnen in vielen Hotels umsonst. Der mittelalterliche Stadtkern ist verkehrsberuhigt (wegen des Kopfsteinpflasters empfiehlt sich allerdings ein Buggy mit breiten Reifen). Gaukler und Straßenmusikanten begeistern Jung und Alt genauso wie eine Moldauschifffahrt. Abwechslung versprechen zudem der Besuch eines Marionettentheaters, das

Spielzeugmuseum, das Spiegellabyrinth oder der Zoo. Noch zwei Tipps zum Essengehen: In der Pizzeria Nuova (→ S. 103) gibt es Ballons und eine Spielecke für Kinder, und im Höhlenrestaurant Pravěk (→ S. 172) vertreiben Mammutköpfe und -zähne bestimmt jede Langeweile.

Prager Highlights

Anreise

Obwohl Tschechien seit 2004 Mitglied der EU ist, gibt es noch immer Personenkontrollen an den Grenzen. Diese hätten bereits 2007 wegfallen sollen, doch aufgrund technischer Probleme bei der Einführung des *Schengener Informationssystems II* werden offene Grenzen nicht vor 2008 oder gar 2009 erwartet. Welche Papiere Sie mit sich führen müssen, erfahren Sie im Kapitel „Reisedokumente" (→ S. 33). Damit Sie die richtige Währung parat haben, lesen Sie das Kapitel „Geld und Geldwechsel" (→ S. 25). Und wie viele Zigaretten Sie bei der Ein- und Ausreise dabeihaben dürfen, steht im Kapitel „Zollbestimmungen" (→ S. 37).

Besonderheiten: Bei der Einreise kann der Nachweis über ausreichende Geldmittel verlangt werden (35 € pro geplantem Reisetag oder der Besitz einer Kreditkarte). Falls Sie nicht krankenversichert sind oder mit Personen reisen, die aus einem Land kommen, das kein Sozialversicherungsabkommen mit der Tschechischen Republik unterhält, kann zudem der Nachweis einer privaten Auslandskrankenversicherung verlangt werden.

Mit dem Auto oder Motorrad

Mit mehreren Personen rechnet sich die Anfahrt mit dem eigenen Fahrzeug schnell. Nehmen Sie auf jeden Fall eine **sichtbare Wegfahrsperre** mit (z. B. Lenkradkralle) und lassen Sie nie Wertsachen – egal ob sichtbar oder nicht – im Fahrzeug liegen. Ein eigenes Fahrzeug in Prag ist nicht vonnöten. Das öffentliche Verkehrsnetz ist sehr gut ausgebaut und zudem preiswert (→ „Unterwegs in Prag").

Entfernungen

Prag – München	365 km
Prag – Frankfurt	531 km
Prag – Hamburg	631 km
Prag – Berlin	348 km
Prag – Zürich	670 km
Prag – Wien	309 km

Autobahngebühren: Für tschechische Autobahnen und Schnellstraßen benötigen Sie eine **Vignette**. Diese ist an den Grenzübergängen und an vielen Tankstellen erhältlich. Sie bekommen sie zudem in allen tschechischen Postämtern. Für Kfz bis 3,5 t kostet der Aufkleber für 1 Kalenderjahr umgerechnet 32 €, für 2 Kalendermonate 11 € und für 15 Tage (ab Stempelloch) 7 €. Für Fahrzeuge bis 12,5 t betragen die Gebühren 250 € bzw. 63 € bzw. 23 €.

Parken: → Wissenswertes von A bis Z/ Parken, S. 32.

Tipp: Versuchen Sie Ihre Anfahrt zeitlich so zu planen, dass Sie auf Ihrer Route nicht in den morgendlichen oder abendlichen **Berufsverkehr** tschechischer Städte kommen. Es fehlt noch – sofern Sie nicht aus dem Raum Nürnberg anreisen – vielerorts an Umgehungen.

Tanken: Viele Tankstellen haben rund um die Uhr geöffnet. Achten Sie auf die Oktanzahl: Bleifrei Natural 91 (Normal), Bleifrei Natural 95 (Super) Bleifrei Natural 98 (Super plus), Diesel heißt Nafta. Falls die Preise für Kraftstoff nicht anziehen, tanken Sie in Tschechien ca. 20–30 % billiger als zu Hause.

Pannenhilfe: leistet der Automobilclub **UAMK ČR**, ✆ 1230. Die Mitarbeiter am Telefon sprechen i. d. R. Deutsch. Auch der **ADAC** hat eine Vertretung in Prag, zu erreichen unter ✆ 261104351.

Unfall: Bei Schäden ab ungefähr 700 € muss die Polizei gerufen werden (Notruf ✆ 158). Am Unfallort nichts verändern!

Besondere Verkehrshinweise

Höchstgeschwindigkeit: für Pkws innerorts 50 km/h, außerorts 90 km/h und auf Autobahnen und Schnellstraßen 130 km/h. Fahrzeuge über 3,5 t und Gespanne dürfen außerorts nie schneller als 80 km/h fahren. Vor Bahnübergängen gilt ein Tempolimit von 30 km/h.

Straßenbahnen: Abbiegende Straßenbahnen haben grundsätzlich Vorfahrt.

Licht: Pkws und Motorräder müssen das ganze Jahr über auch tagsüber mit Licht fahren.

Alkohol: Es gelten 0,0 Promille!

Kinder: bis 12 Jahre und kleiner als 1,50 m dürfen nur im Kindersitz mitreisen.

Mit dem Flugzeug

Maximal 1,5 Stunden dauert der Flug aus dem deutschsprachigen Raum. Egal ob Sie von Deutschland, Österreich oder aus der Schweiz nach Prag fliegen wollen, je nach Saison und Sondertarif müssen Sie bei den meisten Airlines mit Preisen zwischen 120 und 350 € für einen Hin- und Rückflug rechnen. Sie können natürlich auch viel mehr bezahlen (z. B. in der Business Class), aber auch viel weniger, z. B. mit Low-Cost-Airlines wie Germanwings von Köln/Bonn, EasyJet von Dortmund und Basel/Freiburg, Flybaboo von Genf oder Intersky von Friedrichshafen. Wer bei Letzteren Glück hat, bekommt ein OW-Ticket schon ab rund 20 €.

Airlines im Internet

Austrian Airlines: www.aua.com
Czech Airlines: www.czech-airlines.com
EasyJet: www.easyjet.com
Flybaboo: www.flybaboo.com
Germanwings: www.germanwings.com
Intersky: www.intersky.biz
Lufthansa: www.lufthansa.com
Swiss: www.swiss.com

Prags internationaler Flughafen heißt **Letiště Ruzyně**. Er liegt etwa 20 km nordwestlich des Zentrums und besteht aus zwei miteinander verbundenen Terminals: Terminal 1 dient der Abfertigung von Maschinen, die aus Schengenstaaten ankommen bzw. dahin fliegen (u. a. Deutschland und Österreich), Terminal 2 für Maschinen aus der restlichen Welt (u. a. Schweiz).

Im Ankunftsbereich von Terminal 1 befinden sich eine Flughafen-Information und mehrere Zimmervermittlungen, darunter auch ein Čedok-Schalter mit guten Hotelangeboten (🕐 tägl. 7–21 Uhr). Zudem finden Sie eine Gepäckaufbewahrung (mit „Baggage Deposit" beschildert), Zweigstellen nationaler und internationaler Autoverleiher sowie Geldwechselmöglichkeiten (🕐 tägl. 7–23 Uhr). Bankomaten im Terminal 1 zwischen Ankunfts- und Abflugsbereich.

Transfer zwischen Flughafen und Zentrum

Öffentliche Verkehrsmittel: Der Prager Flughafen besitzt bislang noch keinen Metroanschluss – erst 2009 soll mit den Bauarbeiten begonnen werden. Die billigste Alternative, um ins Zentrum zu gelangen, ist der Linienbus Nr. 119 (auf gelbe Schilder mit der Aufschrift „Bus MHD Centrum" achten). Der Bus fährt bis zur Metrostation Dejvická, von dort sind es mit der Ⓜ A noch 4 Stationen bis zum Wenzelsplatz. Von der Metrostation Dejvická ist die Abfahrtsstelle des Busses mit „Airport bus" ausgeschildert. Tickets für die gesamte Strecke kosten 0,70 € (20 Kč, Stand 2006) und 0,35 € (10 Kč) extra für ein großes Gepäckstück. Man bekommt sie an den Schaltern der Prager Verkehrsbetriebe in den Ankunftsbereichen der Terminals 1 und 2. Der Bus fährt unter der Woche 3- bis 8-mal pro Stunde, Sa/So unregelmäßiger, Fahrtdauer 25–45 Min. Achtung: keine Metro von 0–5 Uhr.

Stop-over Prag

Prag bietet sich nicht nur als Reiseziel an. Via Prag lässt sich auch die östliche Welt erobern und das für wenig Geld. Ein paar Preisbeispiele für eine einfache Bahnfahrt: Moskau ca. 100 €, Budapest oder Warschau ca. 45 €, Krakau 27 €.

Airport Express Bus: Bus AE 751 fährt zwischen 5 und 21 Uhr ca. alle 30 Min. vom Flughafen zum Bahnhof Holešovice (Nádraží Holešovice, dort Zusteigemöglichkeit auf die Metrolinie C). Tickets (Fahrpreis 1,60 €, 45 Kč) löst man im Bus beim Fahrer, die Fahrscheine der Prager Verkehrsbetriebe gelten hier nicht. Fahrtdauer ca. 40 Min.

Cedaz-Minibus-Shuttleservice: Von 5.30–21.30 Uhr fahren alle 30 Min. Minibusse der Firma Cedaz vom Terminal 1 (vor dem Ankunftsbereich) in die Straße V Celnici (Abfahrtstelle dort vor dem ČSA-Büro) nahe dem Náměstí Republiky und zurück. Preis pro Person 3,20 €. Wer direkt ins Hotel gebracht werden will, bezahlt einen Pauschalpreis von 17 €, egal ob für eine oder vier Personen.

Taxis ins Zentrum kosten 18–25 €. Wer den Preis davor nicht aushandelt, glaubt manchmal, Prag sei größer als New York und ist Stunden unterwegs. Die Strecke zwischen Flughafen und Zentrum dauert ca. 30 Min., planen Sie zu den morgendlichen und abendlichen Stoßzeiten zur Sicherheit 1 Std. ein.

Mit der Bahn

Die gemütlichste Anreisevariante. Zudem fahren von mehreren deutschen Städten und von Zürich Nachtzüge mit Liege- und Schlafwagen nach Prag. Prag hat mehrere Bahnhöfe. Die Züge aus Deutschland, Österreich und der Schweiz enden entweder am Hauptbahnhof (Hlavní nádraží) im Zentrum oder am Bahnhof Holešovice (Nádraží Holešovice) im Norden Prags. Ins Zentrum gelangt man von Letzterem mit der Ⓜ C, nach Mitternacht mit der Ⓢ 54. In beiden Bahnhöfen finden Sie eine rund um die Uhr geöffnete Gepäckaufbewahrung, Geldwechselmöglichkeiten und Zimmervermittlungen.

Information: im Internet unter www.bahn.de, www.sbb.ch, www.oebb.at oder www.cdrail.cz. Telefonisch erreichen Sie die Bahnauskunft in Prag unter ✆ 840112113. Mit etwas Glück hebt jemand ab, der Deutsch oder Englisch spricht.

Preisbeispiele: Über die diversen Sondertarife und Ermäßigungen informieren die Bahngesellschaften. Falls Sie den Normaltarif zahlen müssen, kommen Sie i. d. R. billiger, wenn Sie das Rückfahrtticket in Prag lösen: Dann bezahlen Sie für die einfache Fahrt nach Stuttgart ca. 67 €, nach Wien ca. 30 €, nach Hamburg 80 € und nach Zürich 90 €.

Mit dem Bus

Die preisgünstige Alternative zur Bahn. Allerdings ist die Fahrt oft langwieriger und mühseliger – viele Stopps unterwegs und noch ein langer an der Grenze. Busverbindungen gibt es von vielen deutschen, österreichischen und Schweizer Städten nahezu täglich, i. d. R. fährt man über Nacht. Die meisten international verkehrenden Busse starten und enden am Busbahnhof Florenc; hier befindet sich auch die gleichnamige Metrostation (Ⓜ B, C).

Information ...

... in Deutschland: Deutsche Touring, ✆ 01805790303, www.deutsche-touring.com.

... in Österreich: Eurolines Austria, ✆ 01/7982900, www.eurolines.at.

... in der Schweiz: Alsa+Eggmann, ✆ 0900573747, www.alsa-eggmann.ch.

... in Prag: Bohemia Euroexpress International, Křižíkova 6 (im Busbahnhof Florenc), ✆ 224218680, www.bei.cz.

Preisbeispiele: je nach Saison von Stuttgart ab ca. 84 €, von Hamburg ab ca. 112 €, von Wien ab ca. 40 €, von Bern ab ca. 160 sfr (jew. Hin- und Rückfahrt).

Mitfahrzentralen

Mitfahrzentralen sind für Fahrer und Mitfahrer gleichermaßen interessant. Ersterer bekommt einen Fahrkostenzuschuss, Letzterer gelangt zuverlässig und günstig ans Ziel.

Information im Internet: Z. B. unter www.mitfahrzentralen.de, www.citynetz-mitfahrzentrale.de, www.liftpool.ch oder unter www.mitfahrzentrale.at. Für den Rückweg ist die Adresse www.spolujizda.cz. zu empfehlen.

Information/Preise in Tschechien: Z. B. bei **Town to Town**, Národní 9, Nové Město, ✆ 222075407, www.spolujizda.cz. Pro km ins Ausland ca. 0,05 €. Preisbeispiele von Prag (Gesamtpreise): Hamburg 34 €, Berlin 19 €, München 21 €, Wien 16 €, Zürich 36 €.

Tschechien und Prag in Zahlen und Fakten

Geografie: Mit 78.866 km² ist Tschechien nur wenig größer als Bayern. Das Stadtgebiet von Prag beträgt 496 km². Es liegt auf etwa 50°05'19" nördlicher Breite, d. h. ungefähr auf gleicher Höhe wie Frankfurt. Der höchste Punkt Tschechiens, der Gipfel der Schneekoppe (Sněžka), misst 1602 m über dem Meer, der niedrigste 115 m, die Daten für Prag lauten 399 m und 177 m.

Bevölkerung: Von den ca. 10,3 Mio. Einwohnern sind 81,2 % Böhmen, 13,7 % Mähren und 3,1 % Slowaken. Hinzu kommen eine Minderheit von Polen (0,6 %), Deutschen (0,3 %) und Roma (0,3 %). In Prag sind offiziell etwa 12 % aller Einwohner des Landes registriert, d. h. hier wohnen rund 1,2 Mio. Menschen. Es sind aber vermutlich erheblich mehr, denn viele Ausländer sind nicht registriert. Allein die Zahl der Ukrainer, die als Billigkräfte am Bau arbeiten, wird auf rund 100.000 geschätzt. Die durchschnittliche Lebenserwartung der tschechischen Männer beträgt 72,6 Jahre, der Frauen 79 Jahre; in Prag liegt sie etwas höher.

Sprache: Landes- und Amtssprache ist Tschechisch, eine Minderheit spricht Slowakisch.

Religion: Tschechien ist das am stärksten säkularisierte Land des ehemaligen Ostblocks. Nach der letzten Volkszählung 2001 bekannten sich nur 30 % zum christlichen Glauben (v. a. dem der katholischen Kirche).

Wirtschaft: Die Wirtschaft des Landes boomt mit jährlichen Wachstumsraten von bis zu 6 %. Die Arbeitslosenquote liegt in ganz Tschechien bei ca. 9 %, in Prag herrscht mit rund 3 % nahezu Vollbeschäftigung. Das Bruttoinlandsprodukt wird für 2007 auf 15.450 € pro Kopf geschätzt. Rund 70 % des BIP werden in Prag erwirtschaftet. Zum BIP trägt die Industrie 39,3 % bei, 57,3 % der Dienstleistungssektor und nur 3,4 % die Landwirtschaft. Rund ein Viertel des BIP wird in Prag erwirtschaftet. Das durchschnittliche Monatseinkommen lag 2006 bei rund 710 €, der durchschnittliche Stundenlohn (real) bei 4 €. Die Löhne steigen jährlich je nach Branche um 3–10 %. Die Inflationsrate schwankte in den letzten Jahren zwischen 1 % und 4 %. Die bedeutendsten Handelspartner sind die EU-Staaten, unter diesen steht Deutschland an erster Stelle. Rund ein Viertel der tschechischen Wirtschaft befindet sich auch in deutscher Hand.

Politisches System: Die Česká Republika ist eine parlamentarische Demokratie. Das Parlament besteht aus zwei Kammern, dem Abgeordnetenhaus (200 Mitglieder nach dem Verhältniswahlrecht auf 4 Jahre gewählt) und dem Senat (alle 2 Jahre wird ein Drittel der 81 Mitglieder für 6 Jahre per Mehrheitswahl bestimmt). Beide Kammern wählen gemeinsam das Staatsoberhaupt (seit 2003 Václav Klaus), dem max. 2 Amtsperioden à 5 Jahre erlaubt sind. Das Staatsoberhaupt besitzt ein aufschiebendes Vetorecht und ernennt den Ministerpräsidenten (seit September 2006 Mirek Topolánek, ODS), der vom Abgeordnetenhaus gewählt wird. Seit den letzten Wahlen 2006 sind darin folgende Parteien vertreten: Občanská demokratická strana/ODS (Demokratische Bürgerpartei, 81 Sitze), Česká strana socialně demokratická/ČSSD (Sozialdemokraten, 74 Sitze), Komunistická strana Čech a Moravy/KSČM (Altkommunisten, 26 Sitze), KDU-ČSL (Christdemokraten, 13 Sitze) und die Strana zelených/SZ (Grüne, 6 Sitze).

Musikantenstadl in der Straßenbahn

Unterwegs in Prag

Prag ist überschaubar. Die meisten Sehenswürdigkeiten befinden sich in den historischen Stadtteilen Hradčany, Malá Strana, Josefov, Staré Město und Nové Město, die man problemlos zu Fuß erkunden kann. Will man weiter außerhalb gelegene Viertel besuchen oder einfach schneller unterwegs sein, steht das gut ausgebaute öffentliche Verkehrsnetz der Stadt zur Verfügung. Metro, Straßenbahn und Busse sind zuverlässig, günstig und erreichen fast jeden Winkel Prags. Es lohnt sich, einen Stadtplan zu kaufen, auf dem alle Linien verzeichnet sind (→ „Literatur", S. 30). Das Auto lässt man besser stehen, will man sich nicht vom Stop-and-go-Verkehr nach Arbeitsschluss, von einem auf den ersten Blick undurchsichtigen Einbahnstraßensystem oder von nervtötender Parkplatzsucherei die Stimmung verderben lassen.

Nahverkehrstarife

Tickets: Fahrscheine, die für alle öffentlichen Verkehrsmittel – egal ob Metro, Straßenbahn oder Bus – gültig sind, erhält man an den gelben Fahrkartenautomaten in den Metrostationen. Nur wenige Bus- und Straßenbahnhaltestellen haben Automaten! Informationen zum Fahrkartenkauf finden Sie an fast allen Automaten auch in deutscher Sprache. Auch Tabak- und Zeitungsläden verkaufen zuweilen Fahrscheine.

Preise: Fährt man mit der Metro nicht mehr als 5 Stationen oder steigt man mit der Straßenbahn oder dem Bus nicht um und ist auch nicht länger als 20 Min. unterwegs, reicht ein Kurzstreckenfahrschein zu 0,50 € (14 Kč; Stand 2006). Für eine Fahrt bis 75 Min. mit Umsteigemöglichkeit (90 Min. zwischen 22 und 5 Uhr sowie am Wochenende) bezahlt man für sämtliche Transportmittel 0,70 € (20 Kč). Kinder bis 6 Jahre fahren kostenlos. Für Kinder zwischen 6 und 15 Jahren, Kinderwagen ohne Kind und größere Gepäckstücke müssen Extratickets zu 0,35 € (10 Kč) gelöst werden, für Hunde zahlt man 0,70 € (20 Kč) extra. Schwarzfahren lohnt nicht, Kontrollen sind häufig. Wer

Sightseeing mit der Straßenbahn

Eine fast kostenlose Stadtrundfahrt lässt sich mit der **Linie 22** unternehmen, die die Prager Schriftstellerin Libuše Moníková in ihrem Roman „Verklärte Nacht" als die schönste Straßenbahnstrecke der Welt bezeichnete. Am besten steigt man im Stadtteil Vinohrady am Náměstí Míru (zu erreichen mit Ⓜ A) Richtung Stadtmitte zu. Die Linie passiert von dort zunächst den Karlovo náměstí (Karlsplatz), dann die belebte Einkaufsstraße Národní třída. Vorbei am Nationaltheater geht es über die Most legií (Legionärsbrücke) hinein in die malerische Kleinseite. Danach folgt der schönste Streckenabschnitt auf der Serpentinenstraße Chotkova mit herrlichen Panoramablicken über Prag. Etwas später taucht links der Sankt-Veits-Dom auf. Bleibt man bis zur Endstation sitzen, kommt man an Prager Seiten vorbei, die den meisten Touristen verborgen bleiben.

Ein schönes, wenn auch klapprig-lautes und zugiges Erlebnis ist zudem eine Fahrt mit der **historischen Straßenbahnlinie Nr. 91**. Diese Bahn stammt aus dem Jahr 1928 und startet vom Ausstellungsgelände Výstaviště im Stadtteil Holešovice ihren Rundkurs durch die historischen Viertel. Zusteigen kann man u. a. am Wenzelsplatz oder am Nationaltheater. Die Tickets – 0,90 € (25 Kč) für Erwachsene, 0,35 € (10 Kč) für Kinder – löst man direkt in der Bahn. Sie verkehrt nur im Sommer an Wochenenden.

ohne Fahrkarte erwischt wird, bezahlt – sofern er sofort bezahlt – 18 € (500 Kč) Strafe.

Unser Tipp: Kaufen Sie sich Tages- bzw. Mehrtageskarten, auch wenn Sie mit Einzelfahrscheinen vielleicht billiger wegkämen. Die Sucherei nach dem nötigen Kleingeld und dem nächsten Automaten erledigt sich damit.

Tages- und Mehrtageskarten gibt es am Flughafen (Schalter der Prager Verkehrsbetriebe im Ankunftsbereich des Terminals 1) und an den Ticketschaltern der Metrostationen zu kaufen. Das 24-Stunden-Ticket kostet 2,85 € (80 Kč), das Dreitagesticket 7,80 € (220 Kč), eine Wochenkarte 9,70 € (270 Kč). Angeboten wird ferner die **Prague Card**. Mit ihr kann man 4 Tage lang diverse Museen und Ausstellungen besuchen (nicht enthalten sind die teuren Sehenswürdigkeiten in Josefov) und mit einem Aufschlag auch alle öffentlichen Verkehrsmittel benutzen. Die Prague Card kostet 27 € ohne Transport bzw. 35 € mit Transport, für Kinder und Studenten 17,50 bzw. 23 €. Man bekommt sie z. B. bei American Express (→ S. 26) und in den Touristeninformationen (→ S. 27).

Mit der Metro

Zwischen den Stadtteilen stellt sie die schnellste Verbindung dar. Das Netz ist klein und übersichtlich. Es besteht aus drei Linien, die mit Buchstaben und Farben A (Grün), B (Gelb) und C (Rot) unterschieden werden. Im Zentrum überschneiden sich die Linien. Die Metro fährt täglich von 5 Uhr morgens bis Mitternacht, zu Stoßzeiten alle 2–3 Min., in den verkehrsschwachen Zeiten alle 4–10 Min. Das Streckennetz wird laufend ausgebaut.

Die Metrostationen werden in den Zügen stets per Lautsprecher durchgesagt. Zuerst die, an der Sie gerade halten, und daraufhin die folgende.

Mit Straßenbahn und Bus

Das Straßenbahnnetz ist sehr dicht, und die meisten Linien sind auf die Minute pünktlich. Vor allem das Zentrum lässt sich besser mit der Straßenbahn als mit der Metro erkunden. Dafür sorgen holpernde, meist rote Bahnen aus den 1960ern, die allmählich durch moderne, von Porsche designte Bahnen ersetzt werden. Straßenbahnen *(tramvaj)* fahren i. d. R. von 4.30–0.15 Uhr, werktags alle 8–10 Min., am Wochenende und an Feiertagen alle 8–15 Min. Danach sind Nachttrams im Abstand von etwa 30 Min. unterwegs, sie tragen 50er-Nummern und passieren das Stadtzentrum. Orientieren kann man sich an den Fahrplänen an jeder Haltestelle. Achtung: In den Stoßzeiten am späten Nachmittag sind die Bahnen häufig restlos überfüllt, und Taschendiebe haben Hochkonjunktur.

Auch die Busse verkehren meist auf die Minute genau, jedoch fahren sie vorrangig die Prager Außenbezirke an. Es existieren auch Nachtbuslinien – sie tragen 500er–Nummern und verkehren im 40-Min.-Takt.

Mit dem Taxi oder Velotaxi

Lassen Sie sich von einem Taxifahrer nie irgendetwas empfehlen, sei es ein Hotel, ein Restaurant oder einen Nachtclub. Sie werden Stunden unterwegs sein und irgendwo in der Peripherie landen. Aufgrund der vielen Beschwerden über die dreisten Prager Taxifahrer unternahm im Frühjahr 2006 gar Oberbürgermeister Pavel Bém, als italienischer Tourist verkleidet, eine Kontrollfahrt: Prompt wurde ihm der sechsfache (!) Betrag des üblichen Fahrpreises abgeknöpft.

Regulär kostet 1 km rund 0,90 € (25 Kč, Stand 2006), der Einstiegssatz beträgt 1,20 € (34 Kč) – eine Fahrt von der Burg zum Wenzelsplatz dürfte demnach nicht mehr als ca. 7,20 € (200 Kč) kosten. Quittungen müssen auf Verlangen ausgestellt werden. Falls Sie das Gefühl haben, bitterböse abgezockt zu werden, bestehen Sie auf eine Quittung, auf der Fahrtstrecke, Preis und Wagennummer vermerkt sind – ohne Quittung brauchen Sie nicht bezahlen.

Am besten fahren Sie mit **AAA-Taxis** (✆ 14014). Die seriöse Gesellschaft verfügt über eigene Taxistandplätze mit Preistafeln überall im Zentrum. Betrügerische Fahrer werden fristlos entlassen.

Weniger der alltäglichen Beförderung als den Sightseeing-Touren fußfauler Touristen durch die Innenstadt dienen die **Velotaxis**. Das sind windschnittige, von einem Elektromotor unterstützte Fahrradrikschas, die von Mai bis Oktober unterwegs sind. Eine Abfahrtsstelle finden Sie u. a. am Altstädter Ring. Für eine 45-minütige Stadtrundfahrt müssen Sie mit rund 21 € rechnen, ein Kurztrip bis 15 Min. kostet ca. 7 €.

Mit dem Rad

Zu einer Stadterkundung mit dem Rad lädt Prag nicht ein. Radfahrer sind in erster Linie wagemutige Fahrradkuriere, die auch vor stark befahrenen Hauptstraßen und Straßenbahnschienen nicht zurückschrecken. Rücksicht im Straßenverkehr erfahren sie keine. Anders als in deutschen Großstädten sind Radfahrwege weitestgehend Fehlanzeige. Durch die tschechische Hauptstadt führen lediglich ein paar Radwanderrouten, auf die mit kleinen gelben Hinweisschildern aufmerksam gemacht wird – man wird über Nebenstraßen und Parkanlagen durchs Zentrum geleitet. Wer dennoch die Metropole per Rad erkunden will, kann sich an folgende Adressen wenden:

City Bike, veranstaltet bis zu 3-mal tägl. lustige, 2-stündige Radtouren (18 €) durch die Stadt – überwiegend junge Teilnehmer aus aller Herren Länder. Verleiht aber auch Räder ohne Tourbuchung, für 2 Std. 10 €, für einen Tag 18 €. ✆ 776180284 (mobil), www.pragueonline.cz/citybike. Kralodvorská 5, Staré Město. Ⓜ B Náměstí Republiky.

Praha Bike Tours, ähnliches Programm. 2½-stündige geführte Touren 16 €, Räder kann man für 2 €/Std. leihen. ✆ 732388880 (mobil), www.prahabike.cz. Dlouhá 24, Staré Město. Ⓜ B Náměstí Republiky.

Auf der Moldau

Boots- und Schiffsausflüge sind in Prag ganzjährig möglich, insbesondere aber in den Sommermonaten. Die Angebote variieren dabei von Trips auf kleinen Tuckerbooten mit Platz für acht Leute über Touren auf Moldaudampfern mit Schaufelrad bis zu Nachtfahrten mit Diskobetrieb. Ein 1- bis 2-stündiger Ausflug kostet 6–12 €, wer Live-Musik und Essen dabeihaben will, muss mit etwa 25 € rechnen. Die meisten Boote dümpeln zwischen Nationaltheater und Burg Vyšehrad vor sich hin, einer der weniger interessanten Flussabschnitte. Empfehlenswerter sind – sofern man so viel Zeit hat – ganztägige Ausflüge per Schiff (ab ca. 12 €), beispielsweise in die nördlich von Prag gelegene Weinstadt Mělník (→ S. 205) oder zum Stausee Slapy.

Tret- und Ruderboote werden südlich der Karlsbrücke am Altstadtufer und auf der Slovanský Ostrov (Slaweninsel) vermietet.

Gesellschaften/Anlegestellen: **Evropská vodní doprava Praha**, Ablegestelle an der Čechův-Brücke (gegenüber Hotel Intercontinental), Josefov, ✆ 224810030, www.evd.cz. Bietet neben Kurztrips auch längere Fahrten mit Essen und Musik.

Pražská paroplavební společnost (Prager Dampfschifffahrtsgesellschaft), Rašínovo nábřeží (Nähe Palackého-Brücke), Nové Město, ✆ 224931013, www.paroplavba.cz. Neben Kurztrips auch Tagesausflüge nach Mělník (im Sommer jeden letzten So im Monat, Abfahrt 7 Uhr) und zum Stausee Slapy (im Sommer Fr–So und feiertags, Abfahrt 9 Uhr). Hier starten im Sommer Fr/Sa auch Discoboote (6 €).

Jazzboat (tägl. außer Mo um 20.30 Uhr), Pier Nr. 5 unter der Čechův-Brücke, Josefov, ✆ 731183180 (mobil), www.jazzboat.cz. 20 € ohne Essen.

Kleine **Boote** legen auf der Kleinseite, rechts und links der Karlsbrücke, ab.

Auf der Moldau unterwegs

Kutschfahrten

Wer will, kann mit der Kutsche eine Stadtrundfahrt unternehmen. Pferdekutschen stehen in den Sommermonaten am Staroměstské náměstí (Altstädter Ring) bereit. Die Preise sind Verhandlungssache.

Zur Orientierung

Zu fast allen Straßen, Plätzen und Sehenswürdigkeiten der Innenstadt existiert neben dem tschechischen Namen auch eine deutsche Bezeichnung. Im Buch werden beide angegeben.

Wissenswertes von A bis Z

Ärztliche Versorgung

Für eine ärztliche Behandlung in Kliniken und Praxen, die dem staatlichen Versicherungssystem angeschlossen sind, benötigen Sie die Europäische Versicherungskarte. Darüber hinaus empfiehlt sich der Abschluss einer privaten Auslandskrankenversicherung, die einen Krankenrücktransport mit einschließt. Eine solche wird von diversen Versicherungen angeboten, Formulare dazu liegen z. B. in Banken aus. Der Preis dafür bewegt sich zwischen 10 und 20 € für ein Jahr.

> Personen mit Atemwegsproblemen sollten wegen des extrem hohen Schwefeldioxydgehalts der Luft Prag nicht in den Wintermonaten besuchen!

Apotheke heißt übrigens *Lekárna*. Medikamente sind in Tschechien deutlich billiger als im deutschsprachigen Raum.

Von der deutschen Botschaft empfohlene Ärzte und Krankenhäuser

Krankenhaus Na Homolce, Roentgenova 2, Motol. ✆ 257271111. Notfalldienst rund um die Uhr besetzt. Auch auf die Behandlung von Ausländern vorbereitet. Bei Zahnproblemen hilft dort Dr. Liška (deutschsprachig) weiter, ✆ 257272612. Ⓜ B Anděl, weiter mit Ⓑ 167 Na Homolce.

Medizinische Fakultät der Karlsuniversität, ebenfalls auf die Behandlung von Ausländern vorbereitet. U nemocnice 2 (Karlsplatz), III. Interna, Abt. C, ✆ 224961111. Ein deutschsprachiger Arzt dort ist u. a. Dr. Tomáš Zelinka, ✆ 224962945. Ⓜ B Karlovo náměstí.

Non-Stop-Apotheken

Nové Město, Palackého 5, ✆ 224946982. Ⓜ B Národní třída.

Vinohrady, Belgická 37 (Ecke Rumunská), ✆ 22251973. Ⓜ A Nám. Míru.

Smíchov, Štefánikova 6, ✆ 257320918. Ⓜ B Anděl.

Baden und Schwimmen

Es wird zwar in der Moldau geschwommen, doch angesichts bedenklich stim-

Trinkgeld erwartet

mender Wasserwerte muss davon abgeraten werden. Wer auf Nummer Sicher gehen will, sucht besser ein Frei- oder Hallenbad auf. Diese liegen meist außerhalb des Zentrums, sind jedoch mit öffentlichen Verkehrsmitteln gut zu erreichen. Freibäder haben i. d. R. vom 1. Mai bis 15. September geöffnet und kosten 2–3,50 € Eintritt.

Eine Auswahl

Schwimmbad Podolí, im gleichnamigen Stadtteil. Neu restaurierte Anlage, Hallenbad mit Freischwimmbecken. Der Außenbereich bietet alles, was Kinderherzen höher schlagen lässt: Sprungturm, Riesenrutsche, Planschbecken. Wasser jedoch stark gechlort. Ⓢ 3, 16, 17, 21 Kublov (nahe der Straßenbahnhaltestelle).

Žlaté Lázně, traditionsreiches Moldaubad, durch das Hochwasser 2002 zerstört, 2006 als moderne Beachmeile wiedereröffnet. Mehrere Bars (zugleich ein Treffpunkt an Sommerabenden), Biergarten, Tretbootverleih, Sandstrandabschnitt, Liegewiesen, Kinderbecken (Erwachsene baden wie seit über 80 Jahren in der Moldau), mehrere Beachvolleyball-Felder etc. Ab 17 Uhr Eintritt frei. Ebenfalls in Podolí. Ⓢ 3, 16, 17, 21 Dvorce (vom Zentrum kommend, kurz vor der Straßenbahnhaltestelle rechter Hand).

Pražská pláž na Smíchově, der „Stadtstrand" von Smíchov – mit leichter Verspätung folgte man auch in Prag dem europäischen Trend. 700 t Sand werden dafür jährlich angekarrt. Blick auf Burg Vyšehrad, Planschbecken und eiskalte Duschen. Publikum zum Sehen und Gesehen werden, eine beengende Angelegenheit. Hořejší nábřeží. Ⓢ 4, 7, 10, 14 Zborovska.

Koupaliště Motol, ein Stück Idylle zwischen Stadtautobahn und Industrieanlage. Badesee mit FKK-Bereich. Zahradníčkova, Motol. Ⓢ 7, 9, 10 Motol. Nach der Haltestelle erste Möglichkeit rechts.

Divoká Šárka, beliebtes Naturschwimmbad (→ „Ziele rund um die Innenstadt", S. 198).

Behinderte

Prag ist, was Infrastruktur und Einrichtungen angeht, bislang keine behindertenfreundliche Stadt. Doch es wird einiges unternommen. Tipps für Rollstuhlfahrer gibt die CD-Rom „Barrierefreies Prag", die man über www.pov.cz bestellen kann. Eine organisierte Busreise für Behinderte nach Südböhmen mit

Abstechern nach Wien und Prag bieten folgende beide Agenturen:

Reiseagentur für Behindertenreisen Carsten Müller, Straße 6/116, 13059 Berlin, ✆ 030/9244035, www.behindertenreisen-cm.de.

mare nostrum, Am Schnarrenberg 12, 70376 Stuttgart, ✆ 0711/2858200, www.mare-nostrum.de.

Casinos und Spielotheken

Die meisten Prager Casinos liegen in der Neustadt, rund um den Wenzelsplatz. Ein offizieller Dresscode besteht nicht, erwartet wird dennoch feinere Kleidung als ein Jogginganzug. Gespielt werden Roulette, Black Jack, Bakkarat usw. Der Mindesteinsatz beträgt in den meisten Casinos 0,50–1 €. Eintritt wird i. d. R. nicht verlangt, jedoch müssen Sie sich ausweisen und registrieren lassen.

Die Casinos für die einfachen Leute nennen sich **Herna Bars** – schummrige, verräucherte Höhlen voller Spielautomaten und einarmiger Banditen. Sie haben größtenteils rund um die Uhr geöffnet und ziehen ein recht gemischtes Publikum an: Arbeiter zum Frühstücksbier, Penner zum Aufwärmen und Banker zum Kaffee.

Tipp! Casino Palais Savarin, eines der schönsten Casinos der Stadt. Barockfresken und Kronleuchter. In der Na Příkopě 10 (Nové Město, Ⓜ A, B Můstek). Tägl. 13–4 Uhr, freier Eintritt.

Diplomatische Vertretungen

Botschaften der Tschechischen Republik:
Wilhelmstraße 44, 10117 **Berlin,** ✆ 030/26380, www.czech-embassy.de.

Penzingerstr. 11–13, 1140 **Wien,** ✆ 01/899580, www.mzv.cz/vienna.

Muristr. 53 (Eingang Burgernzielweg), 3000 **Bern** 16, ✆ 031/350-4070, www.mzv.cz/bern.

Ausländische Botschaften in Prag:
Botschaft der Bundesrepublik Deutschland, Vlašská 19, Malá Strana, ✆ 257113111, www.deutsche-botschaft.cz. Ⓢ 12, 22, 23 Malostranské náměstí.

Botschaft der Republik Österreich, Viktora Huga 10, Smíchov, ✆ 257090511, www.austria.cz. Ⓢ 6, 9, 12, 58 Arbesovo náměstí.

Botschaft der Schweiz, Pevnostní 7, Střešovice, ✆ 220400611, vertretung@pra.rep.admin.ch. Ⓢ 1, 2, 8, 18 Vozovna Střešovice.

Elektrizität

Die elektrische Spannung beträgt 230 V. Sofern Ihre Geräte einen schmalen Eurostecker haben, brauchen Sie keinen Adapter. Sind die Stecker jedoch runde Schukostecker, so benötigen Sie einen Adapter für Südosteuropa!

Feste und Feiertage

1. Januar:	Neujahr
Ostern:	Lediglich Ostermontag ist Feiertag, am Karfreitag wird gearbeitet.
1. Mai:	Tag der Arbeit
8. Mai:	Tag der Befreiung Prags vom Faschismus 1945
5. Juli:	Tag der Slawenapostel Kyrill und Method
6. Juli:	Gedenktag für Jan Hus
28. September:	Todestag des heiligen Wenzel (Landespatron)
28. Oktober:	Gründungstag der ersten Tschechoslowakischen Republik (1918)
17. November:	Gedenktag an die Novemberdemonstration von 1989
24.–26. Dez.:	Weihnachten

An Hochsommerwochenenden und wenn sich die tschechischen Feiertage für ein verlängertes Wochenende anbieten, sind die Stadtteile, die außerhalb der touristischen Viertel liegen, wie ausgestorben!

Fundbüro

Verlorene Sachen bekommt man mit sehr viel Glück beim städtischen Fundbüro *Ztráty a nálezy* wieder.

Adresse: Karolíny Světlé 5, Staré Město, ✆ 224235085. ⏲ Mo–Do 8–12 und 12.30–16 Uhr, Fr nur bis 14 Uhr. Ⓜ B Národní třída.

Ein Haus – zwei Nummern

Jedes Haus in Prag hat zwei Nummern. Die weiße Nummer auf blauem Hintergrund ist die eigentliche Hausnummer, wie man sie bei uns kennt. Die Zahl auf rotem Hintergrund ist die Nummer, unter der das Haus im Grundbuch eingetragen ist. So bezeichnet sie zugleich die Reihenfolge, in der die Häuser im jeweiligen Stadtteil gebaut worden sind.

Geld und Geldwechsel

EU-Beitritt hin wie her – der Euro wird erst mit dem Beitritt zur Europäischen Wirtschafts- und Währungsunion eingeführt (voraussichtlich erst nach 2010). Gesetzliches Zahlungsmittel ist bis dahin die Tschechische Krone *(koruna česká),* abgekürzt Kč. Eine Krone ist in 100 Heller *(haléřů)* unterteilt. Im Umlauf sind Banknoten zu 50, 100, 200, 500, 1000, 2000 und 5000 Kč, Münzen zu 50 Heller sowie zu 1, 2, 5, 10, 20 und 50 Kč.

1 € entsprach im Januar 2007 ca. 27,77 Kč, 1 sfr ca. 17,20 Kč.

Geldwechsel: Wechselstuben findet man im Zentrum an jeder Ecke. Die Kursunterschiede sind insgesamt gering, auch wenn es auf den ersten Blick nicht so aussieht. Dort, wo mit besseren Kursen geworben wird, gelten diese nur für Wechselbeträge über 1000 oder 2000 € oder es fallen höhere Gebühren an. „No commission" bezieht sich in 99 % aller Fälle nur auf den Rückumtausch von Kronen. Dennoch lohnt ein Vergleich! I. d. R. bieten die Banken bessere Kurse.

Geldautomaten: gibt es im Zentrum ebenfalls an jeder Ecke. Das Abheben mit der Maestro-Karte ist nicht nur der bequemste Weg, sondern zugleich auch der günstigste, sofern man höhere Beträge zieht (max. 15.000 Kč). Trotz fälli-

Neujahrsfeuerwerk

ger Gebühren ist dann der Kurs im Endeffekt meist besser als beim Barumtausch. Dabei ist es egal, bei welcher Bank Sie vor Ort abheben. Gebühren werden auch fällig, wenn Sie bei einer Filiale Ihres deutschen Kreditinstituts in Prag abheben.

Kreditkarten: werden in allen besseren Restaurants, Hotels und Geschäften akzeptiert.

Reiseschecks: eine sichere Art der Reisekasse, doch leider ist der Kurs für Reiseschecks in Tschechien sehr schlecht. Eine Zweigstelle von **American Express** finden Sie z. B. am Wenzelsplatz, Václavské náměstí 56, Nové Město. Ⓜ A, C Muzeum oder A, B Můstek.

Rabbi statt Kasperle: Souvenirs aus Josefov

Bei Verlust einer Kredit- oder Maestro-Karte wählen Deutsche die Servicenummer 0049-116116. Abhängig vom Ausstellungsland der Karte gelten zudem folgende Sperrnummern: Für **American Express**: ✆ 0049-69-97971000 (D/A), ✆ 0041-1-3846333 (CH). **Diners Club**: ✆ 0049-696-61660 (D), ✆ 0041-1-8354545 (CH), ✆ 0043-1-501350 (A). **Visa**: ✆ 001-4105819994 (D/CH, Sperrdienst über die USA), ✆ 0043-1-71111-770 (A). **Master/Eurocard**: ✆ 0049-69-79331910 (D), ✆ 0043-1-717014500 (A), ✆ 08008191040 (CH, Sperrdienst über die USA). **Maestro-Karte**: ✆ 0049-1805021021 (D), ✆ 0043-1-2048800 (A), ✆ 0041-800800488 (Credit Suisse), ✆ 0041-800811000 (UBS).

Schwarztausch: wird noch immer offeriert, praktizieren aber nur noch Ewiggestrige. Bloß nicht!

Goethe-Institut und Österreichisches Kulturforum

Beide Kulturinstitute verfügen über kleine Bibliotheken und haben Zeitungen und Zeitschriften ausliegen. Zudem tragen sie mit eigenen Veranstaltungen zur kulturellen Vielfalt der Stadt bei.

Goethe-Institut, Masarykovo nábřeží 32. ✆ 221962111, www.goethe.de/ins/cz/pra. ⌚ Bibliothek, Di–Fr 13–19 Uhr, Sa 10–14 Uhr. Zeitschriftensaal, Di–Fr 10–19 Uhr, Sa 10–13 Uhr. Ⓢ 17, 21 Jiráskovo náměstí.

Österreichisches Kulturforum, Jungmannovo náměstí 18. ✆ 221181777, www.aussenministerium.at/pragkf. ⌚ Mo–Fr 10–13/14–16 Uhr. Galerie Mo–Fr 10–17 Uhr. Ⓜ A, B Můstek.

Gottesdienste

Römisch-katholische Gottesdienste in deutscher Sprache finden jeden Sonntag um 11 Uhr in der Kirche Sankt Johannes Nepomuk am Felsen beim Karlsplatz (Kostel sv. Jana na Skalce,

Ⓜ B Karlovo náměstí) statt. Evangelische Gottesdienste in deutscher Sprache können Sie jeden Sonntag um 10.30 Uhr in der Kirche Sankt Martin an der Mauer (Kostel sv. Martina ve zdi) besuchen (Ⓜ A, B Můstek).

Information

Die **Tschechische Zentrale für Tourismus** (www.czechtourism.com, auch in Deutsch) unterhält im In- und Ausland mehrere Fremdenverkehrsämter, die auf Wunsch – Anruf oder Postkarte genügt – vielfältiges Informationsmaterial verschicken.

Tschechische Zentrale für Tourismus, Friedrichstr. 206, 10969 **Berlin,** ✆ 030/ 2044770, info1-de@czechtourism.com.

Lerchenfeldstr. 20, 80538 **München,** ✆ 089/54885914, info2-de@czechtourism.com.

Herrengasse 17, 1010 **Wien,** ✆ 01/5332193, info-at@czechtourism.com.

Am Schanzengraben 11 (vertreten durch Čedok), 8002 **Zürich,** ✆ 01/2873344, info-ch@czechtourism.com.

Staroměstské náměstí 6, **Staré Město** (Altstadt), ✆ 224826984. Ⓜ A Staroměstská.

Die **Stadt Prag** ist im Internet unter www.pis.cz (auch in deutscher Sprache) vertreten. Deren offizielle **Touristeninformationen (Pražská informační služba)** sind über die einheitliche Rufnummer ✆ 12444 zu erreichen (Adressen s. u.). Daneben gibt es diverse private Informationsbüros, die lediglich Stadtpläne bereithalten und Auskünfte zu kulturellen Veranstaltungen erteilen, für die sie Tickets verkaufen.

Staré Město (Altstadt): Staroměstská radnice (Altstädter Rathaus), Staroměstské náměstí. Ⓘ im Sommer Di–So 9–18 Uhr, Mo 11–18 Uhr, im Winter eine Stunde kürzer. Ⓜ A Staroměstská.

Malá Strana (Kleinseite): im Kleinseitner Brückenturm an der Karlsbrücke. Ⓘ April–Okt. tägl. 10–18 Uhr. Ⓢ 12, 22, 23 Malostranské náměstí.

Weitere Touristeninformationen finden Sie u. a. am **Hauptbahnhof** und am **Bahnhof Holešovice**.

Lachen verboten – die Burgwache

Internet

Sofern vorhanden bzw. mit Gewinn zu nutzen, sind die Internetadressen diverser Einrichtungen wie Hotels oder Fluggesellschaften im Buch angegeben. Weitere interessante Seiten sind:

www.tschechien-online.org: Nachrichten, Hintergrundinformationen und ein kommentierter Veranstaltungskalender – alles in Deutsch.

www.radio.cz: das tschechische Pendant zur Deutschen Welle – aktuelle Nachrichten und sämtliche deutschsprachige Radiobeiträge zum Nachlesen und -hören.

www.czech.cz: die offizielle Seite der Tschechischen Republik, auch in deutscher Sprache.

www.expats.cz: englischsprachige Seite für in der Stadt lebende Ausländer (Wohnungen, Jobs, Veranstaltungen etc.).

www.dp-praha.cz: alles zur Metro, den Straßenbahnen und den Bussen – die Seite der Prager Verkehrsbetriebe.

Für die Hotelsuche im Internet → S. 45.

Wer während seines Pragaufenthalts im Netz surfen oder E-Mails verschicken will, kann dies in diversen **Internetcafés** tun. Deren Zahl nimmt jedoch ab, da mehr und mehr Tschechen über einen privaten Internetzugang verfügen. Je schicker das Café, desto teuerer der Ausflug in den Cyberspace, eine halbe Stunde kostet 1–2,50 €. Aktuelle Informationen zu diesem Reiseführer, die nicht mehr berücksichtigt werden konnten, finden Sie auf den Pragseiten des Michael-Müller-Verlags unter **www.michael-mueller-verlag.de.**

Klima

Das Wetter in Prag wird zum einen vom ozeanischen Klima Westeuropas beeinflusst, zum anderen vom kontinentalen Klima, das Polen und Russland dominiert. Wenn es in Deutschland regnet, kann in Prag durchaus die Sonne scheinen – was es häufig auch tut. Aber auch das Gegenteil ist der Fall.

Kriminalität

Wie in jeder Großstadt gibt es auch in Prag Kriminalität. In punkto Umsatzeinbußen durch Ladendiebstahl ist Tschechien europaweit sogar Spitzenreiter. Touristen haben jedoch wenig zu befürchten, zumal über 1000 Kameras die City überwachen. Dennoch sollten Sie sich an die üblichen Vorsichtsmaßnahmen insbesondere gegen Taschendiebstahl – eines der größten Prager Probleme – halten: Achten Sie im Gedränge (v. a. in Straßenbahnen und dort insbesondere in den Linien 9, 22 und 23!) stets auf Geldbeutel und Kamera. Ohnehin gehören Wertsachen in den Hotelsafe. Sollte Ihnen dennoch etwas gestohlen werden, so können Sie dies bei jeder Polizeistelle melden.

Literatur

„Ganz Prag ist ein Goldnetz von Gedichten", so Detlev von Liliencron 1898. Den großen deutschsprachigen Prager Autoren wie Egon Erwin Kisch (1885–1948), Franz Kafka (1883–1924), Max Brod (1884–1968), Johannes Urzidil (1896–1970), Franz Werfel (1890–1945) oder Rainer Maria Rilke (1875–1926) werden Sie im Reiseteil immer wieder

Durchschnittswerte

Monat	mittlere Höchsttemperatur	mittlere Tiefsttemperatur	Regentage/ Monat	Ø Sonnenstunden tägl.
Januar	0	-5	6	2
Februar	1	-4	6	3
März	7	-1	6	4
April	12	3	7	6
Mai	18	8	9	7
Juni	21	11	9	8
Juli	23	13	10	8
August	22	13	9	7
September	18	9	6	6
Oktober	12	5	7	4
November	5	1	5	2
Dezember	1	-3	6	2

Prag zum Mit-nach-Hause-Nehmen

begegnen. Im Folgenden eine kleine Auswahl an empfehlenswerter und weiterführender Literatur zu Prag und Tschechien.

- *Sachliteratur* **Demetz, Peter**: **Prag in Schwarz und Gold.** Piper Verlag, München 1998. Die „Welt" schrieb dazu: „Ein Glanzstück lebendiger Geschichtsschreibung". Im flüssigen Erzählduktus werden sieben bedeutsame Epochen der Stadt vorgestellt. Der Autor ist in Prag geboren und aufgewachsen, wurde unter den Nazis deportiert, flüchtete kurz nach dem Krieg vor den Kommunisten nach England und wurde später Professor für deutsche und vergleichende Literaturwissenschaft in den USA. Wer noch tiefer in die Geschichte Prags einsteigen will, findet im Anhang eine weiterführende Bibliografie.

Paul Kruntorad: Kafka, das Schloss und die Schuhfabrik. Tschechische Kostbarkeiten. Picus: Wien 2004. Der 1935 in Budweis geborene und seit 1951 in Wien lebende Publizist zeichnet ein unterhaltsames und kritisches Bild des modernen Tschechiens.

Jiří Gruša: Gebrauchsanweisung für Tschechien und Prag. Piper: München 1999. Geschichte und Geschichten für Tschechien-Fortgeschrittene bzw. in Grušas Worten für „liebe Tschechienforscher".

Arens, Detlev: Prag. DuMont, Köln 2005. Bezüglich Kunstgeschichte einfach allumfassend.

TIPP! **Burgerstein, Jiří: Tschechien.** Beck, München 1998. Der Tipp für alle, die mehr über Land und Leute erfahren wollen und das unverblümt, informativ und unterhaltsam. Absolut empfehlenswert.

Rokyta, Hugo: Prag. Vitalis-Buchverlag, Prag 1997. Hier liegt nicht der Schwerpunkt auf den Baumeistern, sondern darauf, welche Persönlichkeit wann und wo lebte. Die Buchhandlung dieses Verlages finden Sie auf S. 71.

Dudák, Vladislav: Prager Burg Hradschin. Prag: Baset, Prag 1999. Die Prager Burg im Detail, kein Stein, der nicht umgedreht wird. Vor Ort in vielen Buchläden erhältlich.

Binder, Hartmut: Prag. Literarische Spaziergänge durch die Goldene Stadt. Klett-Cotta, Stuttgart 1997. Der Schwerpunkt liegt auf Kafka. Schön zu lesen.

Frank, Michael: Nepomuken, die auf Brücken spucken. Prager Hintergedanken. Picus, Wien 1999. Unterhaltsame, persönliche Anekdoten aus der tschechischen Hauptstadt vom ehemaligen SZ-Korrespondenten in Prag.

Švandrlík, Miloslav: Prag voller Gespenster. Road Praha, Prag 1993. Nicht ganz handlicher Ratgeber für die Geisterjagd im mystischen Prag. Alle hiesigen Spukgestalten im Überblick, dazu witzige Zeichnungen.

Schmidt, Hans-Jörg/Steinz, Björn: Tschechien für Deutsche. Eine Nachbarschaftskunde. Links Verlag, Berlin 2006. Eine unterhaltsame Einstimmung v. a. für diejenigen, die einen längeren Aufenthalt im Land planen.

• *Belletristik* **Urban, Miloš**: Die Rache der Baumeister. Rowohlt, Berlin 2003. Ein tschechischer Bestseller; ein spannender zeitgenössischer Roman, angesiedelt im alten Zentrum Prags mit vielen Morden zwischen längeren Passagen zur Geschichte des Kirchenbaus.

Peter Sacher (Hg.): Prag erzählt. Fischer TB, Frankfurt/M. 1997. 27 Prager Autoren erzählen – Hašek, Seifert usw.

Halamíčková, Jana (Hg.): Prag. Insel TB, Frankfurt/M. 1988. „Prag erzählt" für Fortgeschrittene. Texte, Gedichte und Pragimpressionen von bekannten und weniger bekannten Autoren aus verschiedenen Jahrhunderten.

Perutz, Leo: Nachts unter der steinernen Brücke. Dtv, München 2002. Für Freunde historischer Romane und Erzählungen. Legendäre Geschichten aus dem rudolfinischen Prag.

Václav Havel, Dramatiker und Bürgerrechtler, Vertreter der einstigen Dissidentenliteratur und erster Präsident der Tschechischen Republik. Havel verarbeitete in seinem literarischen Werk u. a. Elemente des absurden Theaters (z. B. in „Das Gartenfest"). Interessant sind zudem die „Briefe an Olga", die er in den späten 1970ern aus dem Gefängnis an seine damalige Frau schrieb. Havels Werk ist in Deutschland im Rowohlt Verlag erschienen.

• *Stadtpläne* Gute Stadtpläne, auf denen alle Metro- und Straßenbahnlinien eingezeichnet sind, bekommt man in Prag erheblich billiger als zu Hause – für rund ein Drittel. Empfehlenswert ist zum Beispiel **Geo-Club Praha 1:16.000** oder **Žaket Praha 1:23.000,** sehr gut auch für Ausflüge rund um die Innenstadt.

• *Bildband* **Kaplan, Jan und Krystyna Nosarzewska**: Prag, das turbulente Jahrhundert. Könemann, Köln 1997. Informative Texte zu unterschiedlichsten Themenbereichen, zudem spannende Fotografien und Illustrationen zu den Ereignissen des 20. Jh.

Von Hrabal zu Topol – Tipps für die Reiselektüre

Graham Greene vermutete einst, dass man in der Tschechoslowakei Schriftsteller bezahlte, damit sie nicht schrieben. Im Exil jedoch konnten viele Autoren solchen und anderen Demütigungen entgehen. Zu den Ausgewanderten gehören die zwei heute international bekanntesten tschechischen Schriftsteller, *Milan Kundera* (1929 geb., in Frankreich lebend) und *Josef Škvorecký* (1925 geb., in Kanada lebend). Einer von denen, die in der Heimat blieben, war *Bohumil Hrabal* (1914–1997). Restriktionen wie die Zensur konnte er meist umgehen, indem er aus dem Alltag der einfachen Menschen berichtete. Wer diese großen Autoren noch nicht kennt, könnte beispielsweise Hrabals „Ich habe den englischen König bedient", Kunderas „Die unerträgliche Leichtigkeit des Seins" oder Škvoreckýs „Feiglinge" als Reiselektüre in den Koffer packen.

Die heute bekanntesten Vertreter der postsozialistischen Literaturszene sind *Michael Viewegh* und *Jáchym Topol*. Viewegh zählt derzeit zu den auflagenstärksten und populärsten jungen Schriftstellern Tschechiens, seine leicht lesbaren Romane „Blendende Jahre für Hunde" und „Die Liebe eines Vaters" wurden auch ins Deutsche übersetzt. Topol stieg vom zwangspsychiatrisierten Undergrounddichter zum Kultautor auf. Sein verfilmter, ecstasylastiger Großstadtroman „Engel Exit" ist in deutschen Buchhandlungen erhältlich, ebenso wie „Nachtarbeit". Mit letzterem Werk verlässt er erstmals die Szeneliteratur und behandelt ein neues Thema: den Prager Frühling.

Handbemalte Ostereier – ein beliebtes Mitbringsel im Frühling

Mietwagen

Die preiswertesten Fahrzeuge liegen bei den großen, international operierenden Gesellschaften und bei den lokalen Verleihern bei 60–80 € pro Tag inkl. Diebstahlversicherung, für eine Mietdauer von zwei Tagen bei 40–65 € pro Tag. Viele Lockangebote lokaler Verleiher existieren nur auf dem Papier oder beinhalten keine Diebstahlversicherung (wichtig!). I. d. R. kann nicht bar bezahlt werden! Eine Kreditkarte ist Voraussetzung, z. T. wird sogar eine zweite Kreditkarte als Sicherheit verlangt. Alle hier aufgeführten Anbieter verfügen über Zweigstellen am Flughafen.

Europcar: Pařížská 28, Josefov, ✆ 224811290, www.europcar.cz. Ⓜ A Staroměstská.

Sixt: Pobřežní 1 (Hilton), Nové Město, ✆ 222324995, www.e-sixt.cz. Ⓜ B, C Florenc.

Avis: Klimentská 46, Nové Město, ✆ 221851225, www.avis.cz. Ⓢ 3, 26, Těšnov.

Museen und Galerien

Rund 70 Museen und weit mehr als 100 Galerien kann man in Prag besuchen. Eine Auswahl der wichtigsten und schönsten finden Sie im Buch. Der Besuch von Galerien ist meist umsonst. Der Eintritt für das Gros der Museen, Kirchen und Paläste liegt bei 2–5 € pro Erwachsenen *(dospěli)*; Kinder *(děti)* und Studenten *(studenti)* bezahlen meist die Hälfte. Neu sind Familientickets *(rodinné vstupenky)*. Sie sind im Reiseteil nicht extra aufgeführt, fragen Sie jedoch stets danach – sie kosten meist nur 30–50 % mehr als das Ticket für einen Erwachsenen. Die Unsitte, Touristen mehr als das Doppelte des „tschechischen" Eintrittspreises abzuknöpfen, gehört in Prag mittlerweile der Vergangenheit an. Die meisten Museen und Paläste haben **montags geschlossen**. Wer ein leidenschaftlicher Museumsgänger ist, dem sei die *Prague Card* empfohlen (→ „Unterwegs in Prag", S. 19).

Öffnungszeiten

Es gibt kein Ladenschlussgesetz, an das der Einzelhandel gebunden ist, die Öffnungszeiten sind von Geschäft zu Geschäft unterschiedlich. Im touristischen

Die Altstadt aus der Vogelperspektive

Zentrum und in den großen Shoppingcentern am Stadtrand haben die Geschäfte tägl. von etwa 9 bis 18 oder 20 Uhr oder noch länger geöffnet, die „Alltagsgeschäfte" in den abseits gelegenen Vierteln nur werktags von 9–18 Uhr. Samstags schließen die meisten davon mittags, andere ziehen den Rollladen erst gar nicht hoch. Banken haben i. d. R. Mo–Fr von 8–17 Uhr geöffnet. Bei Lokalen, Clubs und Kneipen sind die Öffnungszeiten nur angegeben, wenn sie von den herkömmlichen Zeiten extrem abweichen.

Parken

In Prag werden nicht täglich, sondern nahezu stündlich Autos gestohlen, mit Vorliebe teuere Karossen mit ausländischen Kennzeichen. Tschechien ist deshalb eines der wenigen Länder Europas, in das das Gros der international operierenden Autoverleiher die Einreise mit ihren Mietfahrzeugen verbietet. Parken Sie daher auf bewachten Parkplätzen. Die von uns aufgeführten Unterkünfte verfügen, wenn nicht anders angegeben, über sichere Parkplätze oder können einen Parkplatz außer Haus reservieren. Da manche Hotels und Pensionen nur wenige Stellplätze haben, sollten Sie den Parkplatz bei der Buchung gleich mitreservieren. Oft muss man dafür Zuschläge von 10–25 € pro Tag zahlen. Weitere sichere Parkplätze, nach Stadtteilen gegliedert:

Nové Město: Nonstop bewachter Parkplatz an der Na Florenci (0,70 €/Std.). Recht sicher parkt man zudem in der Tiefgarage des Nationaltheaters (Zufahrt über die Ostrovní, 30–35 € pro Tag je nach Saison) und im Parkhaus Garáže Slovan (neben der Staatsoper, Zufahrt über die Wilsonova, 1,80 €/Std., ab 4 Tagen 28 €/Tag). Nur tagsüber bewachte Parkplätze (1,30 €/Std.) auch an der Ecke Revoluční/Řásnovka und rund um den Karlsplatz.

Staré Město/Josefov: 24 Std. bewachter Parkplatz gegenüber dem Rudolfinum, pro Std. 1,40 €.

Malá Strana: von 8–23 Uhr bewachte Parkplätze am Malostranské náměstí, 1,40 €/Std.

Hradčany: nur von 9–21 Uhr bewachte Parkplätze auf dem Platz Pohořelec

(1,80 €/Std) und in der U Prašneho mostu (1,20 €/Std.).

Smíchov: Nonstop bewachter Parkplatz an der Ženskými domovy, 0,90 €/Std. Angeblich recht sicher zudem im Parkhaus des Einkaufszentrums Nový Smíchov (Zufahrt von der Rückseite).

Holešovice: Nonstop bewachte Tiefgarage an der Bubenská, pro Std. 0,70 €. 24 Std. bewachter Parkplatz zudem beim Ausstellungsgelände Výstaviště.

Žižkov: nur Mo–Fr von 7–17 Uhr bewachter Parkplatz an der Olšanská. 0,90 €/Std.

Vinohrady: Nonstop bewachter Parkplatz am südlichen Ende der Lublaňská (3,60 € pro Tag) und an der Bělehradská zwischen Hnr. 22 und Hnr. 24 (11 € pro Tag).

Ansonsten gilt beim Parken auf der Straße folgendes zu beachten: Gebührenfreie Parkabschnitte sind durch das Schild *Bez Poplatku* gekennzeichnet. Gelbe Linien am Straßenrand bedeuten Parkverbot. *Zakaz zastavení* bedeutet Halteverbot. *Pro Držitele Povolení* steht für Anwohnerparken. Zu Straßenbahnschienen muss Ihr Fahrzeug mindestens 3,5 m Abstand haben. Parken Sie nie auf Brücken, vor oder nach Bahnübergängen, Tunnels oder Unterführungen. Falschparker müssen mit Krallen und Bußgeldern bis zu 175 € rechnen.

Polizei

Die Polizei besitzt keinen allzu guten Ruf, nur sehr langsam gewinnt sie die Sympathien, die sie während der kommunistischen Zeit verspielte, zurück. Grundsätzlich unterscheidet man zwischen der dem Innenministerium unterstellten **Staatspolizei** (Policie České Republiky) und der von den Städten unterhaltenen **Stadtpolizei** (Městská Policie). Letztere stellt Ihnen bei Diebstählen jeglicher Art routiniert und gelangweilt ein Protokoll aus. Eine Fremdenpolizei, die sich um touristische Belange kümmert, gibt es nicht.

Notruf: Den polizeilichen Notruf erreichen Sie unter ✆ 158 und ✆ 112.

Hauptdienststelle: Bartolomějská 6, Staré Město. Ⓜ A, B Můstek.

Post

Egal, ob die Grüße nach Österreich, Deutschland oder in die Schweiz gehen, das Porto ist einheitlich. Es lag im September 2006 bei umgerechnet 0,36 € (10 Kč) für Postkarten und Briefe bis 20 g. Damit Sie in der Post wissen, an welchen Schalter Sie müssen, achten Sie auf folgende Schilder: *známky* für Briefmarken, *telefonní karty* für Telefonkarten und *balíky* für Pakete. Briefmarken verkaufen neben der Post auch viele Kioske. Bis die Karte bei der Oma an der Küchenwand hängt, vergehen 2 bis 5 Tage.

Hauptpost, Jindřišská 14, Nové Město. ⌚ tägl. 2–24 Uhr. Ⓜ A, C Muzeum.

Prostitution

Prostitution ist in Tschechien bisher weder verboten noch erlaubt, und da Prostitution hierzulande oft Straßenstrich bedeutet, ist sie unübersehbar. Die Zahl der Prostituierten wird in Prag auf weit über 4000 geschätzt, rund 30 Mio. Euro lassen Freier Monat für Monat in den Bordellen liegen. Unter den Prostituierten sind viele Asylbewerberinnen, dazu Frauen aus Bulgarien und der Ukraine, aber auch Roma-Frauen, deren Familien in Armut leben. Ein großes Problem stellt die Kinderprostitution dar. Immerhin wächst seit dem EU-Beitritt des Landes der Druck auf die tschechischen Politiker, dagegen vorzugehen. Aus Sicherheitsgründen rät die Polizei in Tschechien zum Bordellbesuch – auf dem Straßenstrich werden Freier öfter auch mal ausgeraubt.

Reisedokumente

Deutsche, Österreicher und Schweizer können mit einem gültigen Reisepass oder Personalausweis bzw. der Identitätskarte nach Tschechien einreisen. Kinder unter 15 Jahren können, sofern sie in Begleitung ihrer Eltern reisen, im Reisepass eines Elternteils eingetragen

Sieben Fälle, sieben Fallen: Schwierigkeiten beim Tschechischlernen

Peníze heißt Geld, *škoda* schade, *popelník* ist der Aschenbecher und mit *Kozel* ist eine Biermarke gemeint. Nur selten klingen Wörter vertraut, haben wie beim *šnuptychl* deutsche („Schnupftüchel") oder wie beim *piškoty* (biscotti = Keks/Gebäck) italienische Paten. Auch der umgekehrte Weg, nämlich das Wörter aus dem Tschechischen in andere Sprachen entlehnt werden, ist eher die Ausnahme, z. B. *pistole, polka* oder *roboter.*

Wer nie eine slawische Sprache gelernt hat, wird sich mit Tschechisch schwer tun. Das Kapitel Grammatik schlägt man am besten erst gar nicht auf. Sieben Fälle – sieben Fallen. Ein Graus. Mal taucht eine Endung auf, mal geht sie unter. Das erinnert an die Delfine auf See – vielleicht erklärt das, warum sich die Tschechen mit *ahoj* verabschieden. Hinzu kommt die Aussprache und die Tatsache, dass sich die Umgangssprache stark von der Schriftsprache unterscheidet.

Wo ein Haken drüber steht, steckt auch einer drin. Nahezu ein Ding der Unmöglichkeit ist die Aussprache des ř – *r* und *sch* sollten dabei gleichzeitig über die Lippen kommen. Zum Stottern verdammen auch die Wörter, die ganz und gar ohne Vokale auskommen, z. B. *vlk* (Wolf). Zu einschüchternden Demonstrationszwecken kann man sogar ganze, nichts sagende Sätze ohne Vokale konstruieren: *strč prst skrz krk,* d. h. „Stecke den Finger durch den Hals".

Zum Glück kann rund ein Viertel der Tschechen Deutsch, insbesondere ältere Menschen. Die Jugend – früher zum Russischlernen verpflichtet – übt sich heute fleißig in Englisch. Als Tourist in Prag sind Tschechischkenntnisse nicht dringend vonnöten. In vielen Geschäften, Restaurants oder Hotels, insbesondere im Zentrum, wird perfektes Verkaufs- oder Speisekartendeutsch gesprochen. Zudem gibt's Erläuterungen auf vielen Hinweisschildern und Prospekten auch in deutscher und englischer Sprache. Um wenigstens die Namen der Sehenswürdigkeiten einigermaßen passabel vor sich hinstottern zu können, finden Sie am Ende des Reiseführers Hilfen zur Aussprache und einen kleinen Grundwortschatz.

sein. Andernfalls benötigen sie unabhängig vom Alter einen Kinderausweis mit Foto. Grundsätzlich gilt, dass sämtliche Ausweisdokumente noch mindestens drei Monate gültig sein müssen.

Bei der Einreise mit Fahrzeug: selbstverständlich Führerschein und Fahrzeugschein, zudem die grüne Versicherungskarte. Ein Auslandsschutzbrief ist empfehlenswert. Ist man nicht mit dem eigenen Fahrzeug unterwegs, so bedarf es einer beglaubigten Vollmacht des Fahrzeughalters.

Bei der Einreise mit Haustieren: Sie benötigen für das durch einen Chip oder eine Tätowierung am Ohr gekennzeichnete Tier den EU-Heimtierausweis bzw. das Schweizer Pendant. Welche Impfungen neben der Tollwutimpfung im Heimtierausweis bzw. in der Veterinärbescheinigung verzeichnet sein müssen, erfahren Sie bei Ihrem Tierarzt. Hunde benötigen in öffentlichen Verkehrmitteln einen Maulkorb.

Bei Verlust der Ausweispapiere stellt die Botschaft einen Ersatzausweis gegen Gebühr aus. Hierfür ist es hilfreich, Kopien der Originaldokumente bei sich zu haben. Benötigt werden 2 Passbilder, ein Verlustprotokoll der Polizei und ein Nachweis Ihrer Identität.

Reisezeit

Prag ist ein ganzjähriges Reiseziel. „An Sommertagen am schönsten, im Winter am seltsamsten", so Alfred Kerr 1920. Überlaufen ist die Stadt an Ostern, Pfingsten und Silvester, dann wird in vielen Hotels auch der so genannte Top-Season-Zuschlag verlangt. Was für den Sommer spricht, sind Open-Air-Konzerte, egal ob Klassik oder Rock, Straßencafés, gemütliche Parks und alles, was mit *summer in the city* zu tun hat. Was den Winter reizvoll macht, ist, dass das Zentrum nicht überlaufen ist und an manchen Tagen ein geheimnisvoller Nebel aus der dunklen Moldau über die Stadt zieht. Fußstapfen in den Schnee kann man dagegen seltener machen.

Sport und Freizeit

Egal, ob man selbst schwitzen möchte oder anderen dabei zuschauen will, Prag hat diesbezüglich viel zu bieten. Informationen zu Sportveranstaltungen finden Sie in der deutschsprachigen „Prager Zeitung" und in ihrem englischsprachigen Pendant „Prague Post" (→ „Zeitungen und Zeitschriften").

• *Adventure* Adventure jeder Art (Radfahren, Wandern, Hochseil, Raften, Kanu, Tandemflüge, Reiten etc.) bietet **Adventura**, Voroněžská 20, Vršovice, ✆ 271741727, www.adventura.cz.

• *Eishockey* Die Eishockeysaison dauert von Sept.–April. Hauptspieltage sind Fr und So, hin und wieder auch Di. Die Eintrittspreise liegen bei 4–20 €.

HC Sparta Praha, spielt in der T-Mobile-Arena beim Ausstellungsgelände Výstaviště, Holešovice. Ⓢ 5, 12, 14, 15, 17 Výstaviště.

HC Slavia Praha, spielt in der zur Eishockey-WM 2004 nach amerikanischen Vorbildern erbauten Sazka Arena, Ocelářská 460/2, Libeň. Ⓜ B Českomoravská.

• *Fußball* Prag hat – je nach Saison – vier Erstligisten: Sparta Praha, Slavia Praha, Bohemians Praha und Viktoria Žižkov. Am spannendsten sind die Lokalderbys. Stadionwürste und Bier im Plastikbecher gibt es auch. Fußballspiele finden i. d. R. am Samstag- und Sonntagabend statt, gelegentlich auch am Montag. Tickets für Ligaspiele kosten 3–10 €. Wo spielt wer:

TJ Viktoria Žižkov, Seifertova/Ecke Krásova, Žižkov. Ⓢ 5, 9, 26 Husinecká.

AC Sparta Praha, Toyota Arena, Milady Horákové 98, Bubeneč. Ⓢ 1, 8, 15, 25, 26 Sparta.

Prager Marathon

SK Slavia Praha, Stadion Evžena Rošického, Diskařská 100, Strahov. Ⓢ 22, 23 Malovanka, danach der Masse folgen.

Stadion CU Bohemians Praha, Vršovická 31, Vršovice. Ⓢ 6, 7, 24 Oblouková.

Fußball im Fernsehen: Deutsche Bundesliga, Champions-League-Spiele usw. zeigt u. a. die **Sportbar Hvězda** (→ Karte S. 94/95, **50**), nahe dem Wenzelsplatz in der Ve Smečkách 12. Internationales Publikum. Für wichtige Spiele empfiehlt sich eine Reservierung unter ✆ 222210124. Ⓜ A, C Muzeum.

• *Golf* Am zentrumsnächsten ist der 18-Loch-Platz des **Golf Clubs Praha,** Plzeňská 401/2, Motol. Greenfee 25–40 €. ✆ 257216584, www.golfpraha.cz. Ⓢ 7, 9, 10 Hotel Golf.

Auf der Pferderennbahn im Süden Prags

Deutlich schöner ist jedoch das **Golf Resort Karlštejn** (ebenfalls 18 Loch) in Běleč bei der Burg Karlštejn (→ S. 206). Greenfee 71–107 €. ✆ 311604999, www.karlstejn-golf.cz.

• *Joggen und Inline-Skating* Die besten Möglichkeiten bietet der Stromovka-Park im Norden der Stadt, beliebt ist auch der Letná-Park. Beide Parkanlagen finden Sie im Kapitel „Holešovice und Bubeneč".

• *Tandem-Skydiving* Absprung auf 4000 m über Prag – ein Erlebnis. Der Spaß kostet 125 €. Fallschirm nicht vergessen! Veranstalter ist **Paraškola Impact** (Dolní 12, Nusle, Ⓢ 11 Pod Jezerkou), Infos unter www.paraskolaimpact.cz oder ✆ 261225431.

• *Pferderennen* Galopp- und Trabrennen finden von April bis Oktober (Ausnahme im Juni) nahezu jedes Wochenende auf der Rennbahn in **Velká Chuchle** statt, ca. 8 km südlich des Zentrums. Es kann auch gewettet werden. Ⓜ B Smíchovské nádraží, weiter mit Ⓑ129, 172, 241, 243, 244, 255 Dostihová. Von dort aus noch ca. 10 Min. zu Fuß, ausgeschildert. Eintritt je nach Renntag 2–4 €.

• *Tennis* Nur wenige Hotels verfügen über eigene Plätze. Eine Alternative im Sommer sind z. B. die Courts auf der Moldauinsel Střelecký ostrov: **Start Praha Sportovní Klub,** Střelecký ostrov, ✆ 224934717. Platzmiete 6–8 € pro Std. Ⓢ 6, 9, 18, 17, 21, 22, 23 Národní divadlo.

Stadtführungen

Organisierte Stadtrundfahrten und Spaziergänge bieten unzählige Veranstalter in der Innenstadt an. Neben den klassischen Standardtouren gibt es auch Thementouren. So kann man zum Beispiel den Spuren Franz Kafkas folgen, eine organisierte Kneipentour unternehmen oder das Prag der Geister und Gespenster entdecken. Die Rundfahrten und Spaziergänge dauern i. d. R. zwischen 1 und 3 Std., die Tarife liegen zwischen 10 und 28 €. Preisvergleiche lohnen sich.

• *Zwei Anbieter* **Tägliche Prag-Führungen,** Spaziergänge zu speziellen Themen, keine Voranmeldung nötig, auf Flyer achten, Treffpunkt Altstädter Ring unter der Astronomischen Uhr, ✆ 281917642. Ⓜ A Staroměstská.

Premiant City Tour, Na Příkopě 23, Nové Město, ✆ 606600123 (mobil). Standardtouren zu Fuß und mit dem Bus. Ⓜ A, B Můstek.

Telefonieren

Das Telefonieren mit dem mitgebrachten **Mobiltelefon** ist problemlos möglich, aber teuer. Wer keines hat oder

Geld sparen will, telefoniert am einfachsten mit so genannten **Prepaid-Karten** (z. B. von *Smartcall*, www.smartcall.cz, oder *Easycard*, www.easycard.cz) von öffentlichen Fernsprechern oder Festnetzanschlüssen. Die Karten gibt es in verschiedenen Stückelungen an Zeitungskiosken zu kaufen. Eine Minute kostet zwischen 0,08 und 0,50 €, je nach dem, wie viele Einheiten man kauft und ob man ins heimische Festnetz oder Mobilfunknetz telefoniert.

Das Freizeichen ist ein kurzer Ton, gefolgt von einem langen.

Call-by-Call: Den günstigsten Anbieter von Deutschland nach Tschechien erfahren Sie z. B. unter www.billiger-telefonieren.de.

Internationale Vorwahlnummern: nach Deutschland ✆ 0049, nach Österreich ✆ 0043, in die Schweiz ✆ 0041. Danach wählt man die Ortsvorwahl, jedoch ohne die Null am Anfang, dann die Rufnummer. Wer nach Tschechien telefonieren möchte, wählt ✆ 00420, dann die Rufnummer. In Tschechien gibt es keine Vorwahlen.

Notrufnummern
Polizei ✆ **158** oder **112**
Feuerwehr ✆ **150**
Rettungsdienst ✆ **155**

Telefonauskunft: national ✆ 1180, international ✆ 1181. Da letztere Nummer mit Deutsch sprechendem Personal besetzt ist, das meist sehr hilfsbereit ist, kann man es hier als Ausländer auch versuchen, wenn man eine tschechische Nummer braucht.

Toiletten

Sofern keine Symbole angebracht sind, sollten Damen auf die Bezeichnungen *Dámy* oder *Ženy* achten, Herren auf *Muži* oder *Páni*. Öffentliche Toiletten (u. a. an fast jeder Metrostation) sind meist gebührenpflichtig, viele Kabinen kann man nicht abschließen!

Waschsalons/Reinigung

Sofern Ihre Unterkunft keinen Reinigungsservice anbietet, ein paar Adressen zur Auswahl.

Laundryland, Selbstbedienungswaschsalon mit mehreren Filialen. Z. B. in der Londýnská 71, Vinohrady (Ⓜ C I.P. Pavlova) oder im Shoppingcenter Černá Růže, Na Příkopě 12, Nové Město (Ⓜ B Náměstí Republiky).

Čistírna oděvu, Trockenreinigung und Waschsalon. Karoliny Světlé 10, Staré Město. Ⓜ B Národní třída.

Zeit

Auch wenn bekanntlich in Städten die Uhren etwas schneller gehen, im altehrwürdigen Prag merkt man nichts davon. Es gilt wie in Deutschland die Mitteleuropäische Zeit (MEZ) inkl. Sommerzeit.

Zollbestimmungen

Für Bürger der EU: Bei Reisen innerhalb der EU unterliegen Waren für den Eigenbedarf keinen Beschränkungen. Jedoch gibt es Richtmengen, bei deren Überschreitung die Zöllner den Eigenbedarf in Frage stellen. Bezüglich des neuen EU-Mitglieds Tschechien existieren zudem einige Übergangsregelungen. So gibt es für die **Ein- und Ausfuhr von Tabakprodukten auf dem Landweg nach Österreich** voraussichtlich für mehrere Jahre noch folgende Beschränkungen pro Person: max. 25 Zigaretten oder 5 Zigarren oder 10 Zigarillos oder 25 g Tabak. Falls Sie von Tschechien nach Österreich fliegen, können Sie jedoch 200 Zigaretten mitnehmen. **Nach Deutschland** dürfen – egal ob auf dem Landweg oder im Flugzeug – bis Ende 2007 nur 200 Zigaretten ausgeführt werden. Für Deutsche, die nahe der Grenze zu Tschechien wohnen, gelten gesonderte Regelungen, diese dürfen z. B. nur 40 Zigaretten ausführen. Die weiteren Beschränkungen im Reiseverkehr mit Tschechien betreffen 99 % aller Touristen nicht. Wer aber glaubt, er müsse für den Eigenbedarf einen Anhänger mit Bierfässern oder einen Kofferraum voller Benzinkanister oder Ähnliches über die

Grenze bringen, erkundigt sich besser davor beim Zollamt oder unter www.zoll-d.de bzw. www.bmf.gv.at.

Antiquitäten dürfen nur ausgeführt werden, wenn man eine Bescheinigung hat, dass sie nicht zum kulturellen Erbes des Landes gehören.

Für Schweizer: Eidgenossen haben die Möglichkeit, sich an der Grenze (oder am Prager Flughafen) die Mehrwertsteuer für die in Tschechien gekauften Produkte erstatten zu lassen (→ Tax-Free-Einkauf, S. 71). Ansonsten gelten für Schweizer für die zollfreie Ein- bzw. Ausfuhr folgende Beschränkungen:

Tabak: 200 Zigaretten oder 100 Zigarillos oder 50 Zigarren oder 250g Tabak.

Alkohol: 1 l Spirituosen oder Schaumwein und 2 l Tafelwein.

Parfüm: 50 g Parfüm oder 0,25 l Eau de Toilette.

Zeitungen und Zeitschriften

Hintergrundinformationen und Aktuelles zu Politik, Wirtschaft, Sport und Kultur bietet das deutschsprachige, stets donnerstags erscheinende Wochenblatt *Prager Zeitung*. 1991 wurde sie gegründet, ihre Auflage liegt heute bei ca. 20.000 Exemplaren. Die Leserschaft setzt sich aus in Prag lebenden Deutschen, deutschsprachigen Tschechen und Touristen zusammen. Die *Prager Zeitung* ist jedoch kein – wie manche vielleicht vermuten – rechtskonservatives Organ der Sudetendeutschen.

Die englischsprachige Wochenzeitung *Prague Post* kommt mittwochs heraus und ist etwas umfangreicher. Tagesaktuelle Zeitungen sowie Zeitschriften aus Deutschland werden an den Kiosken im Zentrum verkauft, die beste Auswahl hat man am Wenzelsplatz.

Blick von der Nikolauskirche auf die Kleinseite

Griechisch, indisch, böhmisch – man hat die Qual der Wahl

Essen und Trinken

In Tschechien trinkt man angeblich nicht zum Essen, sondern isst zum Trinken. So ist für viele Prager nicht die Qualität der Küche der ausschlaggebende Punkt, sondern die des gezapften Bieres. Aber keine Sorge, in der Moldaustadt kann man auch hervorragend dinieren – und nicht nur Braten, Kloß & Soß.

Die handfeste, kräftige Kost aus Böhmen hatte während der k. u. k.-Zeit einen nahezu legendären Ruf. In jedem Wiener Haushalt, der etwas auf sich hielt, stammte die Köchin aus Böhmen. Jenen Kochkünstlerinnen verdankt die viel gerühmte Wiener Cuisine bis heute so manche Spezialität, man denke nur an Palatschinken. Doch die Rezepte der böhmischen Kultköchinnen, die mit besten Zutaten, frischen Kräutern und extravaganten Gewürzen Köstlichkeiten zauberten, wurden während der sozialistischen Zeit in den Restaurants ad acta gelegt und am heimischen Herd vergessen. Das häusliche Kochen war eher selten, da über 90 % der Frauen berufstätig waren. Und wie die Küchenchefs die Gerichte zuzubereiten hatten, war bis ins Kleinste staatlich geregelt, damit der Kategorisierung der Restaurants Genüge getan werden konnte. Köchen wurde jegliche Kreativität untersagt. Wer die Einheitsküche verfeinern wollte, dem drohte Strafe. Natürlich beugten sich nicht alle dem Küchendiktat des Staates und wagten im stillen Kämmerlein Experimente. Einige dieser „kulinarischen Dissidenten" sind nach 1989 zu Starköchen aufgestiegen.

In manchen Prager Restaurants versucht man heute, sich wieder auf alte Rezepte zurückzubesinnen oder die böhmischen Standards mit neuen Ideen zeitgemäß aufzupeppen. Doch das gelingt nicht immer. Von einer Welt-

Touristenabzocke in Restaurants – noch kein Schnee von gestern

Leider verstehen sich manche Restaurants im historischen Zentrum weniger aufs Kochen, sondern eher aufs Kassieren. Das gilt insbesondere für traditionsbetonte und an den Haupttrampelpfaden gelegene Lokale ohne Stammpublikum, die oft mit einem „Touristenmenü" werben. Das Essen ist dort meist keinen Deut besser als in der miefigsten Vorstadtkneipe, nur um ein Vielfaches teuerer. Das Gros der Ausländer bekommt das gar nicht mit, da man von zu Hause solche Preise gewohnt ist oder sie für eine Großstadt noch immer als angemessen erachtet. So manch traditionsreiches Lokal, das Sie im Buch vielleicht vermissen, wurde deswegen nicht mehr aufgeführt. Auch ist die alte Faustregel „Dort essen, wo die Einheimischen essen" für Prag nicht immer zutreffend. Noch immer kommt es vor, dass ausländischen Gästen mehr abgeknöpft wird als dem „tschechischen Nachbartisch". 2006 beanstandete die Gewerbeaufsicht bei einer Kontrolle von 147 Prager Gaststätten mehr als jedes zweite Lokal: Vor allem wurde beim Gewicht geschummelt, oft aber waren auch Rechnungen falsch ausgestellt. Bereits im Mittelalter gab es übrigens eine Zeit skrupelloser Kneipiers in Prag, worauf sich eine Art Bürgerschutzverein gründete, der eine besondere Vergeltungsmaßnahme praktizierte: Man steckte die Betrüger in Körbe und tunkte sie in die Moldau ... Kontrollieren Sie also stets Rechnung und Wechselgeld! Schreiben Sie uns, falls Sie mit einem der empfohlenen Restaurants unzufrieden waren, damit wir es ggf. aus der nächsten Auflage streichen können.

klasse-Cuisine ist die tschechische Restaurantküche zwar noch immer weit entfernt, eine Kostprobe aber allemal wert. Für Abwechslung sorgen zudem allerlei Ethnoküchen.

Wo isst man?

Lokale gibt es an der Moldau wie Sand am Meer. Am günstigsten isst man in einer *pivnice* (→ S. 42), *hospoda* bzw. *hostinec*. Erstere ist eine Bierstube, die beiden anderen sind simpel-rustikale Mischungen aus Bierstube und Restaurant. Einfache Hauptgerichte (insbesondere Schnitzel und Braten mit Kloß) werden dort ab ca. 3 € serviert, zudem kommen auch kalte Speisen auf den Tisch.

Eine größere Auswahl bieten i. d. R. *restauraces*. Sie gibt es in der einfachen Version mit speckigen Tischdecken (Hauptgerichte ab 3,50 €) genauso wie in der gepflegt-gediegenen mit Kronleuchtern und Kellnern im Frack (Hauptgerichte 7–30 €).

Wann isst man?

Die Hauptmahlzeit nehmen die Tschechen mittags ab 11 Uhr ein. In den meisten *restauraces* werden dann preiswerte Tagesgerichte angeboten. Am Abend wird früh gegessen. Nach 22 Uhr ist die Küche vieler typisch tschechischer Restaurants bereits geschlossen. Im historischen Zentrum, v. a. in den schickeren Lokalen mit internationaler Küche, wird jedoch i. d. R. bis spät in die Nacht serviert.

Böhmische Standards

Empfehlenswerte **Vorspeisen** sind sämige, herzhafte Kraut-, Kartoffel- oder Linsensuppen.

Zu den böhmischen Standards in Sachen **Hauptgerichte** zählt zuallererst das „Dreigestirn" *vepřová pečeně* (Schweinebraten), *svíčková na smetaně* (Lendenbraten mit Sahnesauce und Preiselbeeren) und *guláš*. Beliebt sind zudem *kachna pečena* (Entenbraten) oder der legendäre *moravský vrabec* (Mährischer Spatz) – kein knochiges Federvieh, sondern gewürfeltes Schweinefleisch mit Knoblauch. Auch das Schnitzel *(vepřový řízek)* fehlt auf keiner Karte. Zudem kommen Wild und Fisch auf den Tisch.

Wichtigste **Beilage** und quasi der Schwamm zum Aufsaugen der Bratentunke sind Klöße, die in verschiedenen Variationen auf den Tisch kommen: als *houskové knedlíky* (in Scheiben geschnittene Mehlklöße, für böse Zungen „geschmacksneutrale Pappscheiben"), *bramborové knedlíky* (Kartoffelklöße) und – seltener – als *špekové knedlíky* (Speckklöße). Braten isst man zudem mit Kraut oder Spinat, Kurzgebratenes meist mit Pommes und ein bisschen Gemüsegarnitur. **Salate** tauchen als Hauptgerichte auf, als Beilage sind sie in der traditionellen böhmischen Küche jedoch nicht geläufig.

Berühmt ist das Land für seine **Süßspeisen**. Fragen Sie nach *lívance* (Liwanzen, mit Pflaumenmus bestrichene Hefeplätzchen), *buchty* (Buchteln, eine mit Pflaumenmus oder Mohn gefüllte Mehlspeise), Obstknödeln *(ovocné knedlíky)* oder den bekannten gefüllten Pfannkuchen *(palačinky)*.

Den zwickenden Magen beruhigt hinterher ein *Slivovice* oder ein *Becherovka*, die tschechischen Nationalschnäpse schlechthin.

In vielen Bierstuben gibt es nur **kalte Speisen**. Zu den beliebtesten zählen *utopenci* („Ertrunkene"), das sind dicke Fleischwürste in Essig und Zwiebeln. Oder *pivní sýr* (Bierkäse), ein würziger Quarkkäse, der mit Zwiebeln, warmem Senf und Bier vermischt aufs Brot gestrichen wird. Äußerst lecker ist *nakládaný hermelín,* der tschechische Camembert, in Öl, Gewürzen und Knoblauch mariniert. *Topinka* schließlich ist ein mit Knoblauch bestrichenes, belegtes Röstbrot.

Hinweis: Die Preisangaben im Buch beziehen sich auf Hauptgerichte (Hg.). Beilagen müssen, von den Tagesgerichten abgesehen, oft separat bestellt werden. Die Grammangaben vor Fleisch- und Fischgerichten sind Relikte aus sozialistischer Zeit. Bedauerlicherweise zählen auch manche Kellner dazu – charmant wie der Eiserne Vorhang. Als Trinkgeld gibt man 5–10 %, in touristischen Lokalen wird dieses oft automatisch berechnet.

Fastfood auf Tschechisch

Fastfood auf Tschechisch ist z. B. *párek v rohlíku* (Hotdog) oder eine dicke *klobása* (gegrillte Wurst) mit Brot und Senf. Probieren Sie mal eine am Wenzelsplatz: ein fettig-spritzendes Bisserlebnis, das die Handcreme ersetzt. Gern gegessen werden auch *bramborák* (dünner Kartoffelpuffer mit Knoblauch und Majoran) und *chlebíčky,* kunstvoll arrangierte und reich mit Schinken, Edamer, Mayonnaise und Ei belegte Weißbrotscheiben. Sie gibt es auch in anderen Variationen. Diese „Brötchen fürs Volk" stehen bei vielen Pragern immer noch höher im Kurs als jeder Hamburger. Sie sollten allerdings am besten vormittags genossen werden – ab 3 Uhr nachmittags beginnen sie langsam zu versteinern. Wer sie kosten will, muss nach einem *lahůdky* (Delikatessengeschäft) Ausschau halten.

Was isst man als Vegetarier?

Vegetarier haben es schwer in einem Land, dessen durchschnittlicher Fleischkonsum zu den höchsten der Welt zählt. Verhungern brauchen aber auch sie nicht. In vielen Restaurants findet man unter der Überschrift *„Bezmasa"* (ohne Fleisch) ein paar Gerichte. Doch Achtung: Darunter fallen manchmal auch Speisen, deren Hauptbestandteil nicht aus Fleisch besteht, wie ein

In der Pivnice

Omelett mit Schinken oder Bratkartoffeln mit Speck. *Knedlíky s vejce* (gebratene Knödel mit Ei), *smažený sýr* (warmer panierter Käse) oder *šopský salát* (Gurken-Tomaten-Salat mit geriebenem Schafskäse) werden nahezu überall angeboten. Gute vegetarische Restaurants gibt es bislang nur wenige (→ „Kulinarischer Wegweiser", S. 43). Eine Alternative für Vegetarier sind jedoch Pizzerien und asiatische Restaurants.

Pivnice, die Bierstube

Prager Bierstuben sind so berühmt wie Pariser Bistros oder Wiener Kaffeehäuser. Biertrinken ist in Tschechien eine demokratische Angelegenheit: In Anzug und Krawatte ist man in einer Pivnice ebenso willkommen wie im ölverschmierten Overall. Vor dem Zapfhahn einer Pivnice sind alle Menschen gleich.

Zum Interieur einer typischen Bierstube gehören ein paar einfache lange Holztische, ein Pin-up-Girl-Kalender über der Schanktheke, ein bisschen Kitsch an den Wänden und ein derber Kellner. Frischluft ist ein Fremdwort, dicke Rauchschwaden vernebeln den Raum. Das Bier wird in traditionellen Pivnices – und leider nur noch da – so lange unaufgefordert auf den Tisch gestellt, bis man zahlt oder umfällt. Je weiter man sich vom Stadtzentrum entfernt, desto billiger wird das Bier. Die Preise für einen halben Liter liegen bei 0,90–1,60 €, mehr bezahlt man nur in den zentral gelegenen Touristenlokalen.

Vinárna, die Weinstube

Tschechischen Weinen schenkt man auf dem Weltmarkt kaum Beachtung. Das hat weniger mit der im internationalen Vergleich geringen Ausstoßmenge zu tun, sondern vielmehr mit der Qualität. Im Sozialismus wurde mehr Wert auf Masse als auf Klasse gelegt. Erst seit einigen Jahren versuchen viele Winzer, ihre Weine zu verbessern und dem internationalen Niveau anzupassen. So manchem ist das schon gelungen.

Die größten Weinanbaugebiete findet man in Mähren. Folgende Sorten werden dort überwiegend angebaut: Weißweine: Müller-Thurgau, Weißer Burgunder *(Rulandské bílé)*, Grüner Veltliner *(Veltlínské zelené)*, Welschriesling *(Ryzlink vlašský)* und Rheinriesling *(Ryzlink rinský)*. Rotweine: Blaufränkischer *(Frankovka)*, Blauer Portugiese *(Modrý Portugal)*, Zweigeltrebe und St. Laurent *(Svatovavřinecké)*. Die Weißweine sind i. d. R. gut trinkbar, vor so manchen Rotweinen, insbesondere in Flaschen unter 5 €, müssen wir jedoch warnen.

Der bekannteste böhmische Wein kommt aus Mělník. Es ist der *Ludmila*, ein herber Rotwein. *Burčák*, der tschechische Federweiße, wird im Herbst angeboten.

Wein trinkt man am besten in den *vinárnas* – kleinen Kneipen, die meist genauso verraucht sind wie *pivnices*. Es geht jedoch insgesamt ein wenig gepflegter zu, zudem sind mehr Frauen anzutreffen. Ein Gläschen bekommt man in einer Vinárna ab ca. 0,80 €.

Kulinarischer Wegweiser

Weitere besuchenswerte Cafés und Kneipen, in denen man u. a. auch essen kann, finden Sie am Ende der Spaziergangskapitel.

Böhmisch (einfach)

- Baráčnická rychta → S. 147
- Chudoba → S. 194
- Domažlická jizba → S. 180
- Hloupy Honza → S. 104
- Mušketýr → S. 105
- Na Verandách → S. 172
- Staročeská krčma Fontána → S. 180
- U medvídků → S. 121
- U milosrdných → S. 130
- U nováka → S. 105
- U Rudolfina → S. 130
- U Sádlů I. → S. 140
- V Korunní → S. 195

Böhmisch (gehoben)

- Bredovský Dvůr → S. 104
- Celnice → S. 103
- Klášterní Pivovar Strahov → S. 155
- Kolkovna → S. 130
- Novoměstský pivovar → S. 104
- Olympia → S. 146
- Petřínské Terasy → S. 146
- Pivovárský dům → S. 104
- U Vejvodů → S. 120
- Vikárka → S. 169
- Wings Club → S. 186

Böhmisch (gediegen)

- Lví Dvůr → S. 169
- Nebozízek → S. 146
- Sovovy Mlýny → S. 146

Brunchadressen

- Bellevue → S. 120
- Café de Paris → S. 122
- Fraktal → S. 180
- Globe → S. 105
- Radost FX → S. 194
- Universal → S. 103
- Zlatá Praha → S. 130

Brasilianisch

- Brasileiro → S. 120

Französisch

- Belcredi → S. 180
- C'est la vie → S. 146
- La Provence → S. 120
- U malířů → S. 145
- U bílé krávy → S. 194
- Universal → S. 103

Georgisch

- Tamada → S. 104

International

- Barock → S. 130
- Bellevue → S. 120
- Brasserie Ullmann → S. 180
- Červená Tabulka → S. 103
- Cowboys → S. 146
- Fluidum → S. 186
- Hanavský pavilion → S. 180
- Hergetova Cihelna → S. 146
- U zlaté hrušky → S.155
- Jeskynní Restaurant Pravěk → S. 172
- Jet Set → S. 172
- Kampapark → S. 145
- Mozaika → S. 194
- Oliva → S. 103
- Pálffy palác → S. 145
- Století → S. 121
- Zlatá Praha → S. 130
- Zvonařka → S. 194

Orientalisch & Asiatisch

- Ariana → S. 121
- Dahab → S. 120
- Mailsi → S. 186
- Malý Buddha → S. 155
- Orange Moon → S. 121
- The Sushi Bar → S. 146

Italienisch/Pizza

- Aromi → S. 194
- Bellavista → S. 155
- Capua → S. 180
- Grosseto → S. 194
- Nuova → S. 103
- Romantica → S. 194

Bulgarisch

- Thrakia → S. 194

Mexikanisch

- Cantina → S. 147
- Fraktal → S. 180

Traditionsreiche Kaffeehäuser

- Café de Paris → S. 122
- Evropa → S. 105
- Grand Café Orient → S. 122
- Imperial → S. 105
- Louvre → S. 105
- Montmartre → S. 122
- Obecní dům → S. 122
- Rudolfinum → S. 130
- Savoy → S. 147
- Slavia → S. 105

Vegetarisch

- Albio → S. 104
- Country Life → S. 121
- Govinda → S. 105
- Lehká hlava → S. 121
- Radost FX → S. 194

Wo das Bier fließt – Pivnices

- Na Radhoštl → S. 186
- Na Verandách → S. 172
- Pivovarský Klub → S. 187
- U Bohouše → S. 195
- U černého vola → S. 155
- U Fleků → S. 104
- U medvídků → S. 121
- U milosrdných → S. 130
- U Rudolfina → S. 130
- U vystřelenýho oka → S. 186
- U Žižky → S. 187
- U zlatého tygra → S. 121

Biergärten

- Divorká Šarka → S. 198
- Letenské sady → S. 180
- Park Café → S. 195
- Parukářka → S. 187

Gut mit Kindern

- Albio → S. 104
- Jeskynní Restaurant Pravěk → S. 172
- Nuova → S. 103
- Universal → S. 103

Pivo – des Tschechen liebstes Kind

„Wo andere Städte Grundwasser haben, hat Prag Bier." Was Bohumil Hrabal, der 1997 verstorbene tschechische Literat und Biertrinker, so treffend formulierte, beweist auch die Statistik. 160 Liter Bier pro Kopf und Jahr konsumieren die Tschechen im Durchschnitt – Kinder und Abstinenzler eingerechnet (Deutsche 123 Liter). Überraschend ist es nicht, gehört doch tschechisches Bier zu den besten der Welt. Die Kommunisten ernannten es gar einst zum „Brot der Bevölkerung".

Die bekanntesten tschechischen Biere sind *Plzeňský prazdroj* (Pilsner Urquell) und *Budvar* (Budweiser). In vielen Kneipen wird zudem *Krušovice, Velkopopovický kozel* und *Gambrinus* gezapft. Prags größte Brauerei ist *Staropramen* (→ S. 172). Die berühmte Kleinbrauerei *U Fleků* schenkt ein dunkles, schweres Bier aus (→ S. 102).

Allgemein unterscheidet man zwischen hellem *(světlé)* und dunklem Bier *(tmavé* oder *černý)*, eine Art Karamalz für Erwachsene. Beide lassen sich auch mischen. Was heraus kommt, heißt *řezané*, „Geschnittenes". Tschechisches Bier wird nicht nach seinem Alkoholgehalt, sondern den Platograden unterschieden, d. h. dem Anteil löslicher Stoffe in der Würze vor dem Gärungsprozess. Faustregel zum Ausrechnen des Alkoholgehaltes: Stammwürze geteilt durch drei. Meist wird 10- oder 12-gradiges Bier ausgeschenkt, das mit etwa 3,3–4 % Alkohol deutlich schwächer ist als deutsches Bier.

Um zu wissen, ob Sie nun ein gut oder schlecht gezapftes *pivo* vor sich stehen haben, legen Sie eine 50-Heller-Münze auf die Schaumkrone. Bleibt sie oben liegen – Glückwunsch. Geht sie unter, trinken Sie's trotzdem.

Kavárna, das Kaffeehaus

„Hier debattierte man bei Lagen schwarzen Kaffees und bei Mělníker Wein über Kierkegaard, Augustinus und die letzte Theaterpremiere, die halbnackten Mädchen bildeten bunte Reihe mit den knabenhaften Philosophen, und es gehörte zum guten Ton, nicht zu bemerken, wenn eines der Paare für eine halbe Stunde verschwand, aufs Zimmer ging", beschrieb Max Brod die Blütezeit der Prager Kaffeehauskultur 1957 im Rückblick. Und dass kein Mensch die Kaffeehäuser des Kaffees wegen aufsuchte, meinte gar Jaroslav Seifert (→ S. 184): „Der Kaffee war dort stadtbekannt schlecht".

Im Kommunismus war es vorbei mit den Kaffeehäusern, ihrem avantgardistischen Publikum und den Kellnern, die sich angeblich zweimal am Tag rasierten. Zahlreiche Häuser wurden geschlossen, um der „Bourgeoisie" den Raum zu nehmen. Mittlerweile aber kann man fast von einer Renaissance sprechen. Viele alte Cafés wurden restauriert, teils aber auch totrestauriert. Künstler sieht man darin keine mehr, die Cafés gehören vorrangig den Touristen aus aller Welt. Trotzdem, und auch wenn Prag nicht Wien ist: Ein Cappuccino oder *presso* (ein guter, verlängerter Espresso) in einem der traditionsreichen Kaffeehäuser mit ihren großen Salons und ihrer oft prachtvollen ornamentalen Ausschmückung ist ein Erlebnis. Die schönsten Kaffeehäuser finden Sie unter „Kulinarischer Wegweiser" auf S. 43.

Verblichener Glanz: Hotel Evropa

Übernachten

Das Angebot an Quartieren in Prag ist vielseitig. Von prunkvollen Hotels, die keinen Komfort vermissen lassen, bis zu muffeligen Absteigen mit verkeimten Teppichböden ist alles vorhanden. Alternativ dazu findet man Apartments und nette Hostels für Low-Budget-Reisende.

Ein Billigreiseziel ist Prag, zumindest was die Unterkünfte angeht, nicht mehr. Niveau und Preise vieler Hotels und Pensionen überbieten mittlerweile westeuropäischen Standard. Trotz enormer Kapazitäten kann es in der Haupt- und Topsaison (→ Kasten S. 50) zu Engpässen kommen. Das bezieht sich insbesondere aufs Zentrum. Frühzeitig zu buchen lohnt daher. Ansonsten schläft man irgendwo in der Peripherie, in oder zwischen Plattenbauten.

Unterkunftsvermittlungen mit oft guten Angeboten findet man am Flughafen und an den Bahnhöfen. Für die Zimmersuche im Internet sind folgende Seiten hilfreich: www.hrs.de, www.hotelnet.cz, www.czechhotels.cz, www.hotel.cz, www.pragunterkunft.de, www.stopcity.cz, www.travel.cz und www.pragueaccomodation.cz.

Spartipp! Über *Čedok* (www.cedok.de, www.cedok.at o. www.cedok.ch) können Sie viele der hier aufgeführten Hotels 20–60% billiger buchen.

Achtung: In Hotels an den Straßen Wilsonova, Mezibranská, Legerova, Sokolská, Žitná und Ječná müssen Sie mit einer extremen Lärmbelästigung rechnen!

Hotels

Tschechische Hotels sind in fünf Kategorien aufgeteilt. Das Gros der luxuriösen Vier- und Fünf-Sterne-Hotels, darunter auch die Ableger internationaler Hotelketten, befindet sich in den touristischen Stadtteilen. Oft sind die Hotels in wunderschönen Jugendstilhäusern oder Barockgebäuden untergebracht und bieten eine geschmackvolle antike Ausstattung. Fast jeden Monat entstehen neue First-Class-Herbergen in der Innenstadt.

Die Fassadenherrlichkeit vieler Mittelklassehotels, v. a. abseits der touristischen Stadtteile, verblasst hingegen oft schon in der Eingangshalle. Der Sanierungsboom der letzten 15 Jahre beschränkte sich dort häufig nur aufs Äußere, eine zeitgemäß-moderne Umgestaltung der Zimmer wurde eher selten oder nur mit billigsten Mitteln vorgenommen.

Ähnliches gilt für die wenigen verbliebenen Ein- und Zwei-Sterne-Hotels der Stadt. Oft kann man in Pensionen oder Hostels schöner und günstiger wohnen.

Wo wohnt man am besten?

Prag ist in 15 Postbezirke aufgeteilt, die mit Zahlen gekennzeichnet sind. Sie decken sich nicht mit den 22 Verwaltungsbezirken, dienen aber im Gegensatz zu diesen auch offiziell für alle Ortsangaben. Die meisten Unterkünfte befinden sich in Prag 1, zu dem die touristischen Stadtteile Malá Strana, Hradčany, Staré Město, Josefov und Nové Město gehören. Günstigere Preise bei gleichem Niveau bieten Unterkünfte in den Bezirken 2 und 3: Dazu zählen die Stadtteile Vinohrady und Žižkov. In beiden wohnt man recht nah zur Innenstadt. Auf diese drei Bezirke sollte man sich bei der Zimmersuche konzentrieren. Danach wird's kompliziert. Prag 4, 5, 6, 7, 8 und 10 grenzen einerseits ans Zentrum, die Bezirke schließen aber auch kilometerweit außerhalb liegende Stadtteile ein, wo Plattenbauten den Horizont abschließen und der sprichwörtliche Hund begraben liegt. Mit Abstrichen sind dabei noch Smíchov (Prag 5), Holešovice (Prag 7), Bubeneč (Prag 7), Vršovice (Prag 10), Karlín (Prag 8), Dejvice (Prag 6) und die Camperhochburg Troja (Prag 7) zu empfehlen. Von dort ist man schnell per Metro oder Straßenbahn im Zentrum. Eher meiden sollte man die Bezirke von 11 aufwärts, was nicht heißen soll, dass es dort überhaupt keine schönen Ecken gibt. Die hier aufgeführten Unterkünfte liegen bis auf einige Campingplätze im Zentrum oder in zentrumsnahen, gut erreichbaren Stadtbezirken.

Hradčany (→ Karte S. 150/151)

**** **Domus Henrici (6),** kleine, noble Herberge nahe der Burg. Altes, verwinkeltes Haus mit nur 8 Zimmern, die über Treppchen zu erreichen sind. Geschmackvoll restauriert, Parkettböden. 2 gemütliche Gemeinschaftsterrassen mit schöner Aussicht. Partnerhotel nahe der Karlsbrücke. DZ ab 170 €. Keine eigenen Parkmöglichkeiten. Loretánská 11, ✆ 220511369, www.hidden-places.com. Ⓢ 22, 23 Pohořelec.

*** **Loreta (3)**, kleines 18-Betten-Hotel beim Loreto-Heiligtum. Die ländlich-nostalgisch eingerichteten Zimmer mit Holzböden betritt man von einem ruhigen Innenhof. Familiäre Atmosphäre. Nachteil: Der nächste bewachte Parkplatz liegt rund 1 km entfernt. Für die Lage recht gutes Preis-Leistungs-Verhältnis: EZ 50 €, DZ 84 €. Loretánské nám. 8, ✆ 233310510, www.vysehrad2000.com. Ⓢ 22, 23 Pohořelec.

Malá Strana (→ Karte S. 135)

**** **Waldstein (4),** 27 hübsche Zimmer mit antiken Möbeln. Nett restauriert, das Gebäude stammt aus dem 14. Jh. Familiäre Atmosphäre, ruhige Lage. DZ 291 €, Dreier 304 €. Valdštejnské náměstí 6, ✆ 257533939, waldstein@avetravel.cz. Ⓜ A Malostranská.

**** **U zlaté studně (1),** in traumhafter Lage neben dem Ledebour-Garten. 17 komfortable Zimmer, 3 Suiten. Die Räume sind mit stilvollen Repliken klassischer Möbelstücke ausgestattet. Panoramablick von der Dachterrasse. Ruhig. Eigene Parkplätze 5 Fußmin. entfernt. DZ ab 245 € (ohne Mehrwertsteuer). U zlaté studně 4, ✆ 257011213, www.zlatastudna.cz. Ⓜ A Malostranská.

TIPP! ***** **Aria (16)**, schickes Boutiquehotel im Zeichen der Musik, von Versace-Designer Rocco Magnoli gestaltet. Die 52 eleganten Zimmer sind nach Komponisten oder Musikern benannt. Manche Teppichböden

Prag Stadtteile
und Postbezirke
2 km
Praha 1
Pr. 1
Hradčany
Malá Strana
Josefov
Staré Město
Nové Město
Pr. 2
Vinohrady
Vyšehrad
Praha 3
Žižkov
Praha 4
Nusle
Podolí
Michle
Záběhlice
Braník
Krč
Hodkovičky
Lhotka
Praha 5
Smíchov
Motol
Košíře
Jinonice
Radlice
Hlubočepy
Holyně
Malá Chuchle
Velká Chuchle
Silvenec
Lochkov
Zadní Kopanina
Radotín
Lahovice
Zbraslav
Lipence
Praha 6
Suchdol
Sedlec
Lysolaje
Přední Kopanina
Nebušice
Ruzyně
Liboc
Vokovice
Dejvice
Veleslavín
Střešovice
Bubeneč
Břevnov
Praha 7
Troja
Holešovice
Praha 8
Čimice
Dolní Chabry
Bohnice
Kobylisy
Střížkov
Libeň
Karlín
Ďáblice
Březiněves
Praha 9
Prosek
Vysočany
Hloubětín
Hrdlořezy
Třeboradice
Žakovice
Miškovice
Letňany
Vinoř
Kbely
Satalice
Praha 10
Malešice
Strašnice
Vršovice
Praha 11
Chodov
Háje
Šeberov
Újezd
Křeslice
Praha 12
Kamýk
Modřany
Libuš
Kunratice
Písnice
Komořany
Cholupice
Točná
Praha 13
Řepy
Sobín
Zličín
Třebonice
Stodůlky
Řeporyje
Praha 14
Kyje
Černý Most
Hostavice
Horní Počernice
Dolní Počernice
Klánovice
Běchovice
Újezd nad Lesy
Koloděje
Praha 15
Štěrboholy
Dolní Měcholupy
Hostivař
Horní Měcholupy
Petrovice
Dubeč
Hájek
Uhříněves
Královice
Pitkovice
Benice
Kolovraty
Nedvězí
Lipany

mit Notendekoration! Sehr zuvorkommendes Personal, Chauffeurservice, Türkisches Bad, Restaurant auf der Dachterrasse, Musikbibliothek usw. Die Zimmerpreise wechseln täglich, bei unserem Besuch lag das billigste DZ (ohne Mehrwertsteuer) bei verhältnismäßig günstigen 205 €. Tržiště 9, ✆ 225334111, www.aria.cz. Ⓢ 12, 20, 22, 23, 57 Malostranské náměstí.

*** **Sax (12),** nahe der deutschen Botschaft im einstigen italienischen Viertel. Kleine, aber helle Zimmer. Ruhige Lage. EZ 130 €, DZ 154 €, Suite 179 €. Jánský Vršek 3, ✆ 257531268, www.sax.cz. Ⓢ 12, 20, 22, 23, 57 Malostranské náměstí.

Staré Město (→ Karte S. 108/109)

***** **Four Seasons (18),** eines der besten Prager Hotels, untergebracht in einem Gebäudekomplex, zu dem u. a. eine Barockvilla und ein Neorenaissancebau gehören. Großzügige, elegante Zimmer mit Marmorbädern, Telefon auf der Toilette und z. T. mit Blick auf die Burg. Die Preise ändern sich ständig: DZ bei unserem letzten Besuch ab 330 €, EZ ab 310 €, aber immer wieder Specials. Veleslavinova 2A, ✆ 221427000, www.fourseasons.com. Ⓜ A Staroměstská.

**** **Josef (6),** die Adresse für alle, die auf lichtes, minimalistisches Design stehen. Entworfen von der in London arbeitenden, tschechischen Architektin Eva Jiřičá. DZ offiziell 293 €, jedoch oft hohe Rabatte. Parken 18 €/Tag extra. Rybná 20, ✆ 221700111, www.hoteljosef.com. Ⓜ B Náměsti Republiky.

Nové Město/Vyšehrad (→ Karte S. 94/95)

***** **Palace (14),** galt lange Zeit als bestes Haus der Stadt. Als Hardcore-Vegetarier Mick Jagger hier weilte, wollte er nicht glauben, dass die Tschechen fleischlos kochen können und ließ sich eine Kitchenette in seine Suite einbauen – letztlich stellte ihn die Hotelküche aber doch zufrieden. Zeitlos-elegante Zimmer. DZ ab 360 €, Suite ab 430 €. Panská 12, ✆ 224093111, www.palacehotel.cz. Ⓜ A, B Můstek.

**** **Yasmin (24),** 2006 eröffnet. Ein Hotel mit außergewöhnlichem Design, z. T. sehr futuristisch. 198 schicke, helle Zimmer mit schwarzen Bädern. DZ 260 €. Politických vězňů 12, ✆ 234100100, www.hotel-yasmin.cz. Ⓜ A, C Muzeum.

**** **Crystal Palace (54),** ebenfalls ein 2006 eröffnetes Vier-Sterne-Haus, sehr modern eingerichtet. 65 Zimmer. DZ 190 €, EZ 170 €. Ruhige Lage. Malá Štěpánská 17, ✆ 255737100, www.euroagentur.cz. Ⓢ 4, 6, 10, 16, 22, 23 Štěpánská.

**** **Élite (36),** schmuckes Boutiquehotel in historischen Gemäuern. Alle Zimmer unterschiedlich, aber sehr komfortabel eingerichtet. DZ 230 €. Ostrovní 32, ✆ 224932250, www.hotelelite.cz. Ⓜ B Národní třída.

**** **Liberty (13),** kleines Komforthotel in einem schmucken Altbau. Nur 32 klassisch-freundliche Zimmer und Suiten. Nur wenige Meter vom Wenzelsplatz entfernt, aber deutlich günstiger als die teilweise abgewohnten Vier-Sterne-Häuser direkt am Platz. DZ ab 210 €. 28. října 11, ✆ 224239598, www.hotelliberty.cz. Ⓜ A, B Můstek.

*** **Hotel 16 (58),** kleines, gut geführtes und etabliertes Haus. 14 Zimmer, sehr sauber und frisch restauriert. Zuvorkommender Service. Kleiner Garten. EZ 100 €, DZ 125 €. Kateřinská 16, ✆ 224920636, www.hotel16.cz. Ⓜ B Karlovo náměstí.

TIPP! *** **Mušketýr (47),** schräg gegenüber dem Nationalmuseum. Stilvolle Zimmer, die meisten davon zur Rückseite (lassen Sie sich keines zur Mezibranská geben – laut!). Wer einmal König von Prag spielen will, sollte eines der beiden Dachzimmer mit Traumterrasse buchen – das Goldene Prag liegt Ihnen hier zu Füßen. Von Lesern gelobt. Gutes Restaurant mit böhmischer Küche. DZ ab 100 €. Mezibranská 13, ✆/℻ 296220000, www.musketyr.com. Ⓜ A, C Muzeum.

** **Evropa (27),** eines der bekanntesten Häuser der Stadt (→ S. 92), darf in keinem Buch fehlen. Zimmer z. T. unter Hostelniveau, z. T. aber auch schon billigst renoviert. Eine Lesermeinung: „Schmuddeliger Frühstücksraum mit unfreundlicher, manchmal die Gäste beschimpfender Bedienung." DZ mit Bad 110 €, ohne Bad 70 €. Václavské náměstí 26, ✆ 224215387, www.evropahotel.cz. Ⓜ A, C Muzeum oder A, B Můstek.

Vinohrady (→ Karte S. 190/191)

TIPP! ***** **Le Palais (30),** eine der charmantesten Nobelherbergen Prags in einer mondänen Stadtvilla aus dem 19. Jh. Belle Époque trifft modernsten dekadenten Komfort (z. B. in unterschiedlichen Farben angestrahlte und mit verschiedenen Duftnoten versehene Duschen in der Sauna). DZ ab 370 €, in der „Bohèmesuite", die schon der ehemalige NATO-Generalsekretär George Robertson belegte, nächtigt man für 1400 €. (Die

Spektakuläre Architektur in der Neustadt: Frank O. Gehrys „Ginger und Fred"

NATO hat's.) U Zvonařky 1, ✆ 234634111, www.palaishotel.cz. Ⓜ C I.P. Pavlova.

**** **Sieber (10),** komfortables, familiäres Hotel mit Flair. 20 geschmackvolle, klassische Zimmer und Suiten. 1a-Service. DZ 170 €, Apartments ab 185 €. Slezská 55, ✆ 224250025, www.sieber.cz. Ⓜ A Jiřího z Poděbrad.

*** **Tyl (14)**, nur ein paar Schritte zur nächsten Metrostation, keine 10 Gehmin. zum Wenzelsplatz. Kleines, gepflegtes Haus mit klassisch-stilvollen Zimmern, alle mit Klimaanlage, Satelliten-TV, Telefon und Minibar. DZ 139 €, in der NS fast die Hälfte billiger. Tylovo náměstí 5, ✆ 221595711, www.hoteltyl.com. Ⓜ A I.P. Pavlova.

*** **Anna (15),** kleines, freundliches Hotel in einem Bürgerhaus aus dem 19. Jh. Flügeltüren, Jugendstilelemente im Eingangsbereich. 24 Zimmer mit Teppichböden und Standardmobiliar. Sehr zuvorkommendes Personal. EZ 81 €, DZ 109 €. Budečská 17, ✆ 222513111, www.hotelanna.cz. Ⓜ A Náměstí Míru.

Žižkov (→ Karte S. 182/183)

**** **Arcotel Teatrino (18),** in einem liebevoll restaurierten, ehemaligen Jugendstiltheater. Wunderschönes Restaurant im Bühnenraum. Die 73 Zimmer sind nicht ganz so stilvoll. Parkmöglichkeiten nur auf der Straße davor. EZ 125 €, DZ ab 145 €. Bořivojova 53, ✆ 221422111, www.arcotel.at. Ⓢ 5, 9, 26, 55, 58 Lipanská.

*** **Alffa (13),** 32 helle, z. T. geräumige Zimmer. Wintergarten und netter Innenhof, in dem im Sommer auch mal ein Lamm gegrillt wird. Ebenfalls Parken nur vor dem Hotel möglich. Sauna. EZ 85 €, DZ 115 €. Milíčova 5, ✆ 222868686, www.alfahotel.cz. Ⓢ 5, 9, 26, 55, 58 Lipanská.

*** **Victor (8),** familiäres Hotel in einem schönen Altbau mit 20 großen, z. T. sehr freundlichen Zimmern, die schönsten unterm Dach. Viel russisches Publikum. Netter Service. EZ 62 €, DZ 105 €. Für das Gebotene günstig. Nur 1 Parkplatz im Hof. Husitská 72 (laut), ✆ 222781291, www.hotelviktor@sezman.cz. Ⓜ B, C Florenc, weiter mit Ⓑ 133 U Památníku.

*** **U Tří Korunek (9)**, moderne Rezeption, ansonsten ist die Ausstattung nichts Besonderes. 75 gepflegte Zimmer, 4 davon behindertengerecht. EZ ab 77 €, DZ ab 107 €. Cimburkova 28, ✆ 222781112, www.3korunky.cz. Ⓜ B, C Florenc, weiter mit Ⓑ 133 Tachovské nám.

Smíchov (→ Karte S. 173)

***** **Riverside (7)**, First-Class-Unterkunft. Sehr elegantes, modernes Hotel am Moldauufer. Viele der 45 Zimmer und Suiten (sehr komfortabel und geräumig, mit Liebe fürs Detail eingerichtet, tolle Bäder) mit herrlichem Ausblick, manche sogar mit Balkon. DZ ab 250 €, EZ ab 230 €. Janáčkovo nábřeží 15, ☏ 255994611, www.riverside prague.com. Ⓢ 4, 7, 10, 14, 52 Zborovská.

*** **Botel Admirál (12),** die Schiffsromantik hat ihre Vor- und Nachteile: herrliche Ausblicke auf die Prager Brücken und Burg Vyšehrad vom Deckrestaurant, dafür wohnwagengroße, biedere Kajüten. Alle mit eigenem Bad. EZ 105 €, DZ 110 €. Hořejší nábřeží, ☏ 257321302, www.admiral-botel.cz. Ⓜ B Anděl.

*** **Arbes-Mepro (6),** die Fassade könnte mal wieder einen neuen Anstrich vertragen, innen ist es aber renoviert. 27 gepflegte, meist geräumige Standardzimmer. Freundliches Personal. EZ 88 €, DZ 109 €. Viktora Huga 3, ☏ 257210410, www.arbes-mepro.cz. Ⓢ 6, 9, 12, 20, 58 Arbesovo náměstí.

Prager Saisonpreise – ein Durcheinander

Die hier angegebenen Preise beziehen sich auf die **Hauptsaison**, bei einem DZ handelt es sich um die Endpreise für zwei Personen und meist inklusive Frühstück. Sie sind nur als Anhaltspunkte zu verstehen. Das Gros der Prager Hotels kennt vier Saisons: Die **High Season** dauert ungefähr von Mitte März bis Ende Juni und von Anfang August bis Ende Oktober. Im Juli, in der **Middle Season**, bezahlen Sie rund 20–40 % weniger als in der Hochsaison. In der **Low Season**, von November bis Mitte März, bezahlen Sie gar 30–60 % weniger als in der Hochsaison. In der **Topsaison** jedoch steigen die genannten Preise z. T. um 30–100 % an. Zur Topsaison gehören die Tage über Weihnachten, Silvester, Ostern, Pfingsten und (je nachdem, wie die Feiertage liegen) die verlängerten Wochenenden.

Grundsätzlich gilt, dass teuere Hotels z. T. extrem hohe Rabatte gewähren, die preiswerteren hingegen einen höheren Topzuschlag kassieren. Es lohnt sich, sich im Internet, bei den Zimmervermittlungen am Bahnhof oder am Flughafen umzusehen, so manches im Buch mit 200 € angegebene DZ bekommen Sie dann für die Hälfte – die Preisangaben vieler Prager Hotels begründen sich schlichtweg in der Hoffnung auf eine gute Saison!

Pensionen

Viele Pensionen in der touristischen Innenstadt sind, was Komfort, Service und Preise angeht, mit Mehrsternehotels vergleichbar. Günstige Pensionen findet man in den Außenbezirken Nové Městos und in den weiter abseits vom Zentrum gelegenen Stadtteilen. Dort sind alle Kategorien vertreten, von hübschen Familienpensionen bis hin zu dunklen Plattenbaubuden mit Etagenbad.

Hradčany (→ Karte S. 150/151)

Avalon (1), vermietet zweckmäßige Zimmer mit Bad nicht nur im Haupthaus (im ruhigen Viertel Nový Svět), sondern auch in anderen Gebäuden Hradčanys und Malá Stranas. DZ ab 70 €. Nový Svět 23, ☏/℻ 233355226, www.pensionsavalon.cz. Ⓢ 22, 23 Brusnice.

Malá Strana (→ Karte S. 135)

Corto II (9), einfache, unterschiedliche Zimmer mit Bad, z. T. mit Kühlschrank, z. T. mit Parkett, z. T. mit Teppichboden. Angeschlossen eine Pizzeria mit nettem Innenhof, wo auch gefrühstückt wird. Freundlicher Service. Keine Parkplätze. EZ mit Bad offiziell 84 €, DZ 98 €, i. d. R. aber gute Rabatte. Nerudova 27 (Hauptgasse zur Burg), ☏ 257534281, www.corto.cz. Ⓢ 12, 20, 22, 23, 57 Malostranské náměstí.

U Laury (8), Apartments und Zimmer in einem historischen Gebäude. Teils mit farbenfroh gestrichenen Wänden, Topfpflanzen und Laminat, teils mit Linoleumböden und zusammengestückeltem Mobiliar. Die Zimmer teilen sich Bad und Toilette. Sehr sauber. Den freundlichen, englischsprachigen Betreiber erreicht man über die gleichnamige Pivnice im EG. DZ 55 €, Apartment für 2 Pers. 85 €, Frühstück extra. Keine Parkplätze. Nerudova 10, ☏/℻ 257532921, www.vinarnaulaury.o1.cz. Ⓢ 12, 20, 22, 23, 57 Malostranské náměstí.

Staré Město (→ Karte S. 108/109)

U medvíků (48), man hat die Wahl zwischen hellen Standardzimmern und liebevoll eingerichteten mit bemalten Renaissancedecken. Bäder etwas veraltet. Drei-Sterne-Komfort und die populäre gleichnamige Bierstube (→ S. 121) nebenan. Keine Parkplätze. Standard-EZ 82 €, DZ 125 €. Na Perštýně 7, ✆ 224211916, www.umedvidku.cz. Ⓜ B Národní třída.

U zeleného věnce (33), hübsche Familienpension in einer ruhigen Gasse. 9 freundliche, großzügige Zimmer mit schwedischen Holzmöbeln, eigenem Bad und Deckenbalken. Sehr sauber, nette Betreiber. Keine Parkplätze. EZ 104 €, DZ 121 €. Řetězová 10, ✆/℻ 224248791, www.uzv.cz. Ⓢ 17, 18, 51, 54 Karlovy lázně.

U červené židle (35), sehr komfortable, neue Pension, besser als so manches Drei-Sterne-Haus. Nett möblierte Zimmer mit Safe und Kühlschrank. Ruhige Lage, freundlicher Service. DZ 116 €, EZ 104 €. Liliová 4, ✆ 296180018, www.redchair pension.com. Ⓜ B Národní třída.

Unitas (51), einst Gefängnis der Geheimpolizei (→ S. 113), heute von Nonnen geführtes Haus, nach wie vor mit Knastcharakter. Sehr sauber, netter Frühstücksraum. Etagenbäder und -toiletten, Rauch- und Alkoholverbot. Hunde sind erlaubt. EZ 46 €, DZ 56 €, pro Person im Schlafsaal 12–18 €. Achtung: Wegen Restaurierungsarbeiten ist die Pension bis Herbst 2007 geschlossen. Bartolomějská 9, ✆ 224221802, www.unitas.cz. Ⓜ B Národní třída.

Nové Město/Vyšehrad (→ Karte S. 94/95)

TIPP! **Museum (44),** eine Empfehlung. Die 12 Zimmer und Apartments sind um einen gepflegten Innenhofgarten angelegt. Helle, lichte und modern eingerichtete Räumlichkeiten. „Ein Glücksgriff", meinen Leser. DZ 95 €. Mezibranská 15, ✆ 296325186, www.pension-museum.cz.

Church Pension (37), unter Leitung der evangelischen Brüdergemeinde. Zentral gelegen, aber ruhig. Schlichte, sehr saubere Zimmer. DZ ohne Bad 65 €, mit Bad 82 €. Jungmannova 9, ✆ 296245432, www.churchpension.cz. Ⓜ B Národní třída.

TIPP! **Miss Sophie's (56),** bietet Hotelzimmer (DZ 61 €), Hostel-Schlafsäle (pro Person 16 €) und geräumige Apartments (für 3 Pers. 86 €). Modern eingerichtet, sehr freundlich. Super Preis-Leistungs-Verhältnis. Melounová 3, ✆ 296303530, www.miss-sophies.com. Ⓜ C I. P. Pavlova.

Vyšehrad (61), ruhig gelegene Familienpension (deutschsprachig, sehr freundlich) mit grünem Garten samt Terrasse im Stadtteil Vyšehrad. 4 große DZ (61 €) und ein kleines EZ (35 €), alle mit Bad. Anhängliche Hauskatzen (9 an der Zahl!) und liebe Hunde (2). Kaffee und Tee kann man sich stets nehmen. Krokova 6, ✆ 241408455, www.pension-vysehrad.cz. Ⓜ C Vyšehrad.

Vinohrady (→ Karte S. 190/191)

Holiday Home (18), in ruhiger, dennoch zentraler Lage. 14 Zimmer mit privatem Bad/WC. Altbacken eingerichtet, aber sehr sauber und insgesamt okay. DZ 62 €, Raucher bezahlen 3 € mehr! Americká 37, ✆ 222512710, www.holidayhome.cz. Ⓜ A Náměstí Míru.

Žižkov (→ Karte S. 182/183)

Ariva Guest House (14), 2005 eröffnete Unterkunft in einem Altbau. Freundliche Zimmer und Apartments hinter einer farbenfrohen Fassade. EZ 36 €, DZ ab 54 €. Vlkova 37, ✆ 603914189 (mobil), www.arivaguesthouse.com. Ⓢ 5, 9, 26, 55, 58 Lipanská.

Alpin (24), steriler Neubau. Zimmer mit eigenem Bad und Kochnische sowie Zimmer, die sich Bad und Küche teilen. Alle ordentlich und sauber, lediglich das Mobiliar ist schrecklich. Ruhige Lage. DZ ohne Bad 56 €, mit Bad 61 €. Velehradská 25, ✆ 222723982, www.alpin.cz. Ⓜ A Jiřího z Poděbrad.

Pension 15 (17), freundlich und preiswert. Renovierter Altbau, einfache, saubere Zimmer, Etagenbad. EZ 22 €, DZ 25 €. Über den Hinterhof gelangt man zu nett eingerichteten Apartments mit Fliesenböden (ab 43 € pro Tag). Vlkova 15, ✆ 222721800, www.pension15.cz. Ⓢ 5, 9, 26, 55, 58 Husinecká.

Smíchov (→ Karte S. 173)

Akát (14), günstige, zentrumsnahe Unterkunft. Das Haus im ruhigen Hinterhof bietet anständige, saubere Zimmer mit und ohne Bad. Nettes Café angeschlossen. DZ ohne Bad 28 € (mit Bad 49 €), EZ ohne Bad 22 € (mit Bad 32 €). Nádražní 42, ✆/℻ 257311118, www.akatpension.com. Ⓜ Smíchovské nádraží.

Hostels

Die Palette der Hostels reicht von völlig schmuddelig bis sehr gepflegt. Viele bieten nicht nur Betten in Schlafsälen, sondern auch Doppel- und Einzelzimmer, zuweilen sogar mit eigenem Bad. Einen Zapfenstreich gibt es i. d. R. nicht, Schlafsack oder Bettwäsche müssen nicht mitgebracht werden. Manche Hostels haben nur in den Sommermonaten geöffnet, dazu gehören kurzzeitig zu Jugendherbergen umfunktionierte Studentenwohnheime.

Malá Strana (→ Karte S. 135)

Sokol (25), etwas versteckt gelegene, einfache, aber recht saubere Herberge in einem alten Stadtpalast (aber nicht zuviel erwarten!). Rauchverbot, Terrasse. Pro Person im sterilen Mehrbettzimmer (7–14 Pers.) 12,50 €, DZ 32 €. Preise ohne Frühstück. Nosticova 2, ✆ 257007397, hostel@sokolcos.cz. Ⓢ 12, 20, 22, 23, 57 Hellichova.

Staré Město (→ Karte S. 108/109)

Traveller's Hostel (3), großes Hostel, einer Kette angehörig, beste Lage. Guter Traveller-Service, sehr sicher und sehr sauber. Spartanische Teppichbodenzimmer mit und ohne Dusche (Toilette stets auf dem Gang). Pro Person im DZ mit Dusche 27 € (ohne 23 €), im Schlafsaal 14 €. Dlouhá 33, ✆ 224826662, www.travellers.cz. Auf der Webseite kann man sich auch über das nur im Sommer geöffnete **Hostel Island** auf der Moldauinsel Střelecký Ostrov informieren, ähnliche Preise. Ⓜ B Náměstí Republiky.

Nové Město (→ Karte S. 94/95)

Chilli Hostel (48), 77-Betten-Haus. Freundliche, farbenfrohe Zimmer, z. T. mit Parkettböden. Internetzugang. DZ mit Bad teuere 64 €, pro Person im Dormitory ab 10 €. Pštrossova 7, ✆ 603119113 (mobil), www.chillihouse.cz. Ⓢ 6, 9, 18, 17, 21, 22, 23, 51, 54, 57, 58 Národní divadlo.

Golden Sickle (45), wegen der großen, gemütlichen Innenhofterrasse – ein netter Treffpunkt – eine 1a-Sommeradresse. Die Zimmer sind jedoch nichts Besonderes. Pro Person im Schlafsaal 16 €, DZ 50 €. Vodičkova 10, ✆ 222230773, www.goldensickle.com. Ⓢ 3, 9, 14, 24 Vodičkova.

TIPP! **U Melounu (59),** ruhig gelegenes, gastfreundliches Haus, sehr sauber. Hübscher Innenhofgarten mit Grillmöglichkeit, gemütlicher Frühstücksraum, Gemeinschaftsküche, Waschservice, Internetzugang. Auch für ältere Jahrgänge geeignet. DZ mit Bad 49 €, ohne 36 €, pro Person im Mehrbettzimmer 14 €. Ke Karlovu 7, ✆ 224918322, www.hostelumelounu.cz. Ⓜ C I. P. Pavlova.

Rosemary (11), nette, modern eingerichtete Zimmer. Küche, freie Internetnutzung. Keine eigenen Parkplätze. Auch für Gäste jenseits der 25 geeignet. Von Lesern gelobt. DZ mit Bad 46 €, ohne Bad 42 €. Im Schlafsaal 16 € pro Pers. Růžova 5, ✆ 222211124, www.praguecityhostel.cz. Ⓢ 3, 9, 14, 24 Jindřišská.

Miss Sophie's (56), → Pensionen, S. 51.

Holešovice (→ Karte S. 176/177)

TIPP! **Sir Toby's (7),** 115 Betten in 23 liebevoll und sehr kreativ eingerichteten Zimmern in einem Jugendstilbau. Zimmer in allen Größen, viele mit eigenem Bad. Waschservice, Innenhof für Grillpartys im Sommer, gemütliche Gemeinschaftsküche (Tee und Kaffee stets umsonst). Deutscher Besitzer. Raucher müssen auf den Balkon oder den Hof ausweichen. Keine eigenen Parkplätze. EZ mit Bad 36 €, DZ 48 €, pro Person im Mehrbettzimmer ab 12 €. Frühstück 3,20 €. Dělnícká 24, ✆ 283870635, www.sirtobys.com. Ⓜ C Vltavská, weiter mit Ⓢ 1, 3, 5 Dělnícká.

Vinohrady (→ Karte S. 190/191)

TIPP! **Czech Inn (25)**, zum Sir Toby's gehörend und ebenfalls ein Tipp. 2006 in einem neogotischen Stadtpalast eröffnet. Sehr schick, von der Lobby über die Bar bis zu den Zimmern. Freundliches Personal. Keine Parkplätze. P. P. im Dormitory ab 14 €, DZ mit Etagenbad 50 €, Apartments für 4 Pers. 118 €. Am Wochenende etwas teurer, Frühstück (Büfett) 4,30 € extra. Nettes Personal. Francouská 76, ✆ 267267600, www.czech-inn.com. Ⓢ 4, 22, 23 Krymská.

Žižkov (→ Karte S. 182/183)

Clown & Bard (20), einer der beliebtesten Backpackertreffpunkte der Stadt. Rechtzeitige Reservierung empfohlen. Viel trinkfreudiges, englischsprachiges Publikum – viele

Blick über die Altstadt

Kneipen ums Eck. Sehr freundlicher Service. Im Schlafsaal je nach Größe 11–15 €, DZ 32 €. Bořivojova 102, ✆ 222716453, www.clownandbard.com. Ⓢ 5, 9, 26, 55, 58 Husinecká.

Hostel Elf (7), sympathisches Hostel mit viel Graffiti an den Wänden. Gut geführt. Gemeinschaftsraum, kleine Küche, Tee umsonst. Grillmöglichkeit auf der kleinen Terrasse direkt am Vítkov-Hügel. Zimmer für 1–13 Pers., alle mit Gemeinschaftsbädern. Im Schlafsaal 11 € pro Person mit Frühstück, DZ 21 €. Husitská 11, ✆ 222540963, www.hostelelf.cz. Ⓜ B, C Florenc, weiter mit Ⓑ 133 U Pamatníku.

Apartments

Apartments sind eine gute Alternative für Selbstversorger, Familien oder Gruppen. Z. T. werden sie von den Vermietern an den Bahnhöfen mit Fotokatalogen angeboten. Dabei gilt: Erst anschauen, dann entscheiden! Günstige Apartments ab 20 € (Erwartungen nicht allzu hoch schrauben!) vermittelt u. a. die Agentur **Bontour**, Myslíkova 22, Nové Město, ✆ 224922097, www.bontourhostel.cz (Ⓜ B Karlovo náměstí). Für Apartments auf Hotelniveau kann man es bei folgenden Adressen versuchen:

Nové Město (→ Karte S. 94/95)

Accome (21), direkt am Wenzelsplatz. Helle, modern eingerichtete Studios mit Kochnische. Für 2 Pers. ab 148 €, für 4 Pers. ab 198 € inkl. Frühstücksbüfett. Václavské náměstí 22, ✆ 234699699, www.accome.com. Ⓜ A, B Můstek.

Apartments Wencelas Square (26), nur ein paar Schritte weiter. Z. T. sehr geräumige Apartments mit eigener Küche. Jedoch recht stillos eingerichtet. Für 2 Pers. 120 €, für 4 Pers. ab 140 €. Václavské náměstí 36, ✆ 608008840 (mobil), www.apartmentsmiki.cz. Ⓜ A, B Můstek.

Malá Strana (→ Karte S. 135)

Residence Nosticova (24), ruhig gelegenes Haus aus dem 17. Jh., sehr stilvoll, Niveau über einem Vier-Sterne-Hotel. Luxuriöse Suiten (alle individuell eingerichtet – hier mit Himmelbett, da unter einer herrlichen Stuckdecke, dort mit Flügel usw.) mit Kochnische ab 245 €. Nosticova 1, ✆ 257312513, www.nosticova.com. Ⓢ 12, 20, 22, 23, 57 Hellichova.

Nebozízek (29), ein Traum für Flitterwöchner. Dem Restaurant am Petřín-Berg angeschlossen. 2 für das Gebotene sogar recht günstige Apartments mit klassischem Mobiliar, Himmelbett und herrlichem Blick auf die Stadt. 140 € pro Tag. Petřínské sady 411, ✆ 257315329, www.nebozizek.cz. Ⓢ 12, 20, 22, 23, 57 Újezd, weiter mit der Drahtseilbahn bis zur Station Nebozízek.

Appia Residences (11), historisches Gebäude in einem malerischen, absolut ruhigen Viertel. 2006 eröffnet. 22 klassisch-moderne, teils etwas nostalgisch dekorierte Apartments mit Kochnische und 1–3 Schlafzimmern, komfortabel ausgestattet. Garten, Sauna. Mindestaufenthalt 3 Nächte. Für 2 Pers. ab 109 €. Šporkova 3, ✆ 257215819, www.appia-apartments.com. Ⓢ 12, 20, 22, 23, 57 Malostranské náměstí.

Staré Město (→ Karte S. 108/109)

TIPP! **Residence Řetězová (29)**, 9 erstklassig und liebevoll ausgestattete Luxusapartments. Alle tragen Städtenamen, haben Stein- oder Parkettboden. Schöne, ruhige Lage. Je nach Größe und Anzahl der Schlafzimmer 175–400 € pro Tag, Frühstück 5 €/ Person extra. Zuvorkommender Service. Keine Parkplätze. Řetězová 9, ✆ 222221800, www.residenceretezova.com. Ⓢ 17, 18, 51, 54 Karlovy lázně.

Urlaub auf Balkonien

Vinohrady (→ Karte S. 190/191)

Residence Belgická (23), mit einem Hang zum Minimalismus durchdesigntes Haus. Großzügige Räumlichkeiten, Business-Publikum. Gartenterrasse, ruhige Lage, alle Apartments mit Internetanschluss. Fitness-Center, Sauna, Babysitting etc. Studio (33 m²) 125 €, größere Apartments (45–68 m²) 160–290 €. Belgická 12, ✆ 221401800, www.mamaison.com. Ⓜ A Náměstí Míru.

TIPP! **Residence Bělehradská (32)**, 16 unterschiedlich eingerichtete Apartments für 1–6 Pers., alle mit Küche, privaten Bädern und Safe. Sehr freundliche, deutschsprachige Inhaber. Gute Verbindung zum Zentrum. Kein Frühstück, dafür Supermarkt in der Nähe. Apartment für 2 Pers. 75 €, für 4 Pers. 92 €. Bělehradská 35, ✆ 603460828 (mobil), www.b35.cz. Ⓢ 6, 11, 56 Nuselské schody.

Michal Machek (26), Michal Machek vermietet Studios und Apartments, einfach, aber z. T. mit Computer samt Internetzugang ausgestattet. Ruhige Lage. Parken vor der Tür möglich. Sehr gutes Preis-Leistungs-Verhältnis, daher auch von Lesern empfohlen. Für 2 Pers. 37 €, günstiger ab 3 Tagen. Vorausbuchung nötig, da keine Rezeption. Sehr zuverlässig. Zahřebská 18, ✆ 222511647, www.apartmentsinprague.cz. Ⓜ A Náměstí Míru.

Smíchov (→ Karte S. 173)

Hotel Residence Malá Strana (2), praktisch eingerichtete Studios für 1–4 Pers. in unmittelbarer Nähe zur Kleinseite. Bei der Aussicht hat man leider nur die Wahl zwischen Straße (nicht laut) und Hinterhof. Apartment für 2 Pers. 102 €. Mělnická 9, ✆ 251510372, www.hotelresidence-malastrana.com. Ⓢ 6, 9, 12, 20, 58 Újezd.

Camping

Die mit Abstand preiswerteste Übernachtungsmöglichkeit und eine empfehlenswerte Alternative für Low-Budget-Reisende im Sommer. Das eigene Zelt ist dabei gar nicht vonnöten, fast alle Zeltplätze vermieten auch Bungalows oder Zimmer. Über 20 Campingplätze listet die lokale Tourismusbehörde für das Stadtgebiet auf. Darunter befinden sich spartanisch-provisorische ebenso wie recht komfortable Plätze. Eine gute Wahl treffen Sie mit den im Folgenden beschriebenen Plätzen:

Troja (→ Karte S. 176/177)

Im Stadtteil Troja im Norden Prags reihen sich an der Straße Trojská sechs Plätze, meist auf Obstbaumwiesen, aneinander. Wegen der Auswahl – für jeden Geldbeutel ist etwas dabei – und der guten Anbindung ans Zentrum (auch nachts) eine der besten Anlaufstellen. Anfahrt am einfachsten mit Ⓢ14, 17, 53 Trojská. Oder: ⓂC Nádraží Holešovice, weiter mit Ⓑ112 Trojská oder Kazanka. Mit dem eigenen Fahrzeug folgt man vom Zentrum (Neustadt, auf der Wilsonova am Hauptbahnhof vorbei) der Beschilderung „Teplice/Dresden" und, kurz nachdem man das zweite Mal die Moldau überquert hat, der Beschilderung „Troja/Zoo". Die Campingplätze passiert man auf dem Weg zum Zoo. Die beiden von uns empfohlenen Plätze besitzen drei Sterne (gute Sanitäranlagen) und sind ganzjährig geöffnet. Im Hochsommer sollte man besser reservieren.

Autocamp Trojská (1), klein, aber nett und gepflegt, deswegen auch sehr beliebt. Bungalows und Zimmer, Gartenküche, Restaurant. Trojská 375/157, ✆ 283850487, www.autocamp-trojska.cz.

Camp Dana Troja (2), etwas größer, ebenfalls gepflegt und mit Zimmervermietung. Waschmaschine. Trojská 129, ✆/℻ 283850482, www.volny.cz/campdana.

Campingpreise

Mit folgenden Preisen müssen Sie auf den Campingplätzen rechnen: Erwachsene 3,50–6 €, Kinder die Hälfte. Zelt nach Größe 3,30–8 €. Pkw 3,30–5 €, Motorrad 1,90–3,50 €, Wohnwagen 5,60–6,50 € und Wohnmobil 5,40–7,40 €. Strom pro Tag 2–3 €. Hunde dürfen auf dem einen Platz umsonst das Zelt bewachen, auf anderen hat man für sie bis zu 2 € zu zahlen. Für eine Übernachtung in einem Bungalow muss man pro Person mit ca. 10 € rechnen, in einem Zimmer mit Bad 15–18 €.

Moldauinsel Cisařská louka (→ Karte S. 173)

Nicht ganz so idyllisch, wie es klingen mag. Auf der Insel befinden sich zwei Campingplätze. Vorzuziehen ist der **Caravan Park Praha (15)** (Císařská louka 599, ✆ 257318681, www.volny.cz/convoy): ganzjährig geöffnet, netter Service, genug Platz auch für größere Gespanne. Jedoch etwas veraltete Sanitäranlagen. In der HS stündl. von 9–22 Uhr Pendelfähre zum Stadtteil Smíchov nahe Ⓜ Smíchovské nádraží (die Fähre legt vom Bug des Hotelboots Vodník ab). Davor und danach muss man von der Metrostation weiter mit Ⓢ12 Lihovar und sich von dort auf einen mind. 15-minütigen, einsamen Spaziergang gefasst machen. Mit dem eigenen Fahrzeug findet man die Beschilderung zum Camping, wenn man von Süden kommend auf der Straße Nr. 4 stets links der Moldau ins Zentrum fährt.

Weitere Campingplätze

Camp Prager, auf dem Anwesen eines ehemaligen Bauernhofs im Vorort Šeberov. Schöner, gepflegter Platz, gut für Wohnmobile und Wohnwagen, familiäre Atmosphäre und sehr ruhig. Anfang Mai bis Ende Sept. Leider zu Fuß ca. 20 Min. bis zur nächsten Metrostation. V Ladech 3, ✆ 244911490, www.camp.cz/prager. Anfahrt: ⓂC Opatov, weiter mit Ⓑ 165, 226, 325, 326 V Ladech. Anfahrt mit dem Auto: Von der Autobahn Prag – Brünn (E 50) die Ausfahrt Nr. 2 (Chodov) nehmen, und dann ca. 1 km Richtung Süden (Šeberov/Jesenice) fahren, dort ausgeschildert.

Caravancamp, im Stadtteil Motol. Großer, weitestgehend schattiger Platz mit alten Bäumen an einem Hang. Restaurant und Pool fürs Fußbad. Badesee zwei Straßenbahnstationen weiter. Der hintere Teil des Campings ist relativ ruhig, die Stellplätze zur Straße hin sind jedoch recht laut. Gute Anbindung ans Zentrum, auch nachts. April bis Ende Okt. Plzeňská 279, ✆ 257215084, wwwcaravancampprague.cz. ⓂB Anděl, weiter mit Ⓢ7, 9, 10, 58 Hotel Golf. Anfahrt mit dem Auto: Vom Zentrum (Nové Město) stets der Beschilderung nach Plzeň folgen. Hinter Smíchov, im Stadtteil Motol, taucht der Platz dann links der Straße auf.

Swingherbst am Altstädter Ring

Kultur

In Sachen Kultur hat sich Prag mittlerweile von einer großen Provinzstadt zu einer kleinen Metropole entwickelt. Das Veranstaltungsangebot ist überaus breit gefächert.

Einen Überblick über kulturelle Veranstaltungen bieten die deutschsprachige *Prager Zeitung* und ihr englischsprachiges Pendant *Prague Post.* In Informationsbüros und vielen Kneipen liegen zudem Flyer und Programmhefte aus. Im Internet listet die Seite www.ticketpro.cz nahezu sämtliche Events auf, für die man Tickets kaufen kann.

Klassische Musik, Oper und Ballett

„Wer Tscheche ist, ist Musiker", lautet ein altes Sprichwort. Große Komponisten wie Bedřich Smetana und Antonín Dvořák bezeugen dies. Leider hat heute die Crème de la Crème der tschechischen Musiker der Stadt den Rücken gekehrt – im Ausland lässt sich mehr verdienen. Dennoch sind die Prager Ensembles gut und die prachtvollen Konzertsäle und Opernhäuser allein schon eine Augenweide. Zudem finden während der Sommermonate in vielen Gärten und Parks nahezu täglich Konzerte statt.

Eher abzuraten ist von den in diversen Kirchen dargebotenen Mozart-, Vivaldi- und Dvořák-Potpourris. Über ihre Zweitklassigkeit helfen auch keine historischen Kostüme hinweg. Solche *Best-ofs* gibt es nur, weil viele Touristen glauben, ein Konzertbesuch gehöre einfach zu einer Pragreise. Mit den im Folgenden genannten Konzertsälen treffen Sie i. d. R. die bessere Wahl.

Klassische Konzerte

Rudolfinum, Sitz der Tschechischen Philharmonie (→ S. 128). Vorverkauf u. a. im

Haus. ✆ 227059234, www.czechphilharmonic.cz.

Smetana-Saal, im Jugendstilbau Obecní dům (→ S. 116). Karten bekommt man im Haus. ✆ 222002101, www.obecnidum.cz.

Villa Bertramka, Kammermusik im Rokokoambiente (→ S. 171). Vorverkauf u. a. ebenfalls vor Ort. ✆ 257318461, www.bertramka.com.

Villa Amerika, regelmäßige Konzerte von April–Okt. über dem Dvořák-Museum (→ S. 102). ✆ 224923363.

Španělský Sál (Spanischer Saal), grandioser Saal im Neorenaissance-Look auf der Prager Burg (→ S. 158). Leider finden Konzerte nur sehr unregelmäßig statt. Infos unter ✆ 224373368, www.hrad.cz.

Lobkowicz Palace, Klavier-, Flöten- und Violinenkonzerte stets um 13 Uhr im gleichnamigen Palast auf der Prager Burg (→ S. 168). Infos unter ✆ 777227853 (mobil), www.lobkowiczevents.cz

Oper/Ballett

Stavovské divadlo (Ständetheater), zählt mit Recht zu den schönsten Theatern Europas (→ S. 111). Vorverkauf schräg gegenüber dem Theater am Ovocný trh 6. ✆ 224902322, www.narodni-divadlo.cz.

Národní divadlo (Nationaltheater), neben anspruchsvollen Theateraufführungen auch Oper und Ballet in prunkvollem Ambiente (→ S. 99). Ticketverkauf u. a. im Haus. ✆ 224901448, www.narodni-divadlo.cz.

Státní opera (Staatsoper), wesentlich kleiner als das Nationaltheater, aber ebenfalls eine Augenweide (→ S. 102). Allerdings sind Spielplan und Inszenierungen i. d. R. wenig innovativ. Ticketverkauf u. a. im Haus. ✆ 224227266, www.opera.cz.

Hudební divadlo v Karlíně, einziges Prager Haus, dessen Schwerpunkt auf Operetten liegt. Geboten werden aber auch Musicals. Vorverkauf im Haus. ✆ 221868666, www.hdk.cz. Křizíkova 10, Karlín. Ⓜ B Florenc.

Tickets für kulturelle Veranstaltungen: Karten können überall in der Innenstadt an diversen Vorverkaufsstellen erstanden werden. Die Preise sind deutlich niedriger als zu Hause, variieren jedoch stark nach Veranstaltung und Platz. Für eine Theaterkarte sollte man 5–35 € einplanen, für Oper und Ballett 5–70 €, für Musicals 7–30 €. Klassische Konzerte kosten 5–40 €, Schwarze Theater 20–25 €. Bei Rock- und Jazzkonzerten muss man je nach Bekanntheitsgrad der Combo mit 5–40 € rechnen. Da viele Vorverkaufsstellen versuchen, zuerst oder ausschließlich die teuersten Tickets zu verkaufen (mehr Provision), lohnt es sich, die Häuser direkt aufzusuchen!
Wer sich eine Karte für ein klassisches Konzert kaufen will, sollte die **als Mozart verkleideten Ticketverkäufer** meiden und besser eine offizielle Vorverkaufsstelle aufsuchen. Die Straßenhändler stehen im Ruf, Tickets zu überhöhten Preisen oder gar gefälschte Karten anzubieten. Seriöse Vorverkaufsstellen sind z. B. **Ticketpro**, Rytířská 31, Staré Město, ✆ 216101624, www.ticketpro.cz (Ⓜ A, B Můstek) oder **Bohemia Ticket**, Na Příkopě 16, Nové Město, ✆ 224215031, www.bohemiaticket.cz (Ⓜ B Náměstí Republiky).

Theater, Musicals

Prag besitzt über 80 Bühnen – man hat die Qual der Wahl, sofern man des Tschechischen mächtig ist.

Berühmt ist die Stadt für die **Schwarzen Theater (Černé divadlo)**. Dunkel gekleidete Schauspieler bewegen dabei unbemerkt vom Publikum leuchtende Gegenstände vor einem schwarzen Hintergrund. Viele Vorstellungen bedienen sich rein pantomimischer Darstellung, Musik untermalt die einfach erzählten Geschichten. Wenn auch die Technik noch immer zu bewundern ist, sind Tricks und Gags leider oft nicht mehr die jüngsten. Zu viel des Zaubers, wie oft angepriesen, sollte man nicht erwarten. Die Schwarzen Theater sind ein Stück Touristenkult.

Eine lange Tradition haben auch die **Marionettentheater**. Leider passten sich auch diese überwiegend dem touristischen Allerweltsgeschmack an. Die

Der Smetana-Saal: Heimat des Prager Symphonieorchesters

Endlosaufführungen von Mozarts „Don Giovanni" kann man sich sparen. Andere Puppentheater versprechen durchaus anspruchsvolle Unterhaltung – nicht nur für Kinder.

In der folgenden Auswahl sind nur Theater berücksichtigt, die auch für Pragbesucher ohne Tschechischkenntnisse interessant sein können.

Theater

Divadlo Archa, das Theater mit dem avantgardistischsten und experimentellsten Programm Prags. Gastspiele, ausgefallene Konzerte, Lesungen (vieles in Englisch), Bar und schickes Café. ✆ 221716333, www.archatheatre.cz. Na Poříčí 26, Nové Město. Ⓜ B Náměstí Republiky.

Divadlo Ponec, anspruchsvolles modernes Tanztheater. Einige der weltbesten Tanzgruppen traten hier schon auf. Die Vorstellungen sind schnell ausverkauft. Husitská 24a, Žižkov, ✆ 222721531, www.divadloponec.cz. Ⓜ B, C Florenc, weiter mit Ⓑ133, 504 U Pamatníku.

Divadlo Alfred ve Dvoře, innovatives nonverbales Theater, das auf den kommerziellen Schwarzlicht-Schnickschnack gut verzichten kann. Viel Tanz, die Vorstellungen sind stets auf hohem Niveau. Fr. Křížka 36, Holešovice, ✆ 233376997, www.alfredvedvore.cz. Ⓢ 1, 5, 8, 12, 14, 15, 17, 25, 26 Strossmayerovo namĕstí.

Nationaltheater, → Oper/Ballett.

Schwarzes Theater

Černé divadlo Jiřího Srnce, gilt als weltweit erstes Schwarzes Theater, zudem als das beste Prags. Zwei Ensembles, eins davon ist meist auf Tournee. Verschiedene Auftrittsorte. Kontakt unter ✆ 257923397, www.blacktheatresrnec.cz.

Laterna Magika, touristenüberlaufenes Multimediatheater mit Projektionen, Pantomime und Tanz. Wenig Atmosphäre im Glasbau aus den frühen 80ern. Ticketverkauf im Haus, ✆ 224931482, www.laterna.cz. Národní třída 4, Nové Mĕsto. Ⓢ 6, 9, 18, 21, 22, 23 Národní divadlo.

Ta Fantastika, gespielt wird am laufenden Band, bis zu 60 Vorstellungen im Monat. Teils müde Schauspieler. Ticketverkauf im Haus, ✆ 222221366, www.tafantastika.cz. Karlova 8, Staré Mĕsto. Ⓜ A Staromĕstská.

Divadlo Image, neben Schwarzlichteffekten auch Pantomime und moderner Tanz. Ticketverkauf vor Ort, ✆ 222329191, www.imagetheatre.cz. Pařížská 4, Josefov. Ⓜ A Staromĕstská.

Divadlo Broadway, → Musicals.

Marionettentheater

Divadlo Spejbla a Hurvínka, weltbekanntes Puppentheater, das bereits seit 1930 besteht und schon in 31 Ländern gastierte. Erkundigen Sie sich, wann Aufführungen in Deutsch stattfinden. Ticketverkauf vor Ort, ☏ 224316784, www.spejbl-hurvinek.cz. Dejvická 38, Dejvice. Ⓜ A Dejvická.

Musicals

Internationale Gastspiele finden für gewöhnlich im **Kongresszentrum** im Stadtteil Vyšehrad statt (5. května 65, Ⓜ B Vyšehrad; auf Plakate achten). Die ortsansässigen Musicaltheater präsentieren überwiegend Stücke in tschechischer Sprache. Das Niveau kommt nicht an Stella-Produktionen heran, dafür stehen die Bühnen auch nicht ständig vorm Bankrott.

Divadlo Hybernia, neuestes Musicaltheater der Stadt, Ende 2006 eröffnet. Im Empirebau Domu U Hybernů am Náměstí Republiky 3, Staré Město. Vorverkauf u. a. im Haus, ☏ 221419419. Ⓜ B Náměstí Republiky.

Divadlo Broadway, Na Příkopě 31, Nové Město. Neben Musicals zuweilen auch Schwarzes Theater. Vorverkauf u. a. im Haus, ☏ 225113307, www.divadlo-broadway.cz. Ⓜ B Náměstí Republiky.

Divadlo Kalich, Jungmannova 9, Nové Město. Ticketverkauf im Haus, ☏ 296245311, www.divadlokalich.cz. Ⓜ A, B Můstek.

Hudební divadlo v Karlíně, → Oper/Ballett.

Kino

Große Hollywoodproduktionen laufen in Prag zum gleichen Zeitpunkt wie im restlichen Europa an, unkommerzielle Filme oft mit ein paar Monaten Verzögerung, manchmal sind sie nur auf den Filmfestivals (→ „Veranstaltungskalender", S. 66) zu sehen. In den Sommermonaten bieten einige Open-Air-Kinos Lichtspiele unterm Sternenhimmel, z. B. auf der Moldauinsel Střelecký ostrov.

Ausländische Produktionen werden überwiegend in der **Originalfassung mit Untertiteln** gezeigt – erkundigen Sie sich am besten vorher. Die Kinokarten kosten selten mehr als 6 €, manchmal sind sie schon ab 3,50 € zu bekommen. Für Festivalbeiträge sollte man sich die Karten früh besorgen.

Was steht auf dem Programm?

Kinos

Lucerna, grandioser Kinopalast aus den 20er Jahren des letzten Jahrhunderts. Prächtige ornamentale Ausschmückung. 500 Sitzplätze. Standardfilmprogramm. Vodičkova 36, Nové Město. Ⓜ A, B Můstek oder A, C Muzeum.

Světozor, traditionelles Kino, das nach einer umfangreichen Restaurierung 2004 wiedereröffnet wurde. Alternatives Programm, viele tschechische Filme mit englischen Untertiteln. Vodičkova 41 (Eingang von der Passage), Nové Město. Ⓜ A, B Můstek.

Village Cinemas Anděl, moderner Kinokomplex mit 14 Sälen, darunter auch ein „Gold-Class-Saal" mit Bar und großen Lümmelsesseln samt Fußlehne. Radlická 1E, Smíchov. Ⓜ B Anděl.

Aero, alternatives, großes Kino mit netter Bar. Überwiegend anspruchsvolle Filme. Veranstaltet auch Festivals. Biskupcova 31, Žižkov. Ⓢ 9, 10, 16, 19, 55, 58 Biskupcova.

IMAX, hier laufen 3-D-Filme (i. d. R. in Tschechisch) auf der größten IMAX-Kino-Leinwand (20 x 24 m) europaweit. Im Shoppingcenter Palác Flora, Žižkov. Ⓜ A Flora.

Barrandov, das Hollywood des Ostens

Auf einem Hügel südlich von Smíchov liegen die (der Öffentlichkeit nicht zugänglichen) Filmstudios Barrandov. Ihre Erfolgsgeschichte begann in den 1930ern mit Gustav Machatýs Skandalstreifen „Extáze" – die Kinos wurden förmlich überrannt, als zum ersten Mal nacktes Fleisch auf der Leinwand zu sehen war. Während des Protektorats drehten die Nazis über 100 Propagandafilme in den Studios. Unter den Kommunisten wurden sie verstaatlicht. In dieser Zeit entstieg auch „Pan Tau" den Hügeln Barrandovs, genauso wie „Aschenbrödel" – das mit den drei Nüssen. Die Kinderfilme aus der damaligen Tschechoslowakei erweckten weltweite Begeisterung. Nach der Samtenen Revolution ging es zunächst bergab mit den Studios. Es fehlten die staatlichen Fördermittel für Produktionen. Schließlich entdeckten die Amerikaner Barrandov als billigen Drehort. Zuletzt entstand in Prag u. a. Roman Polanskis „Oliver Twist" (2004). Auch Szenen des neuen James Bond „Casino Royale" mit Daniel Craig, der 2006 in die Kinos kam, wurden hier gedreht.

Tschechische Regisseure genießen weltweite Anerkennung, man denke nur an Miroslav Ondříček („Zeit des Erwachens", „Garp") und Jan Svěrák („Kolya", 1996 mit dem Oscar ausgezeichnet). Zu den populärsten Nachwuchsregisseuren zählt Vladimír Michálek: Er verfilmte Jáchym Topols Undergroundroman „Anděl Exit" („Engel Exit", → S. 30). Aufsehen erregten auch Ondřej Trojan mit dem Liebesdrama „Želary", das 2004 für den Oscar nominiert wurde und Bohdan Sláma mit der Komödie „Štěstí" („Something like happiness", 2005). Der berühmteste tschechische Filmemacher ist aber ohne Zweifel Miloš Forman, der 1968 ins amerikanische Exil ging und dort mit „Hair" oder „Einer flog übers Kuckucksnest" Riesenerfolge feierte. Für den Dreh von „Amadeus" (1984) kam er zurück nach Prag.

Nightlife rund um den Altstädter Ring

Nachtleben

Prague by night – es gibt viel zu erleben: Techno oder Ethno, Jazz oder Jungle, Funk oder Fusion, Punkrock oder Trip Hop – live oder vom Plattenteller.

Die meisten Prager Clubs und Kneipen kennen keinen Ruhetag, und eine offizielle Sperrstunde gibt es nicht. Manchem Innenstadtclub jedoch besorgten Anwohner per Gerichtsentscheid frühe Schließzeiten, v. a. unter der Woche. Andererseits startet man in Prag ohnehin früher als anderswo in die Nacht, Konzerte beginnen nicht selten bereits um 19 Uhr. In den Danceclubs finden die großen Partys am Wochenende statt, die Prager Szenekneipen sind hingegen immer fröhlich-voll. Für Konzerte ist jeden Abend gesorgt. Jazz, Rock, Punk, Avantgarde – Sie haben die Wahl!

Seit dem Fall des Eisernen Vorhangs bietet die Moldaumetropole zudem Night- und Erotikclubs in Hülle und Fülle. Anspruchsvolles **Varieté** – für das die Stadt Jahrzehnte lang berühmt war – gibt es jedoch nicht mehr.

Clubszene

Trendige Clubs im Zentrum, welche die Charts hoch und runter spielen, gibt es en masse. Dort lernen Sie John aus Australien oder Paolo aus Italien kennen. Wollen Sie aber mit Honza aus Prag an der Theke stehen, besuchen Sie lieber eine der häufig stattfindenden **80s-** bzw. **90s-Partys** oder gehen sie zu einem **Konzert** einer Bluescombo oder Revivalband, die es von Abba bis Zappa gibt. Zu den erfolgreichsten tschechischen **Rockbands** gehören übrigens die *Plastic People of the Universe* (→ S. 203), *Už jsme doma*, *MIG 21*, *Priessnitz* und *Support Lesbiens*. Anklänge an traditionelle Balkanmusik bietet *Ahmed má hlad*. *Tatabojs* präsentiert tschechischen Hiphop, *Švihadlo* „Moldaureggea“. Eine der genannten Bands tritt während Ihres Pragbesuchs bestimmt irgendwo auf – ein Erlebnis mit viel Lokalkolorit. Internationale Bands sind leider immer noch recht zögerlich, wenn es darum geht, Prag in ihre Europatourneen einzuplanen – denn viel Geld ist hier nicht zu verdienen.

Was **elektronische Musik** angeht, so präsentiert sich die DJ-Szene der Stadt reger und internationaler als die Rock- und Jazzszene. Relativ oft stehen ausländische DJs am Plattenteller. Wer sich die Nächte mit wummernden Beats um die Ohren schlagen will, hat die Wahl zwischen originell gestylten Danceclubs und verräuchert-heruntergekommenen, aber einfach witzigen DJ-Kneipen. Am Wochenende geht die Party in manchen **Afterhour-Clubs** bis zum Nachmittag weiter. Im Sommer werden zuweilen Open-Air-Raves veranstaltet.

Die **Eintrittspreise** der Clubs sind niedrig. Selbst für die schicksten Locations der Stadt muss man selten mehr als 10 € hinlegen, manchmal ist der Eintritt ganz frei. Auch die Getränkepreise halten sich im Rahmen.

Clubs

Lucerna Music Bar → Karte S. 94/95 **(33)**, Touristen und junge Prager geben sich im Ballsaal der Jahrhundertwende ein Stelldichein. Gute Konzerte, 80s-Partys am Wochenende. Von Lesern gelobt. Faire Preise für die Lage. Nebenan die nette Kneipe **Hospoda v Lucerně** – billiges Bier und durchschnittliches Essen. Vodičkova 36, Nové Město. Ⓜ A, B Můstek oder A, C Muzeum.

TIPP! **Palác Akropolis** → Karte S. 182/183 **(22),** Kulturzentrum mit riesigem Angebot. Originelle Kneipe im Erdgeschoss. Im Keller regelmäßig Konzerte (u. a. spielten hier schon die *Pixies*, die *Strokes*, *Ween*, aber auch schräge Trompeter aus Rumänien und und und). Dazu tägl. wechselnde DJs. Sehr empfehlenswert. Kubelíkova 27, Žižkov. Ⓜ A Jiřího z Poděbrad

Abaton, große Location mit mehreren Bühnen weitab des Zentrums. Wild wechselndes, unregelmäßiges Programm – unbedingt vorher checken (www.prostorabaton.cz), sonst landet man als Raver auf einer Metal- oder als Waver auf einer Technoparty. Na Košince 8, Ⓜ B Palmovka, weiter mit Ⓢ 10, 17, 54 Stejskalova.

Futurum → Karte S. 173 **(8),** ein Dauerbrenner. Unspektakulär dekorierter Club im Untergeschoss eines Mehrzweckgebäudes. Beliebt sind die 80s- und 90s-Partys, bei denen Haus-DJ Jirka Neumann sein Bestes gibt. Dazu witzige Konzerte einheimischer Newcomer. Günstig. Zborovská 7, Smíchov. Ⓢ 4, 7, 10, 14, 52 Zborovská.

TIPP! **Radost FX** → Karte S. 190/191 **(12),** seit Jahren einer der angesagtesten Clubs der Stadt. Schicke Sofas, Parketttanzfläche. Überwiegend amerikanisches Publikum. Angegliedert sind ein gutes vegetarisches Restaurant (→ S. 194) und eine coole, gemütliche Lounge. Techno bis Latin. ⌚ Lounge tägl., Club nur Do–Sa. Bělehradská 120, Vinohrady. Ⓜ C I. P. Pavlova.

Vagon → Karte S. 94/95 **(23),** verqualmter Laden für Altfreaks, die sich nicht von Jimi Hendrix und Led Zeppelin lösen können. Fast tägl. Live-Gigs. Viel Blues, faire Preise. Trotz zentralster Lage vornehmlich tschechisches Publikum. Národní třída 25, Nové Město. Ⓜ B Národní třída.

Club Kain → Karte S. 182/183 **(5),** wer auf langhaarige Bartträger mit Harley-Davidson-Shirts und handgemachten Rock steht, ist hier richtig. Oben rustikale Kneipe, im Keller fast tägl. ab 21 Uhr Konzerte (Revivalbands zwischen Van Halen und Ozzy Osbourne überwiegen), Husitská 1, Žižkov. Ⓢ 5, 9, 26, 55, 58 Husinecká.

Klub Strahov 007 → Karte S. 135 **(33),** im Untergeschoss eines Plattenbau-Studentenwohnheims im Viertel Strahov westlich der Kleinseite. Undergroundclub, der bereits seit 1987 (!) einheizt. Fast tägl. Konzerte oder DJs: Ska, Hiphop (i. d. R. Sa), Punk, Hardcore, Jungle, Electroclash etc. Jello Biaffra war auch schon hier. Mit 150 Besuchern ist es allerdings bereits knallvoll. Günstig. Chaloupeckého, Strahov. Ⓢ 12, 20, 22, 23, 57 Újezd, weiter mit der Standseilbahn bis zur Endstation.

TIPP! **Mecca** → Karte S. 176/177 **(4),** durchgestylter Danceclub in einem ehemaligen Fabrikgebäude. Mischung aus illustrem, reichem und schönem Publikum. House und softer Techno. ⌚ nur Mi/Fr/Sa. Mi freier Eintritt. U Průhonu 14, Holešovice. Ⓢ 5, 12, 15, 54 U Průhonu.

Klub Lávka → Karte S. 108/109 **(31),** beliebteste Touri-Disco mit mehreren Bars. Tolle Lage an der Karlsbrücke, im Sommer Ter-

Cool: Lounge des Clubs Radost FX

rasse und Bootsverleih. Rund um die Uhr geöffnet. Daneben liegt der **Musicclub Karlovy lázně,** der sich mit seinen 4 Dancefloors gerne als der größte Mitteleuropas bezeichnet. Musik in beiden Locations querbeet. Novotného lávka, Staré Město. Ⓢ 17, 18, 51, 54 Karlovy lázně.

Duplex 4 all → Karte S. 94/95 **(22),** hier, über den Dächern des Wenzelsplatzes, feierte Mick Jagger seinen 60. Geburtstag. Trotzdem eine reine Touri-Disco, empfehlenswert jedoch wegen der herrlichen Ausblicke auf das nächtliche Prag. Restaurant angegliedert, Dancemusic. Teuer. So–Di geschl. Václavské náměstí 21, Nové Město. Ⓜ A, B Můstek oder A, C Muzeum.

TIPP! **Roxy** → Karte S. 108/109 **(2),** im großen Kellerclub tanzen internationale Partypeople. Techno-, House- und Reggae-Partys, gelegentlich gute Konzerte renommierter Bands. Mo freier Eintritt. Im 1. Stock das **NOD,** eine abgefahrene Avantgardekneipe mit viel Design, verrückten jungen Leuten und ausgefallener Musik. Galerie im Vorraum, Sessions und Performances. Dlouhá 33, Staré Město. Ⓢ 5, 8, 14, 53 Dlouhá třída.

Cross Club → Karte S. 176/177 **(3),** außergewöhnlicher, mit viel Metallkunst dekorierter, touristenarmer Club. Super Biergarten, verschiedene Räume, oft freier Eintritt. Breites Programm zwischen DJ-Abenden (Jungle, Breakbeat, House, Acid etc.) und Liveacts (Punk, Blues etc.). ⌚ tägl. ab 18 Uhr. Plynární 23, Holešovice. Ⓜ C Nádraží Holešovice.

Matrix → Karte S. 182/183 **(3),** angesagter Szeneclub für alle unter 25. Hier vergewaltigen die besten Nachwuchs-DJs der Stadt den Plattenteller, und die tanzwütige Menge ist unter der dicken Graswolke kaum zu sehen. Themenabende (meist Fr/Sa) zwischen Techno, D'n'B und Dub. Koněvova 13, Žižkov. Ⓜ B, C Florenc, weiter mit Ⓑ 133, 504 Tachovské náměstí.

TIPP! **Le Clan** → Karte S. 190/191 **(2),** Afterhour-Club mit Kokainspiegelchen (!) über den Toiletten. Schöne Frauen, interessante Männer, Kerzenlicht, Madonnenbilder an der Wand, rote Vorhänge. Internationales Publikum. Dancemusic, zu der aber selten jemand tanzt. Am interessantesten Sa und So gegen 6 Uhr morgens, vor Mitternacht herrscht gähnende Leere. Achtung, kein Schild am Eingang. Bitte klingeln. ⌚ Di–Do 18–4 Uhr, Fr/Sa 20 Uhr bis zum Morgen. Balbínova 23, Vinohrady. Ⓜ A, C Muzeum.

Solidní Nejistota → Karte S. 94/95 **(43),** großes Clubrestaurant amerikanischen Typs. Hier verkehren die Highsociety (oder wer sich dafür hält) und diverse Promis. Charthits. Sehen und gesehen werden in den Disconächten am Wochenende. Sonnenbrille nicht vergessen. Pštrossova 21, Nové Město. Ⓢ 6, 9, 18, 21, 22, 23, 51, 54, 57, 58 Národní divadlo.

Pub Crawling statt Sightseeing – die Invasion der Hirsche

Sie tragen Shirts mit Aufdrucken wie „Prag Drinking Team“, sind tagelang im Dauerrausch und dazwischen im Bordell. Unzählige englische Männergrüppchen fallen jedes Wochenende nach Prag ein, um hier so genannte „Stag Parties“ (*stag* = Hirsch) zu feiern – feuchtfröhliche Junggesellenabschiede ganz nach dem Motto „Cheap beer and cheap sex“. Kein Wunder, kommt doch ein Wochenende in Prag mit Freunden billiger als die Kneipentour zuhause. Rund 70 % aller Stag Parties finden mittlerweile außerhalb von England statt (beliebt sind auch Tallinn und Bratislava). Im Internet bieten an die 70 Agenturen Stag-Reisen im Paket an. Am bekanntesten ist „Prague Pissup“ („Saufgelage in Prag“), hier kann man alles buchen: von „partyfreundlichen Apartments“ bis zu „Milchmädchen-Stripshows“ (?). Die Gruppen lassen viel Geld in der Stadt liegen, doch etliche Hoteliers und Kneipiers haben von zertrümmerten Möbeln und vollgeko—— Toiletten mittlerweile die Nase voll. Daher prangt vor mehr und mehr Bars das Schild „No stag groups allowed“.

Bars & Kneipen

Bars und Kneipen, die auch tagsüber geöffnet haben, finden Sie bei den Stadtteilkapiteln unter der Rubrik „Essen und Trinken“. Hier noch ein paar zusätzliche Adressen für den Abend:

Bar & Books → Karte S. 108/109 **(8),** der Tipp für die gediegene Abendgestaltung.

Gepflegt-geschmackvolle Whiskeybar (ein Ableger aus New York) mit großen Fenstern und langer Theke im Stil eines englischen Herrenclubs. Bücherwand, Kellner im Anzug, satte Preise. Týnská 19, Staré Město. Ⓜ A Staroměstská.

Alcohol Bar → Karte S. 125 **(16),** ebenfalls eher gediegene Bar, in der sich all jene treffen, die Karriere machen und dies auch gerne mit der Davidoff in der Hand demonstrieren. Dušní 6, Josefov. Ⓜ A Staroměstská.

Andaluský Pes, → Karte S. 176/177 **(12),** der „Andalusische Hund“. Recht schräge, ältere Szenegänger (viele Amerikaner) verstreuen sich auf mehrere kleine, lilafarben gestrichene Räume. Musik querbeet. Korunovační 4, Holešovice. Ⓢ 1, 8, 15, 25, 26, 51, 56 Letenské náměstí.

Le Tram, → Karte S. 176/177 **(9),** eine kleine, rot gestrichene Bar im Zeichen der Prager Straßenbahn: Hartschalensitze als Barhocker und eine Straßenbahnschiene, die den Tresen rahmt. Multikulti-Publikum und Multikulti-Musik. 2005 eröffnet, aber schon 2006 ziemlich heruntergekommen – egal, Charme hat's. Šmeralova 12, Holešovice. Ⓢ 1, 8, 15, 25, 26, 51, 56 Letenské náměstí.

Újezd → Karte S. 135 **(31),** Johnny Rotten is not forgotten, zumindest hier nicht. Sympathisch-versiffte, bunte Kneipe auf 3 Etagen. Junges und hängen gebliebenes Publikum. Újezd 18, Malá Strana. Ⓢ 6, 9, 12, 20, 22, 23, 57 Újezd.

Wakata → Karte S. 176/177 **(8),** gemütliche DJ-Kneipe mit simpler Einrichtung. Hippe

Musik, ab und zu Jam Sessions. Gemischtes, originelles Publikum, Fr/Sa wird aufgetanzt. Malířská 14, Holešovice. Ⓢ 1, 8, 15, 25, 26, 51, 56 Letenské náměstí.

M1 → Karte S. 108/109 **(7)**, an der selbst ernannten „Secret Lounge" läuft man tatsächlich gern vorbei. Coole, minimalistische Dielenbar, nur ein riesiger Spiegel schmückt die Wände. Ambient, Rythmic House oder Acid Jazz. Üppiges Angebot an Cocktails. Masná 1, Staré Město. Ⓜ B Náměstí Republiky

Château Bar/L'Enfer Rouge → Karte S. 108/109 **(11),** Bar ganz in Rot, vorrangig amerikanisches Publikum. In der Vergangenheit machte die Kneipe immer wieder Schlagzeilen, weil aufgebrachte „Obermieter" Wasser auf Gröler vor der Tür kippten. Im Keller ein Club, in dem DJs (Hiphop, Breakbeat, Happy House) für Stimmung sorgen. Jakubská/Ecke Malá Štupartská, Staré Město. Ⓜ B Náměstí Republiky.

Punto Azul → Karte S. 173 **(5),** simpler, verkiffter D'n'B-Schuppen. Kleine Tanzfläche. Krovtova 1, Smíchov. Ⓢ 6, 9, 12, 20, 58 Kinského zahrada.

La Bodega Flamenco → Karte S. 176/177 **(10),** gemütliche, dezent beleuchtete Kellerkneipe. Ordentliche, günstige Tapas, spanische Weine. Zur fröhlichen Latino-Musik (selten live) wird hin und wieder getanzt. Šmeralova 5, Holešovice. Ⓢ 1, 8, 15, 25, 26, 51, 56 Letenské náměstí.

Jazz

Neben den immer häufiger werdenden Auftritten internationaler Künstler touren 10–15 einheimische Combos durch die Prager Clubs. Vorbei sind aber die Zeiten, als Jazz noch ein Politikum war, ein antikommunistisches Lebensgefühl darstellte und als subversiv galt. Heute ist Jazz einfach nur noch Jazz. Den präsentiert man gut, aber nicht unbedingt innovativ, selten sind neue Töne zu hören. Je nach Band und Club sollte man mit Eintrittspreisen von 2,50–10 € rechnen.

Jazzclubs

Reduta → Karte S. 94/95 **(25),** legendärer Jazzschuppen seit 1958. Bill Clinton packte hier vor Václav Havel sein Saxophon aus. Dixie, Swing und Jazz-Rock. Národní třída 20, Nové Město. Ⓜ B Národní třída.

U staré paní → Karte S. 108/109 **(34),** etwas gestylteres Ambiente, trotzdem gemütliche Atmosphäre. Man kann auch günstig essen. V. a. Modern Jazz. Von Lesern gelobt. Michalská 9, Staré Město. Ⓜ B Národní třída.

U malého Glena → Karte S. 135 **(20),** der Tipp für die Kleinseite. Gemütliche Bar im Erdgeschoss, winziger Club im Keller. Tägliche Live-Gigs zwischen Funk, Blues und Modern Jazz. Sehr beliebt unter US-Amerikanern. Karmelitská 23, Malá Strana. Ⓢ 12, 20, 22, 23, 57 Malostranské náměstí.

AghaRTA Jazz Centrum → Karte S. 108/109 **(22),** für viele bester Jazzclub der Stadt, zudem auch noch in einem wunderschönen Gewölbekeller untergebracht. Fusion und Modern Jazz. Kleiner Shop angeschlossen. Železná 16, Staré Město. Ⓜ A, B Můstek.

Ungelt Jazz & Blues Club → Karte S. 108/109 **(17),** kleiner, verwinkelter Club im mittelalterlichen Kellergewölbe, mit Pub. Blues, Funk und Fusion. Týn 2 (Eingang von der Týnská), Staré Město. Ⓜ B Náměstí Republiky.

Schwules und lesbisches Nachtleben

Tschechien war das erste Land des ehemaligen Ostblocks, in dem Schwulenehen anerkannt wurden. Ewiggestrige wie den Prager Erzbischof Miloslav Vlk gibt es hier jedoch wie überall: „Wenn wir die Homosexuellen auf einer verlassenen Insel aussetzten, würden sie zwangsläufig verschwinden, weil sie sich nicht fortpflanzen könnten."

Die Prager Gayszene bietet ein recht breit gefächertes Angebot von gemütlichen Kneipen über Danceclubs bis zu SM-Treffs, in denen sich auch etliche Strichjungen herumtreiben. Auf www.friends-prague.cz, der Internetseite des gleichnamigen Clubs (s. u.), kann man sich ausführlich über die Szene informieren. Das Gleiche gilt für Publikationen wie *Amigo* (www.amigo.cz), die in allen Locations erhältlich sind.

Das Angebot für Lesben ist dagegen eher karg.

Gayclubs

Friends → Karte S. 108/109 **(48),** für viele der netteste, niveauvollste und sympathischste Gayclub Prags, offen auch für Frauen. ⌚ tägl. 18–5 Uhr, Mi–Sa DJ-Partys. Sehr freundlicher Service. Bartolomejská 11, Staré Město. Ⓜ B Národní třída.

Alcatraz → Karte S. 182/183 **(15),** oben eine Pivnice, in der schmusige Musik bis hin zu Karel Gott läuft. Unten ein Club im Backsteingemäuer. Sauna, Käfige, am Wochenende Darkrooms. Viel Leder. Sexbetont: ab und zu „Naked-" oder „Fist-Partys" (?). ⌚ Club ab 22 Uhr. Bořivojová 58, Žižkov. Ⓢ 5, 9, 26, 55, 58 Husinecká.

Termix → Karte S. 190/191 **(8)**, Schwulen- und Lesbenclub. Nüchterne, lang gezogene Bar mit gläserner Theke. Großer Videoscreen, Darkroom. ⌚ Mi–So, tschechische Musik und Elektronisches im Wechsel. Třebízského 4a, Vinohrady. Ⓜ A Jiřího z Poděbrad.

Im Club **Radost FX** (s. o.) findet mit der *Lollypop* einmal im Monat eine sehr beliebte Gayparty statt.

Kneipen

Erra → Karte S. 108/109 **(43),** gestylte, aber dennoch kuschelige Schwulen- und Lesbenbar auf zwei Etagen. Trendige Hintergrundmusik, nettes Personal, gute Cocktails. Man kann auch essen. Angenehme Atmosphäre, auch für Heteros. Konviktská 11, Staré Město. Ⓢ 6, 9, 18, 21, 22, 23, 51, 54, 57, 58 Narodní divadlo.

Bar 21 → Karte S. 190/191 **(7)**, etwas versteckte Gaykneipe im Backsteinkeller. Nettes Publikum. Římská 21, Vinohrady. Ⓜ A Náměstí Míru.

Saunen

Babylonia → Karte S. 108/109 **(52),** Gaysauna gleich neben der Kirche Sankt Martin in der Mauer. Pools, Massage- und Fitnessräume, Bar. Eintritt 10 €. ⌚ tägl. 14–3 Uhr. Martinská 6, Staré Město. Ⓜ A, B, Můstek. Eine weitere Schwulensauna, die **Sauna Marco** → Karte S. 190/191 **(28),** findet man in Vinohrady an der Lublaňská 17. Ähnliche Öffnungszeiten und Preise. Ⓜ C I.P. Pavlova.

Veranstaltungskalender

Aktuelle Informationen zu den diversen Veranstaltungen können Sie der *Prager Zeitung* oder der *Prague Post* entnehmen.

Januar

An **Neujahr** feiert und feuert Prag, was das Zeug hält. Menschenmassen und Rauchbomben gibt's am Wenzelsplatz und auf der Karlsbrücke. Wer das Feuerwerk in Ruhe genießen will, geht auf den Vítkov-Hügel in Žižkov oder auf die Moldauinsel Střelecký Ostrov.

Musikfestival Pražská Zima – Oper, Ballett und klassische Konzerte stehen auf dem Programm.

Beginn der **Ballsaison**. Jeder Stadtteil, jeder Verein feiert seinen repräsentativen Ball: Die Spannbreite reicht von feuchtfröhlichen Polkapartys bis zu elitären Veranstaltungen à la Wiener Opernball.

Days of European Film – eine Veranstaltung der internationalen Kulturinstitute Prags. Oft liegt der Schwerpunkt auf osteuropäischen Filmen (viele mit englischen Untertiteln), doch auch deutsche Produktionen werden gezeigt.

Februar

Karneval wird vornehmlich im Stadtteil Žižkov gefeiert. **Masopust** nennt sich das dortige Spektakel mit einem Umzug am Faschingsdienstag, bei dem es von Kneipe zu Kneipe geht.

Colours of Prague – unter diesem Namen beginnt eine Veranstaltungsreihe, bei der bis in den Winter hinein immer wieder World Music in verschiedenen Clubs der Stadt (u. a. Abaton und Lucerna) präsentiert wird.

März

Matthäus-Kirmes – traditionsreichster Rummelplatz der Stadt mit allem, was dazugehört: Lebkuchenherzen, Karussells und Schießbuden. Auf dem Ausstellungsgelände Výstaviště, geht bis weit in den April.

Magic Praha – ein internationaler Wettbewerb der magischen Kunst.

Febiofest – ein weiteres populäres Filmfestival. Es läuft Neues und Kultiges, auf verschiedene Kinos der Stadt verteilt.

April

One World – Dokumentarfilmfestival mit Schwerpunkt auf Menschenrechten, meist im Kino Světozor. Zuweilen auch schon im März.

Traditionelles **Hexenfeuer** am Ausstellungsgelände Výstaviště, stets am 30. April.

Mai

Das klassische Musikfestival **Prager Frühling** beginnt am 12. Mai mit einer Prozession vom Grab Smetanas (Ehrenfriedhof Vyšehrad) zum Obecní dům.

Marathon – die Strecke führt durch die ganze Stadt. Jeder kann nach Voranmeldung mitmachen.

Khamoro – größtes Romafestival Mitteleuropas mit Filmen, Tänzen und Konzerten, u. a. im Palác Akropolis.

Juni

Dance Prague – internationales Festival für zeitgenössische Tanzkunst. In manchen Jahren erst im Juli.

Internationales Puppen- und Marionettenfestival – für Kinder.

Respect Festival – Worldmusic-Open-Air auf der Moldauinsel Štvanice.

Prague Writers Festival – internationales Schriftstellertreffen mit öffentl. Lesungen.

Juli

Rock-, Folk- und Technofestivals – achten Sie auf Plakate! In den Sommermonaten finden in und rund um die Stadt größere und kleinere Festivals im Grünen statt.

August

Verdi-Festival – Veranstaltungen in Konzertsälen und Kirchen.

September

Prager Herbst – Festival der klassischen Musik.

Žižkover Herbst – unkonventionelles klassisches Musikfestival. Dauert bis in den November hinein.

Mozartiana Iuventus – Festival der Kammermusik.

Vinohradské vinobrání – Weinfest im Stadtteil Vinohrady, das an die einstigen Weinberge hier erinnert. Open-Air-Konzerte und Markttreiben an verschiedenen Plätzen, dazu läuft der Federweiße in Strömen.

AghaRTA Prague Jazz Festival – oft mit internationaler Prominenz. Veranstaltungsort ist neben dem gleichnamigen Jazzclub auch die Lucerna Music Bar. Dauert bis in den November hinein.

Oktober

International Jazz Festival – ältestes Jazzfestival Mitteleuropas, u. a. im „Reduta".

November

Art Prague – Kunstmesse in der Galerie Mánes.

Deutsch-tschechisches Theaterfestival – auf mehrere Theater der Stadt verteilt.

Gay and Lesbian Film Festival – in den letzten Jahren im Kino Světozor.

Integrace Slunce – Festival, das die Integration von Behinderten in den Vordergrund stellt; Veranstaltungen (Theater, Musik, Tänze) u. a. im Palác Akropolis.

Prager Swingfestival – fand in den letzten Jahren im Národní dům in Vinohrady (→ S. 189) statt.

Festival Alternativa – unkonventionelles Festival von Avantgarderock über Jazz bis zu moderner Klassik, dazu Ausstellungen, Filmvorführungen, experimentelles Theater usw. In manchen Jahren erst im Dezember.

Dezember

26. Dez.: Beim traditionellen **Moldauschwimmen** (seit 1923!) organisiert der „1. Prager Schwimmverein der Abgehärteten" den Sprung ins kalte Nass. Start am Nationaltheater. Die ältesten Schwimmer gehen schon stramm auf die 90 zu.

Shopping in der Altstadt

Einkaufen

Von einem Shoppingparadies à la London oder Paris ist Prag weit entfernt. Zum Stöbern aber – egal ob in Antiquariaten oder verstaubten Trödelläden – ist die Moldaumetropole eine gute Adresse.

Im touristischen Zentrum reiht sich Laden an Laden – kitschige Mitbringsel überwiegen: böhmisches Kristall, Töpferwaren für den nächsten Polterabend, Holzspielzeug, Marionetten, Bernsteinschmuck und bemalte Ostereier (man bekommt sie ganzjährig). Zudem deckt sich fast jeder Tourist mit Zigaretten (erheblich billiger als daheim), Karlsbader Oblaten, böhmischem Sekt (sehr gut der *Bohemia Brut*), Becherovka oder Absinth ein. Die meisten Bekleidungsgeschäfte findet man in den Shopping Malls der Neustadt oder in den weit außerhalb gelegenen Einkaufstempeln.

Kunsthandwerk/Souvenirs

Faktor Traktor → Karte S. 150/151 **(4)**, hier werden die Produkte verschiedener tschechischer Kunsthandwerker und Designer verkauft. Briefpapier, Schuhe, Schmuck, Kleidung etc. Radnické schody 9, Hradčany. Ⓢ 22, 23 Pražský hrad.

Centrum Historie → Karte S. 135 **(23)**, Mischung aus Galerie, Laden und Kneipe im Zeichen des Mittelalters. Hier gibt's Tonkrüge fürs Bier, Kelche für den Wein, Spuckschalen aus Holz… Nosticova 8 (Eingang von der Kampa-Park-Seite), Malá Strana. Ⓢ 12, 20, 22, 23 Hellichova.

Obchod pod Lampou → Karte S. 135 **(17)**, Marionettenläden gibt es viele, einer der schönsten ist der von Pavel Truhlář im Schatten der Karlsbrücke. Handgeschnitzte Puppen, deren Kostüme vor Ort genäht werden. Verschiedenste Modelle, darunter auch die Prager Gespenster. U Lužického semináře 5/78, Malá Strana. Ⓢ 12, 20, 22, 23 Malostranské náměstí.

Galerie Rozehnal → Karte S. 135 **(35)**, Schmuck. Überwiegend Silberarbeiten zu fairen Preisen, fast alle Stücke sind Unikate. Jede Vitrine zeigt Arbeiten von nur einem Künstler; die Gold- und Silberschmiede kommen aus der ganzen Republik. Vítězná 11, Mala Strana. Ⓢ 6, 9, 12, 20, 22, 23 Újezd.

Erpet → Karte S. 108/109 **(21)**, museumsgroßer Glaspalast für böhmisches Kristall in allen Variationen, darunter auch Moser-Gläser, die zu den kostbarsten der Welt gehören und Standard in jedem zweiten Königshaus sind. Staroměstské náměstí 27, Staré Město. Ⓜ A Staroměstská.

Manufaktura → Karte S. 108/109 **(30)**, Kunsthandwerk und Naturprodukte von bemalten Ostereiern über Holzspielzeug bis zu wohl duftenden Seifen. Mehrere Filialen, eine große in der Melantrichova 17, Staré Město. Ⓜ A, B Můstek.

Mode

In Prag gibt es die gleichen Allerweltskollektionen von *C & A* über *H & M* bis *Zara* zu ähnlichen Preisen wie daheim. Designerware à la *Armani* oder *Versace* kauft man besser zu Hause (mehr Auswahl und i. d. R. erheblich billiger). Es lohnt jedoch ein Blick in die Boutiquen junger tschechischer Designer(innen). Die meisten und edelsten finden Sie im Stadtteil Josefov. Ein paar besondere Tipps:

Pavla & Olga → Karte S. 135 **(14)**, lustige Mischung aus Boutique und Schneiderwerkstätte der freundlichen Schwestern Pavla und Olga. Jedes Stück ist ein Unikat, manche sind sehr originell, andere schlicht-elegant. Auch Maßanfertigungen. Vlašská 13, Malá Strana. Ⓢ 12, 20, 22, 23 Malostranské náměstí. Umzug in die Karoliny Světlé 30 (Staré Město) geplant.

Kudy Tudy → Karte S. 135 **(19)**, in ihrem 2004 eröffneten Lädchen verkauft Krystýna Laubeová Vintage-Klamotten, sprich: Erlesen-abgefahrenes aus zweiter Hand. Unter den Kleidern, Taschen, Schuhen und Sonnenbrillen finden sich wirklich schräge Teile zu günstigen Preisen. Saská, Malá Strana. Ⓢ 12, 20, 22, 23 Malostranské náměstí.

Vintage → Karte S. 108/109 **(32)**, ähnliches Angebot, Laden aber größer. Michalská 18, Staré Město. Ⓜ A, C Můstek.

Timoure Et Group → Karte S. 125 **(9)**, sportlich-dezente Designerkleidung aus Tschechien in schlichten Farben. V Kolkovně 6, Josefov. Ⓜ A Staroměstská.

Tatiana → Karte S. 125 **(20)**, die Besitzerin schneidert auch Filmkostüme. Cool und sexy. Dušní 1, Josefov. Ⓜ A Staroměstská.

Bohème → Karte S. 125 **(15)**, u. a. Taschen und Jeans. Vieles ist unifarben und eher schlicht. Dušní 8, Josefov. Ⓜ A Staroměstská.

Klára Nademlýnská → Karte S. 125 **(17)**, Luxusmode, vorrangig in Schwarz und Grau. Die Inhaberin hat lange Jahre in Paris gelebt. Dlouhá 3, Josefov. Ⓜ A Staroměstská.

Galerie Módy, → Karte S. 94/95 **(34)**, in Helena Fejkovás Boutique können sich auch Männer einkleiden lassen. Štěpánská 61 (Lucerna-Passage), Nové Město. Ⓜ A, B Můstek oder A, C Muzeum.

Bat'a → Karte S. 94/95 **(16)**, größter Bat'a-Laden der Stadt, auf 6 Etagen. Trendy und preislich okay. Es werden auch Schuhe anderer Hersteller verkauft. Václavské náměstí 6, Nové Město. Ⓜ A, B Můstek.

Atelier Nikkita → Karte S. 94/95 **(41)**, kleine Boutique, benannt nach der gleichnamigen tschechischen Modeschöpferin. Lustige, farbenfrohe Schnitte für junge Leute. Größtenteils Unikate. Opatovická 14, Nové Město. Ⓜ B Národní třída.

Shoppingcenter

In der Innenstadt lohnen Blicke in die kleineren Shoppingcenter **Slovanský dům (8)** und **Černá Růže (9)**, beide an der Einkaufsmeile Na příkopě in der Neustadt (→ Karte S. 94/95). Gleich ums Eck, am Náměstí Republiky, wird mit dem **Palladium** bis Herbst 2007 eine weitere Shopping Mall mit rund 120 Läden und 30 Restaurants entstehen. Außerhalb des touristischen Zentrums liegen folgende Shoppingcenter:

Centrum Chodov, neuestes Shoppingcenter der Stadt, im Südosten Prags. Über 200 Läden. Direkt an der Metrostation. Ⓜ C Chodov.

Palác Flora → Karte S. 182/183, übersichtliches Shoppingcenter auf 4 Etagen, die oberste belegen Kinos und Restaurants. Ebenfalls direkt an der Metrostation. Ⓜ A Flora.

Zlatý anděl und **Nový Smíchov** → Karte S. 173**,** zwei benachbarte Shoppingcenter im Stadtteil Smíchov. Im Nový Smíchov zudem ein großer Supermarkt. Nádražní. Ⓜ B Anděl.

Metropole Zličín, ähnliche Läden (rund 100) wie im Palác Flora und Centrum Chodov. Direkt an der Metrostation. Ⓜ B Zličín.

Märkte

Ansammlungen von Ramsch-, Obst- und Gemüseständen findet man meist abseits des Stadtzentrums an den Zugängen zu den Metrostationen. Märkte à la *Camden Market* gibt es in Prag jedoch nicht. Die besten Adressen sind:

Bleší trh, großer Flohmarkt auf dem Gelände einer ehemaligen Stahlgießerei im nordöstlichen Stadtteil Vysočany. Überwiegend billiger Trödel (Bücher, kitschiger Wohnmüll, Kleidung usw.), dazu geklaute Autoradios und Neuware von Schuhen bis Waschpulver. Imbissstände mit Speckwürsten und Kartoffelpuffer. ⌚ Sa/So 6–14 Uhr. Ⓜ B Kolbenova, dann den Massen hinterher.

Havelské tržiště, → Karte S. 108/109. Tägl. Touristenmarkt in der Altstadt (→ Spaziergang, S. 107). Havelská, Staré Město. Ⓜ A, B Můstek.

Pražská tržnice → Karte S. 176/177 **(11)**, der „Prager Markt" ist ein Tohuwabohu aus asiatischen Ramschständen, kleinen Läden, Supermärkten, Imbissständen und einem Gemüsemarkt. Sa nachmittags und So geschl. Ⓜ C Vltavská, weiter mit Ⓢ 1, 3, 5 Pražská tržnice.

Lebensmittel

Obchod Kořením → Karte S. 135 **(22)**, 1001 Gewürz aus 1001 Nacht in einem kleinen Laden, der etwas von einer alten Apotheke hat. Prokopská 5, Malá Strana. Ⓢ 12, 20, 22, 23 Malostranské náměstí.

Culinaria → Karte S. 108/109 **(41)**, Feinkostladen, in dem man sich nicht nur mit französischem Olivenöl, englischen Edelkeksen oder Asiasaucen eindecken, sondern auch leckere Kleinigkeiten essen oder frisch gepresste Fruchtsäfte trinken kann. Skořepka 9, Staré Město. Ⓜ B Národní třída.

Zemark Lahůdky → Karte S. 94/95 **(35)**, großer Delikatessenladen. Feinkost, Spirituosen, Absinth in allen Variationen. Václavské náměstí 44, Nové Město. Ⓜ A, B Můstek oder A, C Muzeum.

Musik

Capriccio → Karte S. 135 **(34)**, die Adresse für Musikanten: Noten, Noten, Noten... Újezd 15, Malá Strana. Ⓢ 6, 9, 12, 20, 22, 23 Újezd. Wer hier nicht fündig wird, probiert sein Glück in der Buchhandlung Kanzelsberger (→ Buchhandlungen).

Maximum Underground → Karte S. 108/109 **(27)**, versteckter Platten- und CD-Laden (Punk, Hardcore und Indie). Dazu Tattoo- und Piercingstudio, Trend- und Skaterkleidung. Jilská 22/1. Stock, Staré Město. Ⓜ A, B Můstek.

Bontonland → Karte S. 94/95 **(12)**, größter Plattenladen Tschechiens. Pop und Rock, Jazz und Klassik. Na Příkopě 2 (unter dem Kenvelo-Laden), Nové Město. Ⓜ A, B Můstek.

CD Music Bazar → Karte S. 94/95 **(53)**, großer, bunt gemischter Second-Hand-CD-Laden in der Krakovská 2, Nové Město. Eine Tür weiter, in Hnr. 4, ebenfalls ein CD-Laden, dort liegt der Schwerpunkt auf gebrauchten Jazzscheiben. Ⓜ A, C Muzeum.

Antiquitäten/Trödel

Hochwertigere Antiquitätengeschäfte findet man geballt im Stadtteil Josefov und in der Altstadt rund um den Betlémské náměstí. In allen anderen Stadtteilen dominieren Trödler *(bazar zastavárna)* mit einem oft recht bunten Warensortiment. Wer Glück hat, findet dort noch Relikte aus vorrevolutionärer Zeit. Ein paar interessante Adressen:

Vetešnictví → Karte S. 135 **(32)**, uriger Trödelladen, von innen wie von außen. Auf engem Raum stapeln sich Gläser, Bücher, Spielzeug, Messer, Lampen, Möbel, Bilder etc. Vitězná 16, Malá Strana. Ⓢ 6, 9, 12, 20, 22, 23 Újezd.

Antique Music Instruments → Karte S. 150/151 **(9)**, der Name sagt alles. Dazu ein paar Ikonen. Pohořelec 9, Hradčany. Ⓢ 22, 23 Pohořelec.

Starožitnosti Pod Kinskou → Karte S. 173 **(4)**, viele bereits restaurierte Antiquitäten. Nám. Kinských 7, Smíchov. Ⓢ 6, 9, 12, 20 Švandovo divadlo.

MV Antique → Karte S. 125 **(10)**, böhmischer Granatschmuck, Biedermeierbroschen, Meissner Porzellan und viel Glas. Maiselova 15, Josefov. Ein ähnliches Angebot hält auch **Antique Cinolter (18)** in der gleichen Straße in Hnr. 9 bereit. Ⓜ A Staroměstská.

Art deco Galerie → Karte S. 108/109 **(28)**, ausgefallener Nobeltrödler. Das meiste im Stil der 20er Jahre, viel Kleidung. Michalská 21, Staré Město. Ⓜ B Národní třída.

Bric à Brac → Karte S. 108/109 **(9)**, alte deutschsprachige Schilder, schöne Gläser. Tynská 7, Staré Město. Ⓜ A Staroměstská.

Dorotheum → Karte S. 108/109 **(24)**, das älteste Auktionshaus Europas, gegründet 1707 in Wien. Alles, was angeboten wird, ist antik und teuer: Porzellan, Zigarettenetuis, Orden, Glas, Gemälde usw. Ovocný trh 2, Staré Město. Ⓜ A, B Můstek.

Libeňský most → Karte S. 176/177 **(5)**, der Name einer Brücke. Hinter und unter dieser gibt es, umgeben von Gebrauchtwagendealern, einige Trödlergeschäfte in alten Lagerhallen. Abseits des Touristenstroms, daher gute Schnäppchen möglich. ⌚ nur Mo–Fr. Libeň (östlich von Holešovice). Ⓜ C Vltavská, weiter mit Ⓢ 1, 3, 12, 15, 25 Libeňský most.

Art Deco → Karte S. 94/95 **(38)**, schöne und ausgefallene Lampen. Pštrossova 35, Nové Město. Ⓢ 6, 9, 18, 17, 21, 22, 23 Národní divadlo.

Bazar Antik → Karte S. 182/183 **(1),** neben Möbeln viel Kurioses: Säbel, Schaukelpferde, selbst Särge (ungebraucht). Pobřežní 21, Karlín. Ⓜ B, C Florenc.

Antiquariate

Im Zentrum gibt es eine Vielzahl von Antiquariaten, wo man zwischen alten Stichen, Prager Skizzen, vergilbten Fotografien und diversen deutschsprachigen Bänden stöbern kann. Eine kleine Auswahl:

U Zlaté Číše → Karte S. 135 **(7)**, eines der schönsten Antiquariate der Kleinseite. Nerudova 16, Malá Strana. Ⓢ 12, 20, 22, 23 Malostranské náměstí.

Antikvariát → Karte S. 125 **(14)**, Literatur zum jüdischen Leben in Prag, zweisprachige Gebetbücher (deutsch/hebräisch), aber auch Erstausgaben deutscher Klassiker. Široká 7, Josefov. Ⓜ A Staroměstská.

Art on Paper → Karte S. 125 **(22)**, der Schwerpunkt liegt auf Kunstbüchern des 20. Jh. Veleslavínova 3, Josefov. Ⓜ A Staroměstská.

Jan Placák → Karte S. 108/109 **(43)**, ebenfalls auf Kunstbücher spezialisiert. Galerie angeschlossen. Betlémská 10–14, Staré Město. Ⓜ B Národní třída.

Karel Křenek → Karte S. 108/109 **(14)**, größte Auswahl an deutschsprachigen Büchern der Stadt. U obecního domů 2, Staré Město. Ⓜ B Náměstí Republiky.

Antikvariat Můstek → Karte S. 94/95 **(20),** ebenfalls große Auswahl an deutschen Büchern, Atlanten, Drucken etc. Národní 40, Nové Město. Ⓜ A, B Můstek.

Antikvariát Bělehradská → Karte S. 190/191 **(19),** man kann gute Schnäppchen machen, da etwas ab vom (touristischen) Schuss. Unter der deutschsprachigen Literatur auch etliche Krimis. Bělehradská 96, Vinohrady. Ⓜ I. P. Pavlova.

Buchhandlungen

Vitalis → Karte S. 135 **(6),** deutsche Buchhandlung des gleichnamigen Prager Verlags. Viel Literatur zur Stadt, Übersetzungen tschechischer Autoren, zudem Kafka & Co. U Lužického semináře 19, Malá Strana. Ⓜ A Malostranská.

Buchhaus Kanzelsberger → Karte S. 94/95 **(15),** alteingesessenes Buchgeschäft auf mehreren Etagen. Auch Noten und deutschsprachige Literatur. Dazu ein nettes Café im 1. Stock. Václavské náměstí 4, Nové Město. Ⓜ A, B Můstek

Sonstiges

Zlatá Loď → Karte S. 108/109 **(46),** Zeichen- und Künstlerbedarf; große Auswahl. Etwas versteckt gelegen. Národni 37/Platýz-Passage, Staré Město. Ⓜ A, B Můstek.

Sanu Babu → Karte S. 108/109 **(25)**, breit gefächertes Angebot an Kunsthandwerksprodukten aus Asien und Afrika: Trommeln, Buddhas, Schmuck, ausgefallene Kleidung etc. Mehrere Läden im Zentrum, u. a. an der Michalská 20, Staré Město. Ⓜ B Národní třída.

Kubista → Karte S. 108/109 **(20)**, Bücher, Vasen, Möbel, Kaffeeservice, Aschenbecher – alles im Zeichen des Kubismus. Ovocný trh 19, Staré Město. Ⓜ B Náměstí Republiky.

Galerie U rytiře Kryštofa → Karte S. 108/109 **(23)**, falls Sie zu einem Ritterfest geladen werden, finden Sie hier Schwerter, Ritterrüstungen und Burgfräuleinkostüme. Kožná 8, Staré Město. Ⓜ A, B Můstek.

Preciosa → Karte S. 94/95 **(10),** böhmisches Kristall aus Jablonec für die Wohnzimmerdecke: Kronleuchter über Kronleuchter. Jindřišská 19, Nové Město. Ⓢ 3, 9, 14, 24 Jindřišská.

Foto Škoda → Karte S. 94/95 **(32)**, das größte Fotogeschäft der Republik. Jede Menge neue und gebrauchte Kameras und Objektive sowie viel Zubehör. Vodičkova 37, Nové Město. Ⓜ A, B Můstek.

Belda Factory → Karte S. 94/95 **(30)**, überwiegend Schmuck, aber auch Vasen und Tassen in modernem, farbenfroh-pfiffigem Design aus Trutnov (Nordböhmen). Mikulandská 10, Nové Město. Ⓢ 6, 9, 18, 17, 21, 22, 23 Národní divadlo.

Mehrwertsteuerrückerstattung: Schweizer Staatsbürger, die in Geschäften mit einem Tax-free-Symbol am Schaufenster einkaufen, können sich bei der Ausreise an so genannten „Cash Refund Offices" (an mehreren Grenzübergängen und am Flughafen) die Mehrwertsteuer von 19 % zurückerstatten lassen. Der Rechnungsbetrag muss jedoch mehr als 2500 Kč betragen. Dafür bedarf es eines vollständig ausgefüllten Tax-free-Schecks vom Verkäufer, der bei der Ausreise vom tschechischen Zoll abgestempelt werden muss.

Prag: Stadt der hundert Türme

Geschichte

Was der Stadt heute den besonderen Reiz verleiht, ist das Erbe des alten, multikulturellen Prags – das Prag der Tschechen, Deutschen und Juden. Die feudalen Palais, großen Theater oder prachtvollen Bürgerhäuser sind dabei aber nicht das Resultat eines einstigen Miteinanders. Das Gegenteil war der Fall. Bis zur Mitte des 20. Jh. herrschte eine vehemente Konkurrenz der Kulturen, insbesondere zwischen der deutschen und der tschechischen. Doch obwohl sich alle beteiligten Gruppen nicht sonderlich mochten, so wussten sie dennoch lange voneinander zu profitieren. Wie es dazu kam und was daraus wurde im Überblick:

Böhmen und Tschechen – die Vorgeschichte

Die ersten Siedlungen auf dem Gebiet des heutigen Prag entstanden ca. 3000 v. Chr. Alte Handelswege kreuzten hier, da sich die Moldau an einer Furt leicht überqueren ließ. Im 5. Jh. v. Chr. drangen die *Bojer,* einer der bedeutendsten keltischen Stämme nach Mitteleuropa vor. Es waren Prunk liebende Krieger, die befestigte, stadtähnliche Siedlungen schufen. Eine solche fanden Archäologen u. a. in Závist, im heutigen Prager Südwesten. Noch vor Christi Geburt wichen sie anderen einfallenden Stämmen, dem Land hinterließen sie aber ihren Namen, auf Lateinisch *Boiohaemum,* Böhmen.

Im Zuge der Völkerwanderung stießen Anfang des 6. Jh. westslawische Stämme bis an die Moldau vor, der Mythologie zufolge auch einer mit einem Anführer namens *Čech*. Dessen Clan sollte ebenfalls namengebend für Land und Leute werden. Schon in der zweiten Hälfte des 6. Jh. aber wurden diese Stämme von den Awaren unterworfen, ein zu den Hunnen gehörendes, nomadisierendes Steppenvolk aus Zentralasien. Die Awaren, die eine ständige Bedrohung des Fränkischen Reiches darstellten, vertrieb wiederum Karl der Große im Jahr 796. Die Fürstentümer Böhmens, Mährens und der Westslowakei fielen damit an das Fränkische Reich. Aufgrund der geforderten hohen Tributzahlungen schlossen sie sich aber gegen das Fränkische Reich zusammen (Jahrhunderte später prägten Historiker dafür den Begriff „Großmährisches Reich"), wobei die Tschechen den dominierenden Stamm bildeten. Um auch religiös unabhängig zu werden (die Region gehörte zum fränkischen Bistum Regensburg), bat man Byzanz um Unterstützung. Missionare wurden gesandt, angeführt von den Brüdern Kyrill und Method, die das Evangelium nicht in Latein, sondern in der Landessprache verkünden sollten. Am 5. Juni 863 trafen die beiden „Apostel der Slawen" in Mähren ein (seit der Samtenen Revolution ist dieser Tag ein Feiertag in Tschechien).

Es war eines der letzten großen Ereignisse, das die Chronisten jener Zeit schilderten, ohne von Prag zu berichten. Die Entstehung der Stadt zeichnete sich bereits mehr als deutlich ab, und auf der heutigen Kleinseite existierte schon eine große Zahl an Gehöften.

Aller Anfang war die Burg

In der zweiten Hälfte des 9. Jh. siedelte der erste christliche Herrscher Böhmens, Herzog Bořivoj I., von seiner Burgstätte Levý Hradec (im Norden Prags) auf jenen Bergrücken über, der sich heute Hradčany nennt. 883 begann man mit dem Bau der Burg, zwei Jahre später zog der Herzog ein. Mit Bořivoj I. tritt zugleich der erste Herrscher aus dem Geschlecht der Přemysliden in den Chroniken des Landes auf, einem Geschlecht, dessen Ursprung sagenumwoben ist (→ „Libušes Liebe und Visionen", S. 204) und das die Geschicke Böhmens bis zum Anfang des 14. Jh. lenken sollte.

Bořivojs Sohn Spytihněv I. wandte sich wieder der lateinischen Kultur des Westens zu und löste die Tschechen aus der Sphäre des Großmährischen Reiches, was zugleich dessen Untergang einläutete. Darin wurzelt übrigens die soziale und kulturelle Trennung zwischen Tschechen und Slowaken, die trotz späterem gemeinsamen Staat nie überwunden wurde. Die Tschechen verbündeten sich mit dem fränkischen Kaiser Arnulf, die Slowaken wurden von den Magyaren, dem Urvolk der Ungarn, unterjocht.

Nach dem Tod Spytihněvs I. 915 übernahm dessen Bruder Vratislav I. die Regierung Böhmens. Als dieser starb, kamen seine Söhne an die Macht. Václav zuerst (→ „Heiliger oder Lebemann", S. 164), danach der jüngere Boleslav, der seinen Bruder kurzerhand ermordet hatte und daher den Beinamen „der Grausame" trägt. Dieser strebte eine weitgehende Autonomie seines Herzogtums an, doch seine Politik schlug fehl. 950 stand das Heer des deutschen Königs und späteren Kaisers Otto des Großen vor der Tür, und Böhmen wurde Teil des Römischen Reiches.

Von Boleslav, Vratislav, Vladislav ...

Im Jahr 965 traf der aus Spanien stammende jüdische Gelehrte Ibrahim ibn Ya'qub ein. Seinem Reisebericht ist zu entnehmen, dass unterhalb der Prager Burg bereits ein blühendes Marktzentrum entstanden war, in dem Slawen, Russen, Muslime und Juden lebten. Gehandelt wurde damals mit Sklaven, Zinn und Pelzen.

973 unter Boleslav II. wurde Prag von der Diözese Regensburg unabhängig und zum selbstständigen Bistum erho-

Wie gemalt: das Panorama der Prager Burg

ben; erster Bischof wurde der sächsische Benediktiner Thietmar. In jener Zeit entstanden auch die ersten Klöster. Gegen Ende des 10. Jh. wurde zudem flussaufwärts die Burg Vyšehrad (im heutigen Prager Süden gelegen) befestigt und mit einer Münzprägstätte ausgestattet. Als Herzog Vratislav II. 1061 den Thron bestieg, verlegte er die Residenz der Přemysliden nach Vyšehrad. Vratislav II. wurde übrigens aufgrund seiner militärischen Verdienste in Oberitalien von Kaiser Heinrich IV. 1085 zum ersten König Böhmens erhoben (von da ab nannte er sich Vratislav I.). Die Rückorientierung auf die Prager Burg erfolgte unter der Regierungszeit Soběslavs I. (1125–1140) und keiner der nachfolgenden Regenten tat noch etwas, um den Prunk auf Burg Vyšehrad wieder aufleben zu lassen.

Im Jahr 1158 ließ Soběslavs Neffe Vladislav II. die erste Steinbrücke über die Moldau errichten, die nach seiner Frau Judithbrücke genannt wurde. Dieser wichtige Übergang trug erheblich zur Entwicklung der Stadt bei. Insbesondere am rechten Moldauufer siedelten daraufhin mehr und mehr Kolonisten, vor allem nachdem Soběslav II. Juden, Italienern und Deutschen das Recht auf Selbstverwaltung zugestanden hatte. Man schätzt, dass in der zweiten Hälfte des 13. Jh. bereits 35.000 Menschen dort lebten, denen Hungersnöte und Pestepidemien allerdings immer wieder schwer zu schaffen machten. Zu jener Zeit ging auch der Name „Prag“ von der Burg auf die Stadt darunter über. Mehr als 15 Kirchen hatte sie bereits aufzuweisen, dazu zwei Synagogen. Das Handelszentrum, das aus mehreren Märkten bestand, umgab eine Befestigungsmauer, die entlang der heutigen Fußgängerzone Na příkopě (Am Graben), die die Alt- von der Neustadt trennt, verlief. Drum herum erstreckten sich viele kleine Ansiedlungen.

Von Böhmens Niedergang und dem Aufstieg Prags

Mit dem Tode König Václavs III. 1306 endete die Přemysliden-Dynastie. Da die Přemysliden keinen männlichen Thronfolger mehr stellen konnten, erlebte Prag lang anhaltende innerpolitische Wirren mit Rebellion und Anarchie, die erst 1310 enden sollten, als der tschechische Adel Johann von Luxemburg die böhmische Krone anbot. Dieser verfolgte während seiner Regentschaft ehrgeizige militärische Ziele. Feldzüge aber sind bekanntlich teuer, der Adel und das Volk verarmten. Der König selbst bezahlte zuerst mit seinem Augenlicht und 1346 auf dem Schlachtfeld mit seinem Leben.

Als sein Sohn, der Kronprinz, 1333 aus Frankreich nach Böhmen kam, fand

Die Nepomuk-Legende

Den Intrigen zwischen Kirche und Krone Ende des 14. Jh. fiel der Generalvikar des Prager Erzbischofs, Johann aus Nepomuk (ursprünglich nur Pomuk), zum Opfer. Václav IV. hatte ihn zu Tode foltern und in die Moldau werfen lassen. Drei Jahrhunderte später, während der Gegenreformation, spannen die Jesuiten daraus die Geschichte vom schweigsamen Beichtvater Nepomuk, der die Beichtgeheimnisse der Königin nicht preisgeben wollte und deswegen sterben musste. Zum Beweis für seine Schweigsamkeit exhumierten sie seinen Leichnam und fanden seine unverweste Zunge, die sie der Welt zur Schau stellten. (Laut weniger frommen Quellen soll es sich dabei um das verschrumpelte Gehirn gehandelt haben.) 1729 erfolgte schließlich die Heiligsprechung Johann Nepomuks. Acht Tage dauerten die prunkvollen Feierlichkeiten in Prag. Durch sein Denkmal auf der Karlsbrücke, 1683 errichtet, wurde er zum wichtigsten Brückenheiligen der katholischen Welt.

dieser die Burg in einem so verwahrlosten Zustand vor, dass er sich zunächst eine Unterkunft in der Altstadt suchen musste. Auf den Namen Wenzel war der junge Spross nach seiner Geburt im Jahr 1316 noch getauft worden, doch am königlichen Hof in Paris, wo er erzogen wurde, nahm er den Namen seines Idols und Onkels Karl an. Er galt als klug, kunstsinnig und sehr fromm. Bereits 1344 übertrug ihm sein Vater die Verwaltung Böhmens. Wer ahnte wohl damals, dass gerade dieser 28-Jährige ein goldenes Zeitalter für die Tschechen einleiten und Prag zu den bedeutendsten Städten Europas, zum Mittelpunkt des Heiligen Römischen Reiches machen sollte.

Noch im selben Jahr 1344 ließ der neue Herrscher den Grundstein des Sankt-Veits-Doms legen, einer mächtigen Kathedrale für das ebenfalls neu geschaffene Erzbistum Prag. Und nachdem er als Karl IV. 1347 den böhmischen Königsthron bestiegen hatte, gründete er Mitteleuropas älteste Universität (1348), die bis heute seinen Namen trägt. Auch das auf der rechten Seite der Moldau gelegene Viertel Nové Město, die Neustadt, ließ er mit weiten Straßen und Plätzen anlegen. Der Grundriss dieses Stadtteils blieb übrigens bis ins 19. Jh. fast unverändert. Und nachdem er 1355 in Rom zum Kaiser des Römischen Reiches gekrönt worden war, wurde für die Aufbewahrung der Reichskleinodien die Burg Karlštejn errichtet. 1357 schließlich ließ Kaiser Karl die durch Treibeis beschädigte Judithbrücke durch das heutige Wahrzeichen Prags – die Karlsbrücke – ersetzen.

Karls Sohn Václav IV., der nach dem Tod des Vaters 1378 den Königsthron bestieg, konnte das Erbe nicht auf dem Erfolgskurs weiterführen. Zwei Jahre nach seiner Krönung brach die Pest aus. Es war ein schwerer Schlag für sein Reich und die Stadt Prag. Schätzungen gehen davon aus, dass jeder Siebte dem Schwarzen Tod erlag. Auch politisch hatte Wenzel IV. wenig Glück, er hatte sowohl den böhmischen Adel als auch den hohen Klerus gegen sich aufgebracht, musste sich mit der eigenen Familie und mit den deutschen Kurfürsten herumschlagen und ging in die Geschichtsbücher schließlich als fauler Trunkenbold ein.

Jan Hus und die Folgen

Bereits 100 Jahre vor Martin Luther trat Jan Hus (vermutlich 1370–1415) für eine Reform der Gesellschaft und der Kirche ein. Sein Denkmal blickt heute

Die größte bronzene Reiterstatue der Welt: das Jan-Žižka-Denkmal auf dem Vítkov

in Bronze über den Altstädter Ring. Berühmt in der Stadt wurde der Priester durch seine Predigten in der Bethlehemskapelle, wo er dem einfachen Volk aus der Seele sprach. In Anlehnung an die Thesen des englischen Reformators Wyclif forderte er die Abkehr der Kirche von Besitz und weltlichem Machtstreben. Das konnte nicht gut gehen. 1414 wurde er zum Konzil nach Konstanz beordert. Man sicherte ihm freies Geleit zu. Doch um der Gefahr einer immerwährenden Spaltung der Kirche entgegenzuwirken, verbrannte man ihn auf dem Scheiterhaufen. In Prag und Böhmen erreichte man mit seinem Tod genau das Gegenteil: Hus wurde zum Märtyrer. Die sozialen Spannungen verschärften sich. Es kam zu Unruhen und 1419 mit dem ersten Prager Fenstersturz (→ „Prager Fensterstürze – eine lange Tradition", S. 165) zur Revolte. Darüber erboste sich Václav IV. so sehr, dass er einen Herzinfarkt erlitt und, so überlieferte es ein Zeitgenosse, „brüllend wie ein Löwe starb".

Für den Papst waren die Hussiten nichts anderes als Ketzer aus Böhmen, und so erließ er eine Kreuzzugsbulle. Doch die Hussiten stellten Heere auf, triumphierten in der berühmten Schlacht auf dem Vítkov (Veitsberg) mit Jan Žižka als Anführer über das zahlenmäßig weit überlegene Kreuzfahrerheer und verhinderten damit die Einnahme Prags. Krieg auf Krieg folgte, 16 Jahre lang, dann war die Niederlage der Hussiten besiegelt.

In der Folgezeit löste nun ein böhmischer König den anderen ab, darunter waren welche aus dem Geschlecht der Luxemburger, dem der Habsburger und der polnischen Jagellonen. Sie alle aber waren zu schwache Persönlichkeiten für ein Zeitalter religiöser Umwälzungen. Immer wieder kam es zu Konflikten zwischen den konfessionellen Richtungen. Es herrschte Misstrauen und häufig auch Gewalt. Zudem brach im 15. Jh. mehrmals die Pest in Böhmen aus. Die Vorzeichen für ein wieder erblühendes Prag waren alles andere als gut. Aber dennoch sollte sich die Stadt in der zweiten Hälfte des 16. Jh., mittlerweile zählte man rund 60.000 Einwohner, noch einmal zu einer der glanzvollsten Metropolen des Heiligen Römischen Reiches entwickeln.

Am Ende der Regierungszeit von Ferdinand I. und unter seinem Nachfolger Rudolf II. leisteten sich der katholische Adel und der Klerus zahlreiche Paläste, entworfen von italienischen Baumeistern, die den Renaissancestil nach Prag brachten. Bezahlt hatten diese etliche protestantische Adelige mit ihrem Leben und Vermögen. Und das Volk in Böhmen, überwiegend reformierten Konfessionen zugehörig (70 % waren lutherisch), wurde unterdrückt: Protestantische Kirchen wurden eingerissen,

Protestanten verloren Ämter und Privilegien, teilweise sogar ihren Besitz, sie wurden mit Sondersteuern belegt und andere Schikanen mehr.

Dreißig Jahre Krieg

So wundert es nicht, dass 1618 die Spannungen zwischen Protestanten und Katholiken erneut eskalierten. Es kam zum berühmten zweiten Prager Fenstersturz (→ S. 165), der den Dreißigjährigen Krieg zur Folge hatte. Die protestantischen böhmischen Stände verweigerten daraufhin den katholischen Habsburgern die Gefolgschaft und verwiesen den Erzbischof und die Jesuiten des Landes. Ein Jahr später wählten sie den jungen, protestantischen Friedrich von der Pfalz zu ihrem neuen König. Als „Winterkönig" sollte er in die Geschichte eingehen, was ungefähr die Zeitspanne seiner Regentschaft beschreibt. Denn bereits 1620 fügte der Habsburger Ferdinand II. mit seinem kaiserlichen Heer in der Schlacht am Weißen Berg (Bílá hora) den Protestanten eine böse Niederlage zu, mit der er seine Thronrechte über Böhmen wieder durchsetzte. Die Strafe für die Aufständischen folgte auf dem Fuß: 27 Adelige wurden am Altstädter Ring in einem Schauprozess hingerichtet, andere spießte man am Altstädter Brückenturm auf – 10 Jahre lang blieben ihre Überreste dort hängen. Fast die gesamte protestantische Aristokratie und alle nichtkatholischen Geistlichen wurden verfolgt. Wer konnte, verließ das Land. Grund und Vermögen der Geflüchteten fiel loyalen katholischen Adelsfamilien zu, die sich damit prächtige Palais finanzierten.

Als Folge des Dreißigjährigen Krieges war das Land verwüstet, die Bevölkerung um fast zwei Drittel dezimiert. Prag wurde vorübergehend von einem sächsischen Heer besetzt, und als der Westfälische Friede 1648 kam, waren die Schweden gerade dabei, die Kunstschätze der Prager Burg zu plündern.

Doba temna, das dunkle Zeitalter

Der Friede sollte sich für die Tschechen kaum vom Krieg unterscheiden. Die Habsburger regierten Böhmen von nun an aus Wien und ließen das Land durch hohe Steuern förmlich ausbluten. Prags kulturelle und wirtschaftliche Bedeutung war vorüber. Die nächsten zwei Jahrhunderte unter Habsburger Herrschaft bezeichnen die Tschechen daher als das „dunkle Zeitalter", die tschechische Geschichtsschreibung verwendet dafür den Begriff *Doba temna*.

Die Rekatholisierung des Landes wurde flächendeckend durchgesetzt. Alle Formen des Protestantismus wurden verboten. Die Tschechen wurden zu Menschen zweiter Klasse, ihre Sprache zu einem verachteten Dialekt, der nur von Leibeigenen, Bauern, Handwerkern und Dienstboten gesprochen wurde. Hingegen bestand die Händlerschicht überwiegend aus Deutschen, und die deutsche Sprache, die Lingua franca des habsburgischen Zentralismus, wurde zur alleinigen Amtssprache erhoben. Auch wenn die Tschechen unter den Habsburgern litten, der architektonischen Entwicklung Prags kam es zugute. Kirchen und Paläste schwelgten nun im Barock, der heute noch das „Goldene Prag" ausmacht.

1713 erlebte Prag ein verheerendes Jahr: Zum letzten Mal brach die Pest aus, 13.000 Menschen fielen ihr zum Opfer. In eine schwere Zeit geriet die Stadt zudem nach dem Tod Karls VI. 1740. Prag wurde von Bayern, Sachsen, Franzosen und Preußen belagert, die seiner Thronfolgerin Maria Theresia das Erbe streitig machen wollten. Dem Preußen Friedrich II. gelang es 1745 sogar, mit einem Heer von 80.000 Mann Prag vorübergehend einzunehmen. 12

Jahre später versuchte er sein Glück erneut: Diesmal stand er mit über 100.000 Mann vor den Toren der Stadt, und fast genauso viele Kanonenkugeln hagelten auf sie nieder, doch einnehmen konnte er Prag nicht mehr.

Maria Theresias Sohn Joseph II. (1765–1790) reformierte das Habsburgerreich nach den Ideen der Aufklärung. 1774 ließ er die Schulpflicht einführen, 1781 wurde die Leibeigenschaft abgeschafft, was viele Tschechen vom Lande veranlasste, ihr Glück in Prag zu suchen. 1782 gewährte das so genannte Toleranzedikt die Glaubensfreiheit. Sie kam vor allem den Juden zugute. Protestanten gab es ohnehin fast keine mehr, denn die Rekatholisierung des Landes hatte Wirkung gezeigt, 90 % der Bevölkerung waren nunmehr katholisch. Aber weiterhin hielten die Spannungen zwischen reichem Bürgertum und armem Volk an, oder anders ausgedrückt, zwischen dem, was „deutsch" war, und dem, was „tschechisch" war.

Die nationale Frage stellt sich

Dank der Bildungsreform entstand zu Anfang des 19. Jh. ein kleines intellektuelles Bürgertum. Aus diesem ging die *Národní obrození* hervor, eine Bewegung, die zunächst die Gründung tschechisch-nationaler Vereinigungen in Kunst und Literatur zur Folge hatte. Diese fanden regen Zulauf, zumal durch die industrielle Revolution immer mehr Tschechen nach Prag kamen, so viele, dass auch das zahlenmäßige Verhältnis zwischen Deutschen und Tschechen zugunsten Letzterer kippte.

1843 bildete sich in der heutigen Havelská Nr. 3 ein geheimer politischer Zirkel, der sich *Repea Club* nannte. Junge böhmische Patrioten saßen darin, anti-deutsch eingestellt – kein Wunder in einer Monarchie, die keine Gleichberechtigung kannte, die Presse- und Versammlungsfreiheit verweigerte und deren Erhalt Polizeispitzel und eine Bürokratie garantierten, die für ganz Afrika gereicht hätten. Der Repea Club wandte sich schließlich an die Öffentlichkeit und mobilisierte die Massen gegen die Habsburger. Um die Aufständischen zu besänftigen, erfolgte am 8. April 1848 per kaiserlichem Dekret die Gleichstellung der Sprachen – ein Schritt, der zu spät kam. Der Traum von einem tschechischen Staat war bereits geboren, Straßenschlachten waren die Folge. Doch die Hoffnungen auf eine Hauptstadt namens Praha fanden schon bald ihr Ende. Bereits am 17. Juni 1848 verschaffte sich das österreichische Militär mit schwerem Geschützfeuer wieder Respekt. Aus Angst vor den Militärgerichten flüchteten ca. 20.000 Prager.

Der letzte Hochmut vor dem Fall

Nach der kurzen Erschütterung der Habsburger Herrschaft übte sich die alte Oberschicht deutsch-böhmischer Prägung wieder in Ignoranz und Überheblichkeit. Wie gewohnt belächelte man alles Tschechische. Als sie schließlich 1861 die Mehrheit im Prager Stadtparlament verlor, gefiel sie sich in Larmoyanz bei der Verteidigung ihrer Privilegien.

Die Deutschen machten schon bald nur noch ein Viertel der Bewohner Prags aus. Der Zuzug von Tschechen hielt weiter an. 1872 riss man gezwungenermaßen die Stadtmauern ein und ersetzte kleinere, ältere Gebäude durch neue Gründerzeithäuser. Prag wurde immer größer, auch durch Eingemeindungen, und verwandelte sich zudem in ein industrielles Zentrum (v. a. Schwer- und Textilindustrie). Das Streben der Tschechen nach Souveränität und kultureller Emanzipation war nicht mehr umkehrbar. Es drückte sich u. a. in Repräsentationsbauten wie dem Nationaltheater (1881) und dem Nationalmuseum (1893) aus. Bei der Eröffnung des ersten stand Smetanas „Libuše“ auf dem Programm. Der Komponist hatte übrigens auch einen Gesangsverein gegründet, dessen Motto beispielhaft für den tschechischen Geist der Zeit war: „Durch Gesang zum Herzen, durchs Herz zum Vaterland“. Die tschechische Kultur mit Musik von Dvořák oder dem Prager Jugendstil fand bald darauf in ganz Europa Anerkennung. Anders aber bei den Deutschen in Prag: Sie behielten ihren Hochmut bei, mehr als zur Unterhaltung in den Wirtshäusern taugten böhmische Musikanten in ihren Augen nicht.

Erster Weltkrieg, erste Republik

Als Erzherzog Franz Ferdinand d'Este, Schlossherr von Konopiště (→ „Ziele rund um Prag“, S. 209), am 28. Juni 1914 in Sarajevo einem Attentat zum Opfer fiel, ein Ereignis, das schließlich den Ersten Weltkrieg auslöste, sah eine Gruppe von Exilanten die Gelegenheit gekommen, bei den Entente-Mächten für eine unabhängige tschechoslowakische Republik zu werben. Eine Schlüsselrolle unter ihnen nahm Tomáš Garrigue Masaryk ein. Und als die habsburgische Monarchie zerschlagen war – Prag blieb übrigens von Kriegshandlungen verschont – wurde die Republik Realität und Masaryk ihr erster Präsident.

Prag war wieder ins Zentrum des politischen Geschehens gerückt, als Hauptstadt der neuen Tschechoslowakischen Republik (ČSR). Und der neue Staat hatte gute Karten, ca. 60 % der Industrieanlagen Österreich-Ungarns waren ihm in intaktem Zustand zugefallen – von heute auf morgen befand sich das Land an 10. Stelle unter den Industrienationen der Welt. Um ethnischen und sozialen Spannungen vorzubeugen, wurde unter Masaryk eine der liberalsten Verfassungen jener Zeit verabschiedet. Mit Erfolg, die Stadt erlebte ein neues goldenes Zeitalter, die Moderne hielt Einzug, es entstanden etliche Gebäude im funktionalistischen und kubistischen Stil. Das Radio spielte ab 1923, und göttlichen Fußball die junge Nation: 1934 wurde die Tschechoslowakei Vizeweltmeister. Doch während dieser Zeitspanne wurden peu à peu auch Gesetze verabschiedet, die an den Besitzständen der deutschsprachigen Bevölkerung rüttelten und ihre Rechte einschränkten. Vor allem in den grenznahen, fast rein deutschsprachig besiedelten Gebieten blickten die Menschen deswegen sehnsüchtig ins Reich, formierten sich als Sudetendeutsche (die Bezeichnung existierte zuvor noch nicht) und forderten die Selbstbestimmung. 1933 wurde die „Sudetendeutsche Heimatfront“ gegründet, aus der später die „Sudetendeutsche Partei“ hervorging. Ihr Führer war Konrad Henlein, der die Nähe zum Führer in Berlin suchte.

Braune Hosen

Am 29. September 1938 unterzeichneten Hitler, Mussolini, Chamberlain und Daladier das Münchner Abkommen, das die Abtretung der Sudetendeutschen Gebiete ans Deutsche Reich regelte. Zwei Tage später marschierten deutsche Truppen ein. Doch die Nazis wollten mehr. Im März 1939 besetzten sie das restliche Staatsgebiet und etablierten das Reichsprotektorat Böhmen und Mähren. Sie trafen kaum auf Widerstand, angesichts ihrer militärischen Überlegenheit war das auch kein Wunder. Lediglich in Prag gingen ein paar Studenten auf die Straße – Brutalität war die Antwort. Aufgrund einschüchternder Vergeltungsmaßnahmen der Nazis blieb Widerstand auch in der Folgezeit selten. Ein Beispiel: Auf das tödliche Attentat auf den Reichsprotektor Reinhard Heydrich im Prager Vorort Libeň wurde das ganze Dorf Lidice nordwestlich von Prag – dort vermutete man die Herkunft der Widerstandskämpfer – dem Erdboden gleich gemacht und alle männlichen Bewohner über 14 ermordet. Mit Unterdrückung und Terror ist für die Tschechen der Stadt das Kapitel Nazizeit verbunden, für ca. 36.000 Prager Juden, die nach 1941 über Theresienstadt in die Vernichtungslager deportiert wurden, mit dem Tod.

Am 9. Mai 1945 kam die Befreiung Prags durch die Russen. Der bereits erwähnte Henlein beging in alliierter Haft Selbstmord, der letzte Reichsprotektor Frick wurde in Nürnberg zum Tod verurteilt. Und nach dem Motto „Auge um Auge" folgten Vergeltungsmaßnahmen gegen die deutsche Bevölkerung und mutmaßliche tschechische Kollaborateure. Ihnen wurden die gleichen Lebensmittelrationen zugeteilt, wie sie die Juden während des Krieges erhielten. Tausende starben an Hunger. Andere wurden in Schnellverfahren verurteilt und hingerichtet.

Rote Socken

Kurz nach Kriegsende wurde die Tschechoslowakische Republik (ČSR) wieder hergestellt und Edvard Beneš ihr erster Präsident. Unter seiner Führung wurden 1945 auch jene von der Potsdamer Konferenz gebilligten Dekrete verabschiedet, die der deutschen Bevölkerung das Recht auf die tschechoslowakische Staatsangehörigkeit aberkannten und deren gewaltsame Abschiebung zur Folge hatten. Fast drei Millionen Deutsche waren davon betroffen. Nur rund 200.000 Deutsche durften bleiben, insbesondere jene, die für die Industrie „unersetzlich" waren. Noch heute sind zwei Drittel der Tschechen davon überzeugt, dass die Vertreibung der Deutschen richtig war.

Ein Jahr später erhielten die Kommunisten bei den Wahlen zur Nationalversammlung knapp 40 %, das beste Ergebnis, das eine kommunistische Partei je in einer freien Wahl erzielte. 1948 führten sie eine Regierungskrise herbei, riefen den Generalstreik aus und organisierten die größte Demonstration, die Prag je gesehen hatte. Sie zwangen Beneš zum Rücktritt, neuer Staatspräsident wurde Klement Gottwald, eine tschechische Ausgabe Stalins. Mit ihm kam eine neue Verfassung und die Entmündigung des Volkes. Es folgten die kommunistische Ideologisierung von Kultur und Wissenschaft, die Verstaatlichung von Industrie und Handel, die gewaltsame Kollektivierung der Landwirtschaft und Fünfjahresplan auf Fünfjahresplan. Etwa zwei Millionen Tschechen und Slowaken verließen ihr Land.

1960 zählte Prag eine Million Einwohner und rühmte sich der größten Stalinstatue der Welt. Auf arg viel mehr konnte man jedoch nicht stolz sein. Die einseitige Förderung der Schwerindustrie, Korruption und Unfähigkeit der Regierenden führten das Land in die wirtschaftliche Krise. Wer das Regime kritisierte, wurde interniert oder zum Tod verurteilt. Einigen Quellen zufolge soll bis 1968 fast jeder fünfte männliche Erwachsene vorübergehend inhaftiert gewesen sein. Auf jeden Fall litt das Volk und mit ihm litten auch überzeugte Kommunisten, die sich eingestehen mussten, dass es so nicht mehr weitergehen konnte. Es folgten innerparteiliche Streitigkeiten zwischen den selbstgefälligen Genossen stalinistischer Prägung und Reformern, aus denen Letztere als Sieger hervorgingen.

Prager Frühling

Im Januar 1968 wurde Alexander Dubček Erster Parteisekretär und damit neuer Staatschef. Die von ihm vorgestellten Liberalisierungs- und Demokratisierungsprogramme sollten zu einem „Sozialismus mit menschlichem Antlitz" führen, was viel über die vorherige Gestalt des Systems aussagt. Das

Volk jubelte Dubček zu. Es herrschte Optimismus, der Prager Frühling verwandelte die Stadt.

Walter Ulbricht aber gingen die geplanten Reformen vor seiner Haustür zu weit. Und der kalte Krieger Leonid Breschnew sah sogleich die Außengrenzen des Warschauer Paktes in Gefahr und pochte auf die beschränkte Souveränität der zugehörigen Staaten (Breschnew-Doktrin). Am 21. August 1968 marschierten die Truppen des Warschauer Paktes auf, insgesamt 650.000 Mann. Es kam zu lang anhaltenden Protesten. Die Bilder gingen um die Welt: Tausende Prager auf den Straßen, in ihrer Mitte sowjetische Panzer. Sechs Studenten übergossen sich in aller Öffentlichkeit mit Benzin und zündeten sich an. Nach einem von ihnen, Jan Palach, wurde nach der Samtenen Revolution der einstige Krasnoarmejců náměstí (Rotarmistenplatz; im Stadtteil Josefov) umbenannt. Bevor der Eiserne Vorhang die Tschechoslowakei endgültig abriegelte, verließen mehr als 150.000 Menschen das Land.

Relikte aus sozialistischer Zeit: Relief am Vítkov

Langer Winter

Die Tristesse des sozialistischen Alltags wurde wieder hergestellt, aus dem großen Hoffnungsträger Dubček ein paar Jahre später ein kleiner Forstbeamter. Mit Hilfe eines gigantischen Sicherheitsapparates schaffte es die kommunistische Partei (KSČ), für Ruhe zu sorgen und den Lebensstandard sogar so weit zu verbessern, dass er im Ostblock nur noch von der DDR übertroffen wurde.

Mit Prestigeobjekten wie dem Bau der Prager U-Bahn inszenierte man vor der Bevölkerung den grandiosen Fortschritt des Landes. Doch lediglich im Sport feierte das kleine Land wirklich große Erfolge. 1976, in dem Jahr, in dem man Fußballeuropameister wurde, wurden die Musiker der Undergroundband „The Plastic People of the Universe" verhaftet (→ „Milan Hlavsa – eine Legende des Underground", S. 203). Liberale Intellektuelle setzten sich daraufhin für die Musiker ein. 1977 schlossen sie sich zur Charta 77 zusammen, aus der das Bürgerforum hervorging. Einer ihrer geistigen Urheber war Václav Havel. Sie forderten die Einhaltung der Menschenrechte und erlebten dafür das Gegenteil: Überwachung, Verfolgung und Gefängnis.

Samten fällt der Eiserne Vorhang

Gorbatschows Politik der Perestrojka läutete Ende der 80er Jahre das Aus für die greisen Funktionäre des Ostblocks ein. In Berlin war die Mauer bereits gefallen (9. November 1989), in Polen, Ungarn und Bulgarien hatte sich das Volk schon erhoben, als in Prag am 17. November 1989 über 50.000 Menschen auf die Straße zogen. Die Kommunisten hatten die Kundgebung genehmigt, da

August 2002: Prag unter Wasser

Dem Volksglauben nach heißt es, dass großes Unheil die Stadt heimsucht, wenn der Klöppel der Sigmundsglocke im Turm des Sankt-Veits-Doms springt. Das war im August 2002 öfters der Fall. Und das Moldau-Hochwasser, das folgte, war die verheerendste Katastrophe, die die Tschechische Republik bisher erlebt hatte. Im ganzen Land mussten 250.000 Menschen ihre Häuser verlassen – d. h. jeder 40. Tscheche war von den Fluten betroffen. In Prag mussten rund 50.000 Einwohner evakuiert werden. Die Moldau führte 30-mal mehr Wasser als sonst. Am meisten litt der Stadtteil Karlín, wo viele Einwohner nicht nur ihre Wohnung verloren, sondern auch ihre Arbeit. Denn so manch kleinerer Betrieb besaß nicht die Mittel, nach dem Desaster einen Neuanfang in die Wege zu leiten. Ebenfalls schwer in Mitleidenschaft gezogen wurde die Kleinseite, insbesondere die Insel Kampa. Mit Metallbarrieren hingegen konnte man die Altstadt vor dem Allerschlimmsten bewahren. Aber selbst dort liefen viele Keller voll, darunter Archive von Bibliotheken. Noch heute sind Tausende Bände bei -30 °C eingefroren, um sie so bis zu ihrer Restaurierung zu konservieren.

sie offiziell an die Novemberdemonstration von 1939 erinnern sollte. Damals waren Studenten gegen Hitlers Einmarsch auf die Straße gegangen. Der Protest aber, so zeigte sich schnell, galt der eigenen politischen Führung. Die Demonstration schlug man brutal nieder. Über 100 Teilnehmer wurden verhaftet, ca. 500 verletzt. Dieser Tag gilt heute als der Auftakt zur „Samtenen Revolution“. Seit 2000 ist er ein Feiertag.

Es folgten Arbeitsniederlegung und Großdemonstrationen; am Wenzelsplatz versammelten sich ein paar Tage später über 200.000 Menschen, am Letná-Berg demonstrierten 750.000. Noch bevor das Jahr zu Ende war, hatten die Kommunisten ihre Führungsrolle verloren. Das Volk forderte mit Plakaten „Havel auf die Burg“, und so kam es. Um die Turbulenzen jener Zeit zu verdeutlichen, wird gerne die Geschichte von Jiří Dienstbier erzählt, der als Dissident im Gefängnis saß und dann für die Heizanlagen mehrerer Plattenbauten verantwortlich war. Seine Ernennung zum Außenminister kam so prompt, dass manche kalt duschen mussten, weil seine Stelle so schnell nicht wieder besetzt werden konnte.

1990 gab es schließlich nach langer Zeit wieder die ersten freien Wahlen, zu denen nicht nur jeder gehen durfte, sondern auch ging: Die Wahlbeteiligung lag bei 99 %. Havels Bürgerforum gewann. Demokratie war nun da, aber die Fragen der Zukunft blieben ungeklärt. Eine bewegte alle osteuropäischen Länder: Wie schafft man den Übergang von einer veralteten Planwirtschaft zu einer freien Marktwirtschaft, wenn die Gesellschaft – wie Havel es ausdrückte – an einer „Postgefangenschaftspsychose" litt, der Unfähigkeit, selbst Entscheidungen zu treffen und zu handeln.

Die Spaltung des Landes und der Beitritt zur EU

Am 1. Januar 1993 erfolgte die Trennung der ČSFR (der Name existierte seit 1990) in die Tschechische und die Slowakische Republik. Das Gros der 1,5 Mio. Mitglieder der Kommunistischen Partei hielt fortan das Fähnchen der Demokratie und des Kapitalismus hoch. Viele alte Parteimitglieder machten Karriere in Politik und Wirtschaft, brachten es auf Ministerposten oder in die Vorstände internationaler Unternehmen wie Škoda Auto oder HVB-Bank. Daher überrascht es auch nicht allzu sehr, dass bei der 1996 gegründeten Behörde, die die Verbrechen der Kommunisten dokumentieren und untersuchen soll, bislang wenig herauskam. Bei vielen einstigen Dissidenten herrscht deswegen bittere Enttäuschung. Freuen konnten sich hingegen viele, die nach 1948 enteignet worden waren, unzählige Gebäude, Burgen, Schlösser, Klöster und Kirchen wurden ihren früheren Besitzern zurückgegeben. Durch ein radikales Privatisierungsprogramm versuchte man, die Wirtschaft des Landes wieder auf Vordermann zu bringen. Eine große Zahl ausländischer Unternehmen investierte, deren Tochtergesellschaften heute allein für ca. 50 % der tschechischen Industrieproduktion und 70 % der tschechischen Exporte sorgen.

Am 1. Mai 2004 trat die Tschechische Republik zusammen mit der Slowakischen und acht weiteren Staaten der EU bei. Brüssel überweist seither pro Jahr rund 3,5 Mrd. Euro nach Prag. Damit sollen Projekte in den Bereichen Transport, Umwelt und Regionalentwicklung gefördert werden.

Prag heute – und morgen?

Prag ist eine boomende Stadt, die sich zu einem der großen Brückenköpfe zwischen Ost und West entwickelt hat. Und da Prag attraktiver ist als viele andere Städte im Herzen Europas, wird die Moldaumetropole auch stets ein bevorzugter Ort internationaler Investoren bleiben. Wie es um den Rest des Landes und dessen Bevölkerung steht, ist eine andere Sache. Die Modernisierung scheint vielfach unmittelbar hinter den Toren der Stadt Halt zu machen. Sorge bereitet zudem die wachsende Kluft zwischen Reformverlierern und Reformgewinnern, zwischen Arm und Reich, eine Entwicklung, unter der vor allem ältere Menschen zu leiden haben.

Zeittafel – die wichtigsten Daten im Überblick

871	Beginn der Přemysliden-Herrschaft.
883	Die Prager Burg wird gebaut.
924–935	Regentschaft Václavs (des späteren heiligen Wenzel).
1158	Bau der ersten steinernen Brücke.

13. Jh.	Etwa 35.000 Menschen leben rund um die Prager Burg.
1306	Ende der Přemysliden-Herrschaft.
1347	Krönung Karls IV. Ein Jahr später gründet er die erste Universität Mitteleuropas und lässt die Neustadt anlegen.
1355	Karl IV. wird Kaiser des Heiligen Römischen Reiches und Prag dessen Hauptstadt. 1378 stirbt Karl IV.
1393	Ermordung Johann von Nepomuks.
1402	Jan Hus beginnt, in der Bethlehemskapelle zu predigen.
1415	Jan Hus wird verbrannt.
1419	Erster Prager Fenstersturz. Beginn der Hussitenkriege.
1420	Jan Žižka siegt auf dem Veitsberg (Vítkov) über das Kreuzfahrerheer.
1436	Ende der Hussitenkriege.
1526	Mit Ferdinand I. beginnt die Herrschaft der Habsburger.
1583	Prag wird Kaiserresidenz des Kunstsammlers Rudolf II. Ca. 60.000 Menschen leben in der Stadt.
1618	Zweiter Prager Fenstersturz. Beginn des Dreißigjährigen Krieges.
1620	Schlacht am Weißen Berg (Bílá hora), in welcher die Protestanten den Habsburgern unterliegen. Es folgt die Rekatholisierung des Landes.
1648	Die Schweden nehmen die Prager Burg ein. Ende des Dreißigjährigen Krieges.
nach 1650	Das „Goldene Prag" entsteht, der böhmische Barock prägt die Stadt.
1713	Der letzte große Ausbruch der Pest.
1740	Unter Maria Theresia beginnt der Österreichische Erbfolgekrieg.
1745	Während der Regentschaft Ferdinand II. plündern die Preußen Prag.
1765–1790	Regierungszeit Joseph II. Er reformiert das Habsburgerreich nach den Ideen der Aufklärung.
1833	Die ersten Dampfmaschinen werden in Karlín aufgestellt. Die industrielle Revolution setzt ein. In den folgenden Jahren leben erstmals mehr tschechisch- als deutschsprachige Böhmen in Prag.
1843	Eröffnung des ersten Prager Bahnhofs.
1847	Die ersten Gaslaternen beginnen zu leuchten.
1848	Die Tschechen erheben sich gegen die Habsburger und streben nach nationaler Souveränität.
1883	Erste elektrische Straßenbeleuchtung.
1896	Durch die Straßen Prags fährt die erste elektrische Straßenbahn.
1914	Beginn des Ersten Weltkriegs.
1918	Ende des Ersten Weltkriegs und Gründung der ersten Tschechoslowakischen Republik.
1930	Prag zählt rund 850.000 Einwohner.
1939–1945	Reichsprotektorat Böhmen und Mähren unter den Nazis, Zweiter Weltkrieg.
1948	Die Kommunisten übernehmen die Regierungsgeschäfte.
1968	Prager Frühling.
1989	Samtene Revolution.
1993	Trennung der ČSSR, Prag wird Hauptstadt der Tschechischen Republik.
2002	Hochwasser, rund 50.000 Prager müssen evakuiert werden.
2004	EU-Beitritt.

Gotik: imposantes Maßwerk am Sankt-Veits-Dom

Architektur

Es gibt nur wenige Städte der Welt, die eine solche architektonische Vielfalt wie Prag zu bieten haben. Die wichtigsten Baustile des letzten Jahrtausends im Überblick:

Romanik

Die Entstehung Prags fällt zusammen mit dem Baustil der Romanik, der ersten europäischen Kunstrichtung im frühen Mittelalter (um 950–1250). Da die meisten Häuser unterhalb der Prager Burg zu jener Zeit nichts anderes als Holzhütten waren, blieb außer ein paar steinernen Kirchenbauten wenig erhalten. Und das, was es heute noch zu sehen gibt, ist nicht immer auf Anhieb als romanischer Bau zu erkennen, da durch spätere Umbauten andere Stilelemente aufgesetzt wurden. Geschlossenheit und Festigkeit, Wucht und Strenge sind an sich die generellen Merkmale der Romanik. Sowohl durch ihr dickes, unverputztes Kleinquadermauerwerk als auch durch ihre Kargheit besitzen die Bauten von außen häufig Festungscharakter.

Ein von außen wie innen typisches Beispiel für einen romanischen Bau ist die kleine **Heilig-Kreuz-Rotunde (Rotunda sv. Kříže)** in der Karoliny Světlé in der Altstadt. Sie ist wie die **Sankt-Martins-Rotunde** auf dem Gelände der Burg Vyšehrad (→ S. 203) ein einschiffiger Rundbau und damit beispielhaft für den romanischen Sakralbau der böhmischen Länder. Leider ist sie so gut wie immer geschlossen. Zu den bedeutenden romanischen Bauten Prags gehören ferner die von außen barock wirkende **Sankt-Georgs-Basilika** (→ S. 166) und das **Haus der Herren von Poděbrad und Kunstadt** (→ S. 114).

Gotik

Wie überall in Europa hielt die Gotik auch in Prag Mitte des 13. Jh. ihren großen Einzug. Himmelwärts strebende Bauwerke, Spitzbögen, Kreuzrippengewölbe und große Fensteröffnungen ersetzten die schweren, breit gelagerten Bauten der Romanik. Das Bauwerk, das bis heute als Inbegriff gotischer Architektur gilt, ist die Kathedrale. Angelehnt an französische Vorbilder sollte auch mit dem **Sankt-Veits-Dom** in Prag der Idealtypus einer Kathedrale geschaffen werden – jedoch konnte während der Gotik lediglich das Chorhaupt in Ansätzen fertig gestellt werden (→ S. 162).

Die Gotik ist in Prag aber nicht nur bei sakralen Bauwerken zu finden, auch Türme, Brücken und Patrizierhäuser wurden in dieser Manier errichtet. Dass diese nicht sofort ins Auge fallen, liegt wie bei den romanischen Bauten v. a. daran, dass spätere Renaissance- und Barockumbauten den ursprünglichen Stil regelrecht übertünchen. Noch heute kann man in manchen Häusern der Altstadt gotische Keller und Gewölbe finden.

Zu den bedeutendsten gotischen Bauten der Stadt gehören neben dem Chor des Sankt-Veits-Doms das **Sankt-Agnes-Kloster** (→ S. 127), die **Altneusynagoge** (→ S. 127), die **Teinkirche** (→ S. 109), der **Altstädter Brückenturm** (→ S. 118) und die **Karlsbrücke** (→ S. 117). Während im übrigen Europa gegen 1500 die Epoche der Gotik endete, blieb sie in Prag bis zum Anfang des 17. Jh. erhalten. Insbesondere die Hussiten förderten die Gotik noch lange Zeit, da der neue Stil – die Renaissance – aus dem katholischen Italien kam und so für sie nicht akzeptabel war.

Renaissance

In der zweiten Hälfte des 16. Jh. führten italienische Handwerker dann doch die neuen Formen ein, insbesondere die Spätrenaissance (Manierismus) sollte in Prag Anklang finden. Sehnte man sich in der Epoche der Gotik noch nach einer schnellen Überwindung des „elenden" Erdendaseins und nach dem Jenseits, entdeckte man in der Renaissance die Schönheit und Harmonie der Welt. Angewandt wurde der Baustil in Prag weniger bei sakralen als vielmehr bei säkularen Gebäuden. Die neuen Bautypen waren Lustschlösser wie **Hvězda** oder **Belvedér** (→ S. 169), Ballhäuser wie das **Große Ballhaus** im Königsgarten (→ S. 161) oder Paläste wie das **Palais Schwarzenberg** (→ S. 149). Vor allem am Palais Schwarzenberg, der als schönster Renaissancebau der Moldaustadt gilt, lassen sich die typischen Stilelemente der Epoche nachvollziehen: figürliche und geometrische Sgraffiti, ornamentales Stuckwerk in den Innenräumen und nach altrömischen Vorbildern errichtete Arkadenloggien.

Übrigens wird die Prager Renaissance von ausländischen Kunsthistorikern gerne übersehen. Der Grund: Mit der böhmischen Renaissance lassen sich keine Baumeister von europäischem Rang in Verbindung bringen, wie beispielsweise Peter Parler mit der Gotik und Christoph Dientzenhofer mit dem Barock.

Barock

Nicht übertrieben ist es, Prag als eine der europäischen Hauptstädte des Barock zu bezeichnen, eines Baustils, der im 16. Jh. ebenfalls in Italien entstanden war. Nach der Schlacht am Weißen Berg 1620 kam er auch in der Moldaustadt zur Geltung. Der Sieg der katholischen Partei war zugleich der Auftakt für die neue Kunstepoche, für die zunächst überwiegend ausländische Baumeister wie Carlo Lurago und Giovanni Domenico Orsi zuständig waren. Der Barock, von den katholischen Habsburgern zum „Reichsstil" erhoben, sollte religiöse Frömmigkeit, aber auch weltliche Daseinsfreude symbolisieren. Unter den Jesuiten, die die Gegenreformation des Landes vornehmlich lenkten, wurde der prunkvolle barocke Um- oder Neubau von Kirchen gefördert. Mit ihnen kamen auch viele deutschsprachige Baumeister nach Prag, darunter Joseph Emanuel Fischer von Erlach aus Wien und Christoph Dientzenhofer aus Oberbayern. Insbesondere mit dem Namen Dientzenhofer sind viele Barockbauten Prags verbunden, woran auch Kilian Ignaz (1689–1751), der Sohn Christoph Dientzenhofers, großen Anteil hat. In Prag wurde vor allem darauf geachtet, den aus Italien adaptierten Baustil mit natürlichen Begebenheiten der Stadt in Einklang zu bringen. Herausragendes Beispiel dafür ist das **Barockschloss Troja** (→ S. 199): Das Prachtgebäude im Stil einer frühbarocken italienischen Villa liegt harmonisch eingebettet zwischen Weinbergen und Moldauufer.

Das Ideal der harmonischen, an der Antike angelehnten Ordnung der Renaissance wird im Barock zur stürmischen Dynamik. Gerade Linien mutieren zu schwungvollen Kurven, Flächen zu plastischen Gebilden. Typisch sind mächtige Kuppeln und illusionistische Deckengemälde (z. B. an der **Sankt-Nikolaus-Kirche** auf der Kleinseite → S. 139), geschwungene Linien an Fenstern, Portalen und Gesimsen (z. B. an der **Sankt-Margareten-Kirche** des Klosters Břevnov → S. 200), mit Statuen geschmückte Portale und Fassaden (z. B. am **Palais Clam-Gallas** → S. 114) und vor allem und überall Putten, Putten, Putten. Weitere bedeutende Prager Barockbauten sind u. a. das **Loreto-Heiligtum** (→ S. 152) und das **Palais Waldstein** (→ S. 137).

Rokoko

Es wird gerne gestritten, ob das Rokoko eine eigene Stilepoche oder als Variante des Spätbarock (etwa 1740–1780) anzusehen ist. Selbst der mit dem Barock groß gewordene Baumeister Kilian Ignaz Dientzenhofer wandte sich später dem Rokoko zu. Von ihm stammt zum Beispiel der Entwurf zu einem der herausragendsten Rokokobauwerke Prags, dem **Palais Kinský** (→ S. 115), das erst nach seinem Tod, zwischen 1755 und 1765 verwirklicht wurde. Der Überdruss an all dem schwülstigen Prunk und der Monumentalität des Barocks wird hier deutlich. Im Rokoko wurde das Dekor feiner, kleiner und verspielter. Neben Knorpelwerk, Blumen und Ranken wurde die Muschel (französisch „Rocaille") zu einem der Grundmotive des Stils, auffallend zum Beispiel an der 1765 gestalteten Fassade des **Erzbischöflichen Palais** (→ S. 149), einem weiteren bedeutenden Rokokobau Prags. Ansonsten sind Rokokobauwerke in der Moldaustadt eher rar, dafür lassen sich noch Beispiele dieses Stils in der **Plastik** finden. Ignaz Platzer, der berühmteste Prager Bildhauer des Rokoko, hinterließ seine Spuren z. B. in der Sankt-Nikolaus-Kirche auf der Kleinseite (→ S. 139).

Rokoko: Erzbischöfliches Palais in der Burgvorstadt

Klassizismus

Stilistisch stellt der Klassizismus (1750–1840) vor allem eine Gegenreaktion auf die überschwängliche Formensprache von Barock und Rokoko dar. Dem Dekor des Rokoko begegnete man mit klarer und eleganter Linienführung, glatten Flächen und geometrischer Ordnung. In Prag erreichte der Klassizismus bei weitem nicht die Bedeutung wie in anderen europäischen Städten – es mangelte in jener Epoche vor allem an wirtschaftlicher Kraft, um dem neuen Stil zum Durchbruch zu verhelfen.

Das bedeutendste klassizistische Bauwerk Prags, das **Ständetheater** (→ S. 111), wurde zwischen 1781 und 1783 von Anton Haffenecker erbaut. Die Neigung der klassizistischen Architekten zu einer tempelartigen Grundstruktur kommt hier zum Ausdruck. Ein anderes klassizistisches Highlight der Moldaustadt stellt der **Philosophische Saal** im Kloster Strahov (→ S. 154) dar. Ignaz Johann Palliardi schuf ihn um 1782/83.

Historismus

Der rapide Fortschritt von Wissenschaft und Technik und die damit einhergehende Industrialisierung in der zweiten Hälfte des 19. Jh. sowie wachsende Anforderungen an Rentabilität und Zweckmäßigkeit stellten die Architekten vor massive Aufgaben, boten aber auch neue Chancen. Da Zeit mittlerweile Geld war und dieselbe zum Experimentieren knapp wurde, mussten schnelle Lösungen her, und das war auch im Falle Prags der Rückgriff auf bereits vorhandene historische Formen. Die Dekorteile wurden nun aber maschinell produziert und wie Katalogware nach Bildern ausgesucht. Die damalige Situation wird gerne mit der Frage des Maurers an den Bauherrn wiedergegeben: „Das Haus ist fertig, welcher Stil soll nun dran?" So entstand der neoromanische Stil, die Neorenaissance und der Neobarock.

Der Prager Historismus, der sich in erster Linie als **Neorenaissance** realisierte, wurde daneben auch vom Wunsch nach einer nationalen Identität motiviert. Herausragendes Beispiel dafür ist das **Nationaltheater** (→ S. 99), das zwischen 1868 und 1881 mit Hilfe von Spendengeldern und nach Plänen von Josef Zítek errichtet wurde. Bemerkenswerte Neorenaissancebauwerke sind zudem das **Nationalmuseum** (1885–1890, → S. 98) und das **Rudolfinum** (1876–1882, → S. 128).

Jugendstil

Eine Antwort auf die oft unmenschlich und unnatürlich erscheinenden Zustände der Industrialisierung hieß zu Beginn des 20. Jh. „zurück zur Natur". Architekten und bildende Künstler verwendeten nun organische, oft pflanzliche Formen und fließende Linien, gern gewählte Motive waren Ranken, Wasserläufe oder langes, wallendes Frauenhaar. Diese Ornamentik nannte man in Deutschland „Jugendstil" (nach der 1896 gegründeten Zeitschrift „Jugend"), in Österreich sprach man vom „Sezessionsstil" (da es zur Sezession – Abspaltung – einer jüngeren Künstlergruppe von einer älteren gekommen war), in Italien vom „Stile Liberty", in England vom „Modern Style", in Spanien vom „Modernismo" und in Frankreich und Belgien von der „Art Nouveau".

Ein starkes Echo fand die Wiener Sezession in der Prager Architektur. Viele junge tschechische Architekten waren aus dem berühmten und viel besuchten Atelier des Österreichers Otto Wagner mit neuen Ideen nach Prag zurückgekehrt. Nicht zuletzt deswegen spricht man zuweilen auch von der „tschechischen Sezession", die sich in ihrem Ausdruck aber nur unwesentlich von den anderen europäischen Spielarten unterscheidet. Die Formensprache der Sezession erstarrte schon bald zur Spielerei, noch vor dem Ersten Weltkrieg war der Stil wie eine veraltete Mode passee.

Zu den großen tschechischen Jugendstilkünstlern gehört u. a. Alfons Mucha.

Er wirkte am Gemeindehaus **Obecní dům** mit (1905–1912, → S. 116), dem Vorzeigebauwerk der Prager Sezession. Typische Jugendstilelemente sind hier z. B. Intarsienfußböden, farbige Fenstergläser in der Kombination mit kunstgeschmiedetem Metall sowie das mit pflanzlichen Formen versehene Mosaik im Bogengiebel der Fassade. Auch der zwischen 1901 und 1909 vom Architekten Josef Fanta errichtete und reich ausgeschmückte **Prager Hauptbahnhof** gilt als Paradebeispiel des lokalen Jugendstils.

Kubismus

So wie man in der Malerei (z. B. bei Braque, Picasso, Delaunay) abgebildete Gegenstände auf die geometrischen Grundformen Kubus (lat. „Würfel"), Kegel und Kreis zurückführte, versuchten dies Prager Architekten Anfang des 20. Jh. auch bei Häusern. Dabei wurde das gesamte Gebäude einer plastischen Gestaltung unterzogen, es vermittelt teilweise und vor allem von außen den Eindruck einer bewohnbaren Skulptur. Dies kommt zum Beispiel durch kristallin gebrochene Fassaden oder diamantförmige Fensterbekrönungen zum Ausdruck.

Prag ist bezüglich seiner kubistischen Architektur einzigartig auf der Welt. Der Grund: Die Architekten orientierten sich nicht nur an der modernen Malerei und Plastik, sondern nahmen auch die spätgotische Prager Architektur mit ihren nahezu abstrakten Gewölbeformationen als Vorbild. Lange Zeit wurde die kubistische Architektur der Moldaustadt lediglich als eine regionale Entwicklung verstanden, heute interpretiert man sie als eigenständige Spielart des **Expressionismus**. Zu den bedeutendsten Architekten gehören Josef Gočár und Josef Chochol. Sehenswert sind das **Haus zur Schwarzen Madonna** (→ S. 116) und mehrere Gebäude unterhalb der Burg Vyšehrad (→ Kasten S. 117).

Jugendstil: Mucha-Fenster im Dom

Rondokubismus

Nach der Gründung der ersten Republik 1918 entwickelte sich der Rondokubismus, bei dem die eckigen, prismatischen Formen des Kubismus durch weichere, eher zylindrische ersetzt wurden. Der Rondokubismus, auch **Nationaler Stil** genannt, war mehr eine patriotische Bewegung, die das Volkskunstschaffen und die nationale Vielfalt reflektierten sollte und zugleich einen direkten Abschied von der klassischen Formenlehre, die noch für den Kubismus maßgeblich war, darstellte. Sichtbar sind diese neuen Ansätze in erster Linie am **Palais Adria** (→ S. 93), dem bedeutendsten rondokubistischen Gebäude Prags. Es wurde von den Architekten Josef Zasche und Pavel Janák geplant und zwischen 1922 und 1924 erbaut. Das Palais besitzt Türmchen und

Zinnen und ist verziert mit einer überschwänglichen plastischen Ornamentik, die traditionelle böhmische und mährische Motive aufgreift. Letztendlich aber hatte der Rondokubismus nur eine kurze Blüte.

Funktionalismus

Der Funktionalismus, auch „Neues Bauen" oder „Neue Sachlichkeit" genannt, verlangte ab den 20er Jahren des 20. Jh. die strikte Abkehr von rein dekorativen und historisierenden Tendenzen in der Architektur. Die Funktion eines Gebäudes stand im Vordergrund, zweckgebunden sollte es gestaltet werden. Eine reine, ornamentlose Architektur mit klaren Formen und geraden Linien war gewünscht.

In der **Baba-Kolonie** (→ S. 200), einem zwischen 1932 und 1940 errichteten Villenviertel im Stadtteil Dejvice, setzte man diese Ideen provokant um: Bei den quaderförmigen, weiß verputzten Häusern kamen v. a. neue Baustoffe wie Beton, Stahl und Glas zur Verwendung. Spannend, da nicht nur von außen, sondern auch von innen zu besichtigen, ist zudem die **Müllervilla** (→ S. 200) von Adolf Loos. Das imposanteste funktionalistische Gebäude Prags ist jedoch der 1924–28 errichtete **Messepalast**, der heute das Museum moderner und zeitgenössischer Kunst beherbergt (→ S. 175). Der extravagante, transparente Bau, geschaffen von den Architekten Oldřich Tyl und Josef Fuchs, gilt als Meilenstein im europäischen Funktionalismus – anderswo war der Stil in jenen Jahren noch in der Projektphase.

Architektur während der sozialistischen Zeit

Das Konzept des **sozialistischen Realismus** geht auf Stalin selbst zurück und war der Versuch, „eine getreue und historisch korrekte Abbildung der Wirklichkeit in ihrem revolutionären Fortschritt" zu schaffen. Der sozialistische Realismus sollte sich von den Visionen eines rigiden Funktionalismus zugunsten einer gegenständlichen, parteilichen Kunst abwenden. Die Frontfassaden schmückte man wieder mit Elementen historischer Baustile. Das heutige **Hotel Crowne Plaza** (1951–59, → „Ostalgie-Tipps", S. 186) wurde z. B. mit aus der Renaissance entlehnten und mit sozialistischer Symbolik angereicherten Sgraffiti verziert. Ein weiteres interessantes Gebäude aus der sozialistischen Ära ist das **Planetarium** (→ S. 179), das an den russischen Konstruktivismus der 20er und 30er Jahre anknüpft. Vor allem aber dominieren Modularbauten aus jener Zeit. Wer sich ein Bild von der Prager Plattenbauarchitektur machen will, kann einen Spaziergang durch die Südstadt unternehmen (→ S. 196).

Architektur nach 1989

Immer noch, und das seit bald 20 Jahren, hämmert, bohrt und kracht es in der Moldaustadt. Der Restaurierungsboom hält an, kaum eine Straße ohne Baustelle. Nahezu täglich verändert sich das Gesicht des 1000-jährigen Prags, aus Alt mach Neu heißt die Devise. Darunter aber mischen sich auch mutige Schritte hin zu einer wirklich neuen Architektur. Ein fantastisches Beispiel dafür ist das von 1992–96 vom kanadischen Architekten Frank Owen Gehry entworfene **Tanzende Haus** (→ S. 97). Das extravagante Gebäude im Stil des Dekonstruktivismus – die Auflösung traditioneller statischer Verhältnisse steht im Vordergrund – ist eines der wenigen, von einem ausländischen Architekten projektierten modernen Gebäude Prags. Vielleicht kommt aber bald noch eines hinzu: Derzeit plant der umstrittene Stararchitekt Daniel Libeskind ein avantgardistisches Bauwerk für einen Kulturpalast inmitten der altehrwürdigen Innenstadt – für so manchen Prager allerdings eine Horrorvorstellung.

Wenzelstatue vor dem Nationalmuseum

Nové Město (Neustadt)

Nové Město ist das Handels- und Geschäftszentrum Prags, wenn nicht der ganzen Republik. Breite Boulevards und belebte Flaniermeilen, repräsentative Theater- und Opernhäuser, Einkaufszentren und Casinos prägen den Stadtteil. Ganz so neu aber, wie der Name vermuten lässt, ist er nicht.

Bereits im 14. Jh. ließ Kaiser Karl IV. den großzügigen Grundriss von Nové Město anlegen. Prag sollte zu einer würdigen, neuen Hauptstadt des Heiligen Römischen Reiches werden. Doch schon bald nach Karls Tod verkam die Neustadt zum Armenviertel.

Ende des 19. Jh. riss man einen Großteil von Nové Město ab, lediglich das alte Straßennetz, ein paar Kirchen und Palais blieben erhalten. Das Bild bestimmen heute überwiegend monumentale Gebäude der Gründerzeit und des Jugendstils, aber auch Bauten des Funktionalismus und des sozialistischen Realismus sind zu finden. Bis in die Gegenwart wird an Nové Město gefeilt. Es wird neu, um- und angebaut oder auch nur die Fassade gestrichen.

Nové Město zieht sich wie ein breiter Gürtel um Staré Město. Altstadt und Neustadt treffen sich an den Straßen Revoluční, Na příkopě und Národní. Letztere zwei gehen vom Wenzelsplatz ab, und bilden mit ihm das so genannte Goldene Kreuz *(zlatý kříž)*, eines der teuersten Pflaster der Hauptstadt. Prag zeigt sich hier weltstädtisch und geschäftig. Fußgängerzonen laden zum Flanieren und Straßencafés zum Genießen ein.

Spaziergang

Als den „stolzesten Boulevard der Welt" bezeichnete der Dichter Detlev von Liliencron Ende des 19. Jh. den → **Václavské náměstí (Wenzelsplatz)**. Die obere Stirnseite des Platzes schließt das → **Národní muzeum (Nationalmuseum)** ab, ein monumentaler Neorenaissancebau. Abends, wenn es im Scheinwerferlicht erstrahlt, verleiht es dem Platz noch immer etwas von dem Glanz zu von Liliencrons Zeiten. Davor thront seit 1912 der **Heilige Wenzel zu Pferd**. Das Denkmal ersetzte ein älteres aus dem Jahr 1680, bei dem er noch auf eigenen Füßen stehend über den Platz blicken musste.

Ein paar Schritte darunter erinnert in einem kleinen Rundbeet ein **Gedenkstein** an Jan Palach (1948–1969) und Jan Zajík (1950–1969). Die beiden jungen Tschechen wählten hier den Freitod, um gegen die sowjetische Dominanz nach dem Prager Frühling zu demonstrieren (→ S. 81 und 127). Ihre Tat findet immer wieder Nachahmer. Zuletzt übergoss sich im März 2003 ein junger Mann auf dem Wenzelsplatz mit Benzin und zündete sich an.

Von den Häuserblocks rund um den Wenzelsplatz gehen viele Ladenpassagen ab, die für die Neustadt typisch sind. Da sie verschiedene Straßenzüge miteinander verbinden, kürzen die Prager in ihnen ihre Wege ab. Eine der schönsten ist die **Lucerna-Passage** (zwischen der Štěpánská und der Vodičkova, vom Platz über die Pasáž Rokoko zu erreichen), in der man dem heiligen Wenzel, der, von einer Kuppel herabhängt, abermals begegnet. Auch wieder zu Pferd sitzend, aber dieses Mal auf dessen Bauch, da es mit dem Kopf nach unten hängt. Das zeitgenössische Kunstwerk – ein Spiegelbild des heutigen Landes – schuf der Popkünstler David Černý, und der Bau selbst, der erste Stahlbetonbau Prags, wurde von Václav Havels Großvater in den 20er Jahren des 20. Jh. entworfen.

Überquert man von der Vodičkova kommend den Wenzelsplatz, blickt man rechter Hand auf die Jugendstilfassade des berühmten **Hotels Evropa**. Es zählt zu den schönsten Gebäuden am Václavské náměstí. In dessen Café hielt Franz Kafka seine einzige öffentliche Lesung (→ „Essen und Trinken").

Von außen eher unscheinbar ist die **Hauptpost** an der Jindřišská. Im Innern ist sie aber alles andere als ein in die Jahre gekommener Zweckbau. Dort überrascht eine gelungene Verbindung aus moderner Glas- und Stahlarchitektur mit der ursprünglichen Bausubstanz.

Schräg gegenüber liegt das **Hotel Palace**. Im einst vornehmsten Haus der Stadt logierten u. a. Louis Armstrong, George Bush, Enrico Caruso, Alain Delon ... und am Ende des Alphabets ZZ Top. Heute kann man in der Stadt zwar dekadenter wohnen, doch der Bau ist noch immer eine Perle. Ein paar Meter weiter, im klassizistischen Palais Kaunitz an der Panská, befindet sich das → **Muchovo muzeum (Mucha-Museum)**, das dem Jugendstilkünstler Alfons Mucha die Referenz erweist.

Im Haus an der Jindřišská 17 wurde 1875 Rainer Maria Rilke geboren. Bislang erinnert noch keine Gedenktafel an den Lyriker, der zu den bedeutendsten deutschsprachigen Dichtern der Moderne zählt. Auch an den letzten Großmieter des Hauses, die *Union Banka*, erinnert nichts mehr. Sie war nicht die erste Bank, die nach der Samtenen Revolution pleite ging und damit das Misstrauen in den neuen, freien Markt förderte – viele verloren ihre Ersparnisse.

Etwas weiter stößt die Jindřišská direkt auf den → **Jindřišská věž**, den **Turm der Sankt-Heinrich-Kirche**, der in der Geschichte Prags auch als Wehrturm fungierte und abgetrennt vom Gotteshaus steht.

Über eine Ladenpassage im Gebäude der *Česká Národní Banka* (Tschechische Nationalbank) gelangt man auf die beliebte Einkaufsmeile Na příkopě. Gleich linker Hand, hinter der klassizistischen Fassade des **Slovanský dům** (Nr. 22), findet man schicke Boutiquen und ein großes Multiplexkino mit mehreren Sälen. Für über 40 Mio. Euro wurde das Gebäude entkernt. Hinter vielen Fassaden Prags werden auf diese Weise zeitgemäße, funktionale Laden- und Büroflächen geschaffen, ohne das Stadtbild zu verändern.

Einen kurzen Besuch wert ist auch das Neorenaissancegebäude (Nr. 20) der **Živnostenská banka**. Ihr prunkvoller Schalterraum im ersten Stock ist imposanter als so manches Prager Museum – und kostet keinen Cent Eintritt.

Vorbei an der **Černá Růže** („Schwarzen Rose", Nr. 12), einer weiteren, auf den ersten Blick unauffälligen Shoppingmall an der Na příkopě, passiert man das → **Museum of Communism (Kommunismusmuseum)**. Es ist in privater Hand. Von offizieller Seite richtet man in Tschechien leider lieber Folkoremuseen und Ähnliches ein, als sich kritisch mit der jüngsten Vergangenheit auseinanderzusetzen.

Am unteren Abschnitt des Wenzelsplatzes fällt das **Bat'a-Schuhgeschäft** ins Auge. Der konstruktivistische Bau hat heute nichts Beeindruckendes mehr. Der tschechische Schuhfabrikant Tomáš Bat'a gab ihn 1928 in Auftrag. Aus Angst vor den Nazis verlegte Bruder Jan den Firmensitz 1939 nach Kanada. Die Kommunisten verstaatlichten die tschechoslowakischen Bat'a-Fabriken. Als der Sozialismus in Rente ging,

Wenzel in der Lucerna-Passage

bekam die Bat'a-Familie nur das Gebäude am Wenzelsplatz zurück.

Über die Fußgängerzone 28. Řijna gelangt man zum Jungmannovo náměstí (Jungmannplatz), an dem sich mehrere deutsche Banken angesiedelt haben. Auch das **Österreichische Kulturforum** mit der Kokoschka-Galerie, die wechselnde Ausstellungen zeigt, hat hier ihren Sitz. Das Portal des Kulturforums bildet zugleich den Zugang zur versteckt gelegenen → **Kostel P. Marie Sněžné (Maria-Schnee-Kirche).** Ebenfalls versteckt (ums Eck beim Restaurant U Pinkasů) steht die weltweit einzige **kubistische Straßenlaterne** (samt Sitzmöglichkeit). Unübersehbar dagegen ist das im rondokubistischen Stil gebaute **Palais Adria** am Jungmannovo náměstí, das in den 20er Jahren des 20. Jh. für die Versicherungsgesellschaft *Riunione Adriatica di Sicurità* entstand. Während der Samtenen Revolution tagte hier Havels „Bürgerforum".

Die Národní třída („Nationalstraße") ist wieder für den Autoverkehr freigegeben. Mit dem **TESCO** findet man hier eines der beliebtesten Prager Kaufhäuser mit Supermarkt im Keller. Im weiteren

Übernachten
11 Rosemary (S. 52)
13 Liberty (S. 48)
14 Palace (S. 48)
21 Accome (S. 53)
24 Yasmin (S. 48)
26 Apartments Wencelas Square (S. 53)
27 Hotel Evropa (S. 48)
36 Élite (S. 48)
37 Church Pension (S. 51)
44 Museum (S. 51)
45 Golden Sickle (S. 52)
47 Mušketýr (S. 48)
48 Chilli Hostel (S. 52)
54 Crystal Palace (S. 48)
56 Miss Sophie's (S. 51)
58 Hotel 16 (S. 48)
59 U Melounu (S. 52)
61 Pension Vyšehrad (S. 51)
Essen & Trinken
(S. 103-105)
1 Červená tabulka
2 Govinda
3 U Sádlů I.
4 Albio
6 Pizzeria Nuova
7 Celnice
18 Šenk Vrbovec
19 Bredovský dvůr
31 Jelínkova
39 Universal
40 Hospoda U nováka
42 Novoměstský pivovar
46 U Fleků
47 Mušketýr
49 Hostinec Hloupý Honza
50 Sportbar Hvězda (S. 35)
55 Pivovarský dům
57 Tamada
60 Oliva
Detailkarte Josefov auf S. 125
Detailkarte Altstadt auf S. 108/109
Anschlusskarte Malá Strana (Kleinseite) auf S. 135
Anschlusskarte Žižkov auf S. 182/183
Staré Město
Vltava (Moldau)
Karlsbrücke
Na Františku
nábr. Ludvídka
Svobody
Wilsonova
Hilton
Těšnov
Florenc
Museum der Stadt Prag
Busbhf. Florenc
Bílá labuť
Divadlo Archa (Theater)
Masarykovo nádraží
Shoppingcenter Palladium
Minibusse z. Flughafen
Náměstí Republiky
Kaufhaus Kotva
Obecní dům (Gemeindehaus)
Divadlo Hybernia
Prašná brána
Altstädter Ring
Alter jüdischer Friedhof
Post-museum
Dlouhá
Revoluční
Živnostenská banka
Česka Národní Banka
Sankt-Heinrichs-Turm
Jubilejní synagóga
Hlavní nádraží
Praha hlavní nádraží (Hauptbahnhof)
Museum of Communism/ Casino Savarin
Bohemia Ticket
Mucha-Museum
Rilke-Geburtshaus
Jindřišská
Můstek
Kubist. Straßenlaterne
Österreichisches Kulturforum
Bat'a
Wenzelsplatz
Hauptpost
Hotel Evropa
Kostel P. Marie Sněžné
Franziskaner Garten
Kino Světozor
Václavské nám.
Palais Adria
Jungmannovo nám.
Kaufhaus Tesco
Národní třída
Laterna Magika
Mitfahrzentrale
Karlovy lázně
Strelecký ostrov (Schützeninsel)
Národní divadlo
Národní divadlo (Nationaltheater)
most Legií
sv. Voršila

Cafés (S. 105)

5 Café Imperial
17 Fantova kavárna
25 Café Louvre
27 Café Evropa
28 Kavárna Slavia
29 Ovocný svět
51 Globe
52 Vesmírna

Nachtleben

22 Duplex 4 all (S. 63)
23 Vagon (S. 62)
25 Reduta (S. 65)
33 Lucerna Music Bar (S. 62)
43 Solidní Nejistota (S. 63)

Einkaufen

8 Slovanský dům (S. 69)
9 Shoppingcenter Černá Růže (S. 69)
10 Preciosa (S. 71)
12 Bontonland (S. 70)
15 Buchhaus Kanzelsberger (S. 71)
16 Bat'a (S. 69)
20 Antikvariát Můstek (S. 71)
30 Belda Factory (S. 71)
32 Foto Škoda (S. 71)
34 Galerie Módy (S. 69)
35 Zemark Lahůdky (S. 70)
38 Art Deco (S. 70)
41 Atelier Nikkita (S. 69)
53 CD Music Bazar (S. 70)

Nové Město (Neustadt)

Von grünen Feen und grünen Schnäpsen

Picasso soll mit dem giftgrünen, gallenbitteren Likör seine blaue Periode durchlebt haben, Van Gogh schnitt sich im Absinthrausch ein Ohr ab. In den letzten Jahren feierte Absinth eine kleine Renaissance, aber außer dem Namen und seiner Hochprozentigkeit hat der Modedrink mit „richtigem" Absinth wenig gemein. Letzterer nämlich enthält den aus Wermutblättern gewonnenen, namengebenden Bitterstoff Absinthin und dazu Thujon, ein Nervengift, das psychedelisch wirkt und in hohen Dosen zu psychischen Schäden führen kann. Wenn man zu viel des giftgrünen Stoffes trinkt, so heißt es, sieht man eine Fee gleicher Farbe. Nicht zuletzt aus diesem Grund war Absinth lange Zeit in vielen Ländern der Welt verboten. Was heute auf den Markt kommt, ist eine Art „Absinth Light" mit maximal einem Fünftel der Thujonmenge aus der Zeit Picassos. Dennoch heißt es aufgepasst: Schon ein Gläschen kann die Sightseeing-Tour in ein anderes Licht rücken! Wer stilecht probieren möchte, entzündet einen Löffel mit absinthgetränktem Zucker und kippt die karamellisierte Flüssigkeit zurück ins Glas. Übrigens: Manche Prager Wirte bauen unangenehmen Situationen mittlerweile vor und schenken nur noch maximal zwei Gläser an experimentierfreudige Gäste aus.

Verlauf passiert man zwei traditionsreiche **Kaffeehäuser** (→ „Essen und Trinken"): zuerst linker Hand das Café Louvre (unauffälliger Eingang, es lohnt ein Blick in den prächtigen Saal im 1. Stock) und – am Ende der Národní třída – das Café Slavia. In ihm hängt Viktor Olivas Bild „Der Absinthtrinker" aus dem Jahr 1905. Nirgendwo besser als hier lässt sich der grüne Likör probieren.

Gegenüber dem Café Slavia erhebt sich der Stolz der Tschechen, das → **Národní divadlo (Nationaltheater)**. Der gläserneKasten davor, die Neue Bühne *(Nová scéna)*, beherbergt das Multimediatheater Laterna Magika. Es erinnert an ein deutsches Kaufhaus aus den

1970ern. Die Prager lästern, es sehe aus wie „gefrorene Pisse“. Auf dem Platz dahinter toben sich die Skater aus.

Am Ufer der Moldau geht es weiter. Im ehemaligen Botschaftsgebäude der DDR befindet sich heute das Goethe-Institut (→ „Wissenswertes von A bis Z“, S. 26). Rechter Hand führt eine Brücke auf die → **Slovanský ostrov (Slaweninsel)**.

Vorbei an der → **Výstavní síň Mánes**, eine der angesehensten Galerien Prags, gelangt man zum Jiráskovo náměstí, an dem das dekonstruktivistische Gebäude des Versicherungskonzerns *Nationale-Nederlanden* steht, von allen modernen Bauten einer der interessantesten der Stadt (1992–96). Es wird auch als **Tanzendes Haus (Tančící dům)** bezeichnet. Mit Fantasie – viel Fantasie – kann man in der sich herausdrehenden, schwungvollen Fassade Ginger Rogers und Fred Astaire erkennen. Den Entwurf dazu lieferte der kanadische Architekt Frank Owen Gehry. Direkt daneben, in der obersten Etage des Jugendstilgebäudes am Rašínovo nábřeží 78, wohnte einst Václav Havel mit seiner ersten Frau Olga. Nach der Gründung der Charta 77 wurde er stets überwacht – mit Ausnahme der viereinhalb Jahre, die er im Gefängnis verbrachte. Die Geheimpolizisten hatten sich schräg gegenüber in dem ehemaligen Wasserturm bei der Galerie Mánes einen kleinen Beobachtungsposten eingerichtet, damit sie im Winter beim Spitzeln nicht froren.

Wer will, kann nun weiter entlang der Resslova, vorbei an der → **Kostel sv. Cyrila a Metoděje (Kyrill-und-Method-Kirche)**, zum → **Karlovo náměstí (Karlsplatz)** spazieren. Das bekannteste und geschichtsträchtigste Gebäude dort ist das → **Novoměstská radnice (Neustädter Rathaus)**. Wer nicht alle Sehenswürdigkeiten abklappern will, lässt sich einfach noch ein wenig durch die Straßen der Neustadt treiben, insbesondere nahe der Moldau ist so manch schönes Eck zu entdecken.

Sommerstimmung auf der Moldauinsel Slovanský ostrov

Sehenswertes

Václavské náměstí (Wenzelsplatz): Früher hatte er das Aussehen eines Platzes und hieß Rossmarkt. Im Revolutionsjahr 1848 gestaltete man ihn in einen Boulevard um und gab ihm einen neuen Namen, nicht jedoch „Wenzelsboulevard“ sondern Wenzelsplatz. Zukünftig (nicht vor 2010) soll aus dem Boulevard mit den enormen Ausmaßen von 750 m auf 60 m wieder ein Platz werden, Pläne dazu liegen bereits in der Schublade. Der Verkehr darauf soll ganz verschwinden und die Magistrale, die ihn unmittelbar vorm Nationalmuseum durchschneidet, unterirdisch verlaufen.

Die Neugestaltung und damit verbunden ein zukünftig korrekt-sauberes Erscheinungsbild des Platzes fordert auch ein jüngst gegründeter Verein aus ansässigen Hoteliers, Geschäftsleuten und Banken, die um das Image ihrer Postadresse bangen. Denn trotz seiner Repräsentativbauten und horrender Immobilienpreise ist der Wenzelsplatz alles andere als ein Schmuckkästchen à la Altstädter Ring. Zu Allerweltsketten wie *C&A* oder *H&M* gesellen sich einfache Blumen- und Buchläden, dazu Kaufhäuser und Souvenirshops, deren Warensortiment guten Geschmack auf die Probe stellt. Tagsüber marschieren die Touristen zügig auf und ab, und abends torkeln manche daher als leichte Beute für Taschendiebe. Ohnehin ist hier bis spät in die Nacht viel los, nicht zuletzt wegen der Kneipen, Casinos und rot beleuchteten „Cabarets" drum herum. Auch Prostituierte stehen dann Spalier. Und über all dem zieht immer wieder der Geruch fettiger Würste hinweg, denn der Wenzelsplatz ist Prags Bratwürstelmekka. Die Damen vom Grill kommen größtenteils aus der Ukraine wie auch viele Bauarbeiter der Stadt – auch Tschechien hat seine Gastarbeiter.

Kunsthappening auf dem Wenzelsplatz

In der Geschichte Prags und Tschechiens war der Wenzelsplatz übrigens immer wieder Schauplatz von Massenaufmärschen, -demonstrationen und -feiern, zumal es kaum einen anderen Platz der Stadt gibt, auf dem sich das Volk in so großer Zahl hätte versammeln können.

Anfahrt Ⓜ A, C Muzeum oder Ⓜ B, C Můstek.

Národní muzeum (Nationalmuseum): Es gilt als eines der größten Museen der Republik und zählt man die Exponate, dann ist es das garantiert. Allein die mineralogische Sammlung – Steinchen neben Steinchen in alten Vitrinen – ist eine der umfangreichsten der Welt. Auch die zoologische Abteilung ist an Vielfalt kaum zu überbieten. Kein Tier, das nicht ausgestopft wurde: Giraffe, Hammerhai, Leopard, Elefant usw. Zudem gibt es einen Saal mit Büsten und Statuen berühmter tschechischer Persönlichkeiten, eine entomologische (Insekten), eine anthropologische Sammlung und so fort. Ferner finden oft sehr interessante Wechselausstellungen statt.

Der bronzefarbene, gläserne, auf Stelzen stehende Kasten, der nordöstlich an das Nationalmuseum anschließt, war übrigens das **Parlamentsgebäude** der ČSR und ČSSR. Den steinernen Sockel des Gebäudes bildet die ehemalige Börse.

Doch mit der Machtübernahme der Kommunisten wurde die Börse überflüssig und der Klotz darauf gesetzt. Noch bis 2008 sendet von hier **Radio Free Europe**.

Adresse Václavské náměstí 68. Ⓜ A, C Muzeum. ⌚ im Winter 9–17 Uhr, im Sommer 10–18 Uhr. Am ersten Di im Monat geschl. Eintritt 4 €, erm. die Hälfte. Am ersten Mo im Monat frei.

Muchovo muzeum (Mucha-Museum): Angeblich konnte Alfons Mucha (1860–1939) zeichnen, bevor er gehen konnte. Und als er gehen konnte und auf eigenen Füßen stand, zog es ihn nach Paris und Amerika. Dort illustrierte er Bücher und entwarf jene Plakate, die ihn als Vertreter des Jugendstils weltberühmt machten. Später, wieder zurück in seiner Heimat, stellte er sich ganz in den Dienst seines Landes, entwarf Banknoten, Orden und dergleichen. Dem kleinen Museum ist auch ein Shop angegliedert, der Mucha-Bücher und -Plakate verkauft.

Adresse Panská 7. Ⓜ A, C Muzeum. ⌚ tägl. 10–18 Uhr. Eintritt 4,30 €, erm. die Hälfte.

Jindřišská věž (Turm der Sankt-Heinrich-Kirche): Der freistehende spätgotische Glockenturm entstand 1472–1476. Vom 10. Stock des Baus genießt man eine zwar schöne, durch die kleinen Glasfenster aber etwas getrübte Aussicht auf Prag. Zu jeder vollen Stunde ertönt vom Glockenspiel eine von 1000 gespeicherten Melodien. Im Turm befinden sich außerdem ein Café, ein nobles Restaurant, eine Galerie und eine wenig spannende Ausstellung über Prager Türme.

Adresse Jindřišská. Ⓢ 3, 9, 14, 24 Jindřišská. ⌚ Mo–Fr 9–19 Uhr, Sa/So ab 10 Uhr. Restaurant tägl. bis 24 Uhr, Café bis 22 Uhr. Eintritt 2 €, erm. die Hälfte.

Museum of Communism (Kommunismusmuseum): Hier kann man einen Rundgang durch die 41 Jahre währende sozialistische Ära der Tschechoslowakei unternehmen – vom Wahlsieg der Kommunisten 1948 bis zu den Bürgerprotesten 1989. Die Dokumentation (auch auf Deutsch) setzt sich zwar kritisch mit der Vergangenheit auseinander, die Präsentation (Büsten und Statuen von Stalin und Lenin, eine nachgebaute Ladentheke usw.) ist jedoch alles andere als spannend. Für das Gebotene werden satte Preise verlangt – ein Versuch, mit dem Ostalgiekult den schnellen Euro zu machen.

Adresse Na Příkopě 10, 1. Stock. Ⓜ A, B Můstek. ⌚ tägl. 9–21 Uhr. Eintritt 6,50 €, erm. 5 €.

Kostel P. Marie Sněžné (Kirche Maria Schnee): Karl IV. stiftete die Kirche den Karmelitern am Tage seiner Krönung zum König von Böhmen. Doch als der Chor fertig war, ging das Geld aus, und der ursprünglich geplante dreischiffige Bau mit über 100 m Länge wurde nie vollendet. Anfang des 17. Jh. übernahmen die Franziskaner die Kirche bzw. den Chor und ließen ihn im Barockstil umbauen – sehenswert. Betrachtet man sie von dem kleinen angrenzenden Franziskanergarten, kann man erahnen, wie die Kirche ursprünglich hätte werden sollen.

Adresse Jungmannovo náměstí. Ⓜ A, B Můstek. Zugang über das Österreichische Kulturforum. ⌚ tägl. 9.30–11 Uhr und 14–17 Uhr.

Národní divadlo (Nationaltheater): Das im Neorenaissancestil erbaute Theater wurde überwiegend aus Spendengeldern in der zweiten Hälfte des 19. Jh. errichtet. Doch kurz vor seiner Einweihung im Jahre 1881 brannte es aus. So fand die feierliche Eröffnung erst zwei Jahre später statt. Für alle bedeutenden tschechischen Künstler der damaligen Zeit war es eine Ehre, an der Ausschmückung des Theaters mitzuwirken. Und so präsentiert es sich heute – äußerst prunkvoll. Auf dem Programm stehen Theater (in tschechischer Sprache), Oper und Ballett – sollten Sie da-

Hamburg liegt nicht an der Moldau und Böhmen nicht am Meer

Vltava heißt die Moldau im Tschechischen. Sie entspringt am Černá hora (Schwarzberg) im Böhmerwald und mündet bei Mělník in die Elbe. 440 km hat sie sich bis dahin vorangeschlängelt, die Elbe gerade ein bisschen mehr als die Hälfte. Geht man von dem Grundsatz aus, dass beim Zusammenfluss zweier Flüsse der mächtigere und längere den Namen beibehält, müsste das gute alte Hamburg an der Moldau liegen. Tut es aber nicht, genauso wenig wie Böhmen am Meer liegt, was Shakespeare in seinem Drama „Wintermärchen" behauptet.

ran eine Freude haben, versuchen Sie, Tickets zu bekommen (→ S. 57).

Adresse Národní 2. Ⓢ6, 9, 18, 21, 22, 23 Národní divadlo.

Slovanský ostrov (Slaweninsel): Sie ist eine der schönsten Moldauinseln. Sonntags gehen hier Familien spazieren, unter der Woche die Verliebten. Touristen kommen zum Tret- oder Ruderboot fahren. Vor dem einstigen Casino, heute das Restaurant Zofín (schöne Terrasse), steht ein Bronzedenkmal für Božena Němcová (1820–1862), die tschechische George Sand. Man kennt sie vom 500-Kronen-Schein. Sie ist die Autorin des Romans „Die Großmutter" *(Babička)*, der als populärstes tschechisches Prosawerk überhaupt gilt und zahllose Ausgaben erlebte.

Anfahrt Ⓢ6, 9, 18, 21, 23, 51, 54, 57, 58 Národní divadlo.

Výstavní síň Mánes (Kunstgalerie Mánes): 1887 gründete sich der Verein bildender Künstler „Mánes", benannt nach dem tschechischen Maler Josef Mánes (→ S. 125). 1930 ließ der Verein das funktionalistische Gebäude am Moldauufer errichten und nutzt es seitdem als Galerie. Zu sehen gibt es neben internationalen Wanderausstellungen v. a. klassische und zeitgenössische tschechische Kunst. Zudem ist die Galerie im November Schauplatz der *Art Prague*, der bedeutendsten Kunstmesse des Landes. Restaurant angegliedert.

Adresse Masarykovo nábřeží 250. Ⓜ B Karlovo náměstí. ⌚ tägl. (außer Mo) 10–18 Uhr.

Kostel sv. Cyrila a Metoděje (Sankt-Kyrill-und-Method-Kirche): Die barocke Kirche, in der ersten Hälfte des 18. Jh. von Kilian Ignaz Dientzenhofer erbaut, ist heute das Zentrum der tschechisch-orthodoxen Gemeinde. In der Krypta befindet sich eine kleine Gedenkstätte für die Opfer des nationalen Widerstandes während der deutschen Okkupation. Nach dem Anschlag auf Reinhard Heydrich (→ S. 79) im Mai 1942 suchten hier die Attentäter Zuflucht. Durch Verrat erfuhr die SS von dem Versteck und stürmte mit 360 Mann Kirche und Krypta.

Adresse Resslova. Ⓜ B Karlovo náměstí. Krypta, ⌚ tägl. (außer Mo) 10–17 Uhr. Eintritt 1,80 €, erm. 0,70 €.

Karlovo náměstí (Karlsplatz): Er war einst der größte Platz der Stadt, mal Viehmarkt, mal Fischmarkt, und schließlich wurde er zu einem recht reizlosen, öffentlichen Park umgewandelt. Am nördlichen Ende steht das **Neustädter Rathaus** (s. u.). An der Südostseite fällt die barocke **Kirche Sankt Ignatius (Kostel sv. Ignáce)** nach Plänen von Giovanni Orsi ins Auge (⌚ tägl. 6–12 Uhr u. 15.30–18.30 Uhr). Im Abendlicht leuchtet der gute Ignatius auf dem Giebel im goldenen Strahlenkranz. Das Innere ist eine rot-weiße Pracht aus Stuck und Marmor. An die Kirche schließt das einstige **Jesuitenkolleg (Jezuitská kolej)** an, das zum Zeitpunkt der letzten Recherche aufwändig restauriert wurde. Am südlichen Ende des

Platzes steht, neben der Poliklinik, das so genannte **Fausthaus** (Faustův dům, Nr. 40). Alchemisten wohnten einst darin, weshalb es gerne mit der Sage von Doktor Faustus in Verbindung gebracht wird. Die Südwestseite des Platzes beansprucht das *Charles Square Center*, ein steril-gläsernes Gebäude mit Büros, Läden und einem Supermarkt.

Anfahrt Ⓜ B Karlovo náměstí. Hinweis: Nachts sollte man einen Bogen um den Park machen!

Novoměstská radnice (Neustädter Rathaus): Das Gebäude mit den markanten Renaissancegiebeln wurde in der Mitte des 14. Jh. im gotischen Stil errichtet und erlebte unzählige An- und Umbauten. Berühmtheit erlangte das Neustädter Rathaus durch den ersten Prager Fenstersturz (→ „Prager Fensterstürze ...", S. 165). Heute wird es nur noch für repräsentative Zwecke verwendet, gelegentlich finden auch Ausstellungen darin statt. Der 50 m hohe Turm (221 Stufen sind's hinauf) mit einer Kapelle im ersten Stock kann besichtigt werden.

Adresse Karlovo náměstí 23. Ⓜ B Karlovo náměstí. ⌚ Turm Mai–Sept. tägl. (außer Mo) 10–18 Uhr. Eintritt 0,70 €, erm. die Hälfte.

Weitere Sehenswürdigkeiten

Střelecký ostrov (Schützeninsel): Vom Nationaltheater ist sie über die Legionärsbrücke (Most legií) zu erreichen. Ab Mitte des 18. Jh. war darauf das Korps der Prager Scharfschützen positioniert, daher der Name. Heute gibt es hier eine Freilichtbühne im Grünen, auf der im Sommer allabendlich Filme gezeigt oder Konzerte geboten werden, dazu einen kleinen Bierverkaufsstand – Treffpunkt der jugendlichen Hundebesitzer. Des Weiteren befinden sich auf der Insel die Tennisplätze des *Start Praha Sportovní Klub* und im Sommer das *Hostel Island* (→ „Übernachten", S. 52).

Anfahrt Ⓢ 6, 9, 18, 21, 23, 51, 54, 57, 58 Národní divadlo.

Botanická zahrada (Botanischer Garten): 1897 wurde der Garten angelegt, u. a. zu Studienzwecken der naturwissenschaftlichen Fakultät der Karlsuniversität. Zu sehen gibt es heimische und exotische Gewächse und viele Mütter, die ihre Kinderwagen schieben. Im Sommer werden hier gelegentlich auch Plastiken ausgestellt.

Adresse Na Slupi 18. Ⓢ 18, 24 Botanická zahrada. ⌚ Jan.–März 10–17 Uhr, April–Okt. 10–18 Uhr, Nov./Dez. 10–16 Uhr.

Emauzský klášter (Emauskloster) und **Kostel sv. Jana na Skalce (Kirche Sankt Johannes Nepomuk am Felsen)**: Das Benediktinerkloster Emaus wurde im 14. Jh. gegründet. 1945 trafen US-Bomben die Anlage. Zwei spitz zulaufende, geschwungene Stahlbetonschalen ersetzen seither die Türme der **Klosterkirche**. Auch die aus dem 14. Jh. stammenden Fresken des Kreuzgangs, einst kunsthistorische Highlights, wurden durch die Explosionen stark in Mit-

Blick vom Neustädter Rathaus

leidenschaft gezogen. Sie sind heute nur noch für speziell Interessierte sehenswert. Die Fresken im Chor der dreischiffigen Klosterkirche wurden hingegen aufwändig restauriert.

Dem Kloster gegenüber liegt die schöne **Barockkirche Sankt Johannes Nepomuk am Felsen**. Sie entstand im 18. Jh. nach Plänen Kilian Ignaz Dienzenhofers. Mit ihrer doppelläufigen Freitreppe davor sieht sie zwar einladend aus, doch sind ihre Pforten nur selten geöffnet (→ „Gottesdienste", S. 26).

Adresse Vyšehradská. Ⓢ 18, 24 Botanická zahrada. ⌚ Mo–Fr 9–16 Uhr. Eintritt 1 €, erm. 0,70 €.

Muzeum Policie (Polizeimuseum): Das Museum mit schwer sozialistischem Einschlag ist in einem früheren Augustinerkloster untergebracht. Ausführlich dokumentiert es die Geschichte des Polizeiwesens sowie des Grenzschutzes und klärt über all die verbotenen Dinge des Lebens auf. Zudem werden „verdiente" tschechische Verbrecherpersönlichkeiten gewürdigt. Einen Besuch wert ist auch die dazugehörige **Klosterkirche** (⌚ zuletzt nur So und feiertags von 14–16.30 Uhr). Ihre Fundamente reichen bis ins 14. Jh. zurück. Ursprünglich hatte sie die Form eines Oktogons, dessen Gewölbe ohne Stützpfeiler auskam. Für diese damals beachtliche bauliche Leistung wurde ihr Baumeister verdächtigt, mit dem Teufel im Bunde zu sein. Ihr heutiges barockes Aussehen verdankt sie einem Umbau (vermutlich durch Giovanni Santini) im 18. Jh.

Adresse Ke Karlova 1. Ⓢ 14, 18 Albertov. ⌚ tägl. (außer Mo) 10–17 Uhr. Eintritt 0,70 €, erm. die Hälfte.

Muzeum Antonína Dvořáka (Dvořák-Museum) in der Villa Amerika: In einem der schönsten Sommerschlösschen Prags, einem Bau Kilian Ignaz Dientzenhofers aus dem frühen 18. Jh., befindet sich das Museum zum Gedenken an Antonín Dvořák (1841–1904). Das populärste Werk des wohl berühmtesten tschechischen Komponisten entstand in Amerika, die Sinfonie in e-Moll, auch bekannt unter dem Namen „Aus der Neuen Welt". Dvořák selbst war übrigens gelernter Fleischer, bevor er mit Müh und Not die Aufnahme in die Prager Organistenschule schaffte. Im Sommer finden im oberen Saal regelmäßig Konzerte statt.

Adresse Ke Karlovu 20. Ⓜ C I. P. Pavlova. ⌚ tägl. (außer Mo), April–Sept. 10–13.30 u. 14–17.30 Uhr. Okt.–März 9.30–13.30 u. 14–17 Uhr. Eintritt 1,80 €, erm. die Hälfte.

Brauhaus U Fleků: Seit 1499 existiert die traditionsreiche Brauerei, die eines der süffigsten Biere Prags, ein bitter-süßes Dunkles ausschenkt, das nirgendwo anders in der Stadt gezapft wird. Eine Volksweise besagt sogar, dass jeder Tscheche einmal im Leben ins U Fleků pilgern sollte. Nur, Tschechen trifft man hier außer als Bedienung kaum mehr an. Das Bier kostet das Doppelte wie anderswo in Prag, und den „Willkommensschnaps" haben Sie hinterher selbstverständlich auf Ihrer Rechnung vermerkt. Busladung auf Busladung (Kapazität 1200 Plätze) stolpert herein, und im Garten wird zu böhmischer Blasmusik geschunkelt. Der Renner ist dabei *Škoda lásky* („Schade um die Liebe") – Sie kennen die Melodie von „Rosamunde".

Dem Brauhaus ist ein kleines **Museum** angegliedert. Heute wird noch ein- bis zweimal wöchentlich gebraut, insgesamt 2200–2500 Hektoliter im Jahr, ganz ohne Chemie. Dafür ist das Bier auch nur zwei Wochen haltbar.

Adresse Křemencova 11. Ⓜ B Národní třída oder Karlovo náměstí. ⌚ Wirtschaft tägl. 9–23 Uhr, Brauereimuseum Mo–Fr 10–16 Uhr (nach 16 Uhr und Sa/So nur nach Anmeldung). Eintritt für das Museum 1,70 €, mit Führung durch die Brauerei, Degustation und Souvenirkrug 6 €.

Státní opera (Staatsoper): Sie wurde Ende des 19. Jh. im Neorenaissancestil als das „Neue Deutsche Theater" gebaut. Viele berühmte Künstler gaben sich hier ein Stelldichein, unter anderem Mahler, Seidl, Klemperer und Szell. Im Innern dominieren roter Samt und Gold – allein schon deshalb einen Besuch wert. Ticketvorverkauf im Haus (→ „Kultur“, S. 57).

Adresse Wilsonova 4. Ⓜ C Hlavní nádraží.

Jubilejní synagoga (Jubiläumssynagoge): In der Neustadt, außerhalb des einstigen Ghettos, befindet sich die größte Synagoge Prags mit 850 Sitzplätzen. Anfang des 20. Jh. im pseudomaurischen Stil errichtet, wird sie heute wie die Altneusynagoge von der jüdischen Gemeinde Prags genutzt. Die Synagoge war übrigens Drehort der Hochzeitsszenen für den Film „Comedian Harmonists“.

Adresse Jeruzalémská 7. Ⓢ 3, 9, 14, 24 Jindřišská. ⌚ nur im Sommer für Besucher zugänglich. Die Zeiten ändern sich von Jahr zu Jahr.

Muzeum hlavního města Prahy (Museum der Stadt Prag): Dem, der seine bereits durchlaufenen Gassen einmal von oben sehen möchte, sei dieses Museum empfohlen. 11 Jahre bastelte der Lithograf Antonín Langweil im frühen 19. Jh. an seinem Prag aus Pappe, einem 20 m^2 großen, originalgetreuen Modell der Stadt von damals. Ansonsten informiert das Museum, untergebracht in einem schmucken Neorenaissancegebäude, über die Geschichte Prags. Zu sehen bekommt man archäologische Funde, Keramik, Hauszeichen, Möbelstücke usw. Zudem finden Wechselausstellungen statt.

Adresse Na Poříčí 52. Ⓜ B, C Florenc. ⌚ tägl. (außer Mo) 9–18 Uhr. Eintritt 2 €, erm. die Hälfte. Am ersten Di im Monat frei.

Poštovní muzeum (Postmuseum): Briefmarken der Tschechoslowakei und Tschechiens, aber auch des Auslands mit berühmten und weniger berühmten Köpfen darauf en masse. Ansonsten ein paar Druckvorlagen und Dokumentationen zur Entwicklung des Postwesens – das war's.

Adresse Nové mlýny 2. Ⓢ 5, 8, 14 Dlouhá třída. ⌚ tägl. (außer Mo und Di) 9–12 und 13–17 Uhr. Eintritt 0,90 €, erm. 0,45 €.

Nové Město (Neustadt)
Karte S. 94/95

Essen und Trinken

(→ Karte S. 94/95)

Restaurants

Červená tabulka (1), gediegenes, ländlich-rustikal eingerichtetes Restaurant mit nettem Innenhof für den Sommer, etwas versteckt gelegen. Internationale Küche (Ente, Perlhuhn, gute Steaks, Fisch), variantenreich und nett fürs Auge zubereitet, teils jedoch sehr üppig. Kostenlose Vorspeise, gute Weinselektion, flinker Service. Hg. 9–17 €. ✆ 224810401. Lodecká 4. Ⓢ 5, 8, 14 Dlouhá třída.

Oliva (60), kleines Lokal, 2006 eröffnet. Überschaubare Karte mit fein zubereiteten mediterranen Gerichten, dazu täglich wechselnde Specials. Mit viel Liebe eingerichtet, elegant und doch leger. Zuvorkommender Service. Hg. 7–14,50 €. Von Lesern gelobt. Nur mittags und abends, So Ruhetag. ✆ 222520288. Plavecká 4. Ⓢ 3, 7, 16, 17, 21 Výtoň.

Universal (39), etabliertes, jugendliches Lokal im Stil eines französischen Bistros. Auch die Küche tendiert zum Französischen: Entenbrust mit Preiselbeersauce, Tournedos mit Pilzsauce oder Sirloinsteak zu 7–12,50 €. Günstige Mittagsmenüs. Empfehlenswerter Sonntagsbrunch (Büfett, 7,20 €), ein beliebter Treffpunkt junger Familien. ✆ 224934416. V Jirářích 6. Ⓜ B Narodní třída.

TIPP! **Pizzeria Nuova (6),** weitläufiges, durchgestyltes Lokal mit breiter Fensterfront. Originelles Konzept: Für einen All-you-can-eat-Preis von günstigen 7,70 € kann man sich entweder am umfangreichen Vorspeisenbüfett bedienen oder sich stets neue Pasta- und Pizzavariationen an den Tisch bringen lassen. Wer beides will (nur wer schafft das?), zahlt 13 €. Fantastische Küche dank neapolitanischer Tomaten und Pizzabäcker. Freundliches Personal, Spielecke und Luftballons für Kinder. Eines unserer Lieblingsrestaurants. ✆ 221803308. Revoluční 1. Ⓜ B Náměstí Republiky.

Celnice (7), gepflegtes Bierhallenambiente. Handfeste böhmische Küche zwischen

Café Imperial

Gulasch und Entenbraten. Netter Außenbereich. Hg. 5,70–11 €. ✆ 224212240. Náměstí Republiky. Ⓜ B Náměstí Republiky.

Novoměstský pivovar (42), Mikrobrauerei mit großem, rustikalem Restaurant (350 Plätze), sehr beliebt bei Reisegruppen. Alles sehr deftig, gutes Bier. Hg. 4–14 €. ✆ 222232448. Vodičkova 20. Ⓢ 3, 9, 14, 24 Vodičkova.

Pivovarský dům (55), ebenfalls eine Mikrobrauerei, die auch Bananenbier, Beerenbier oder Biersekt ausschenkt... Lichtes, rustikales Ambiente im EG, Raucher werden in den Keller verbannt. Ordentliche böhmische Küche (Hase, Wild, Steaks) in „Standard-" oder „Luxusportionen", Hg. 3,50–10,50 €. ✆ 296216666. Lípová 15. Ⓢ 4, 6, 10, 16, 22, 23 Štěpánská.

Bredovský Dvůr (19), moderne, laute Bierschwemme im gepflegten Backsteinambiente. Wenn Länderspiele anstehen, kommen zuweilen auch verletzte Stars des tschechischen Teams zum Fußball schauen (Anfang 2006 wurde z. B. Jan Koller häufig gesichtet). Einsehbare Küche, in der variantenreiche böhmische Gerichte (kosten Sie die Schweinshaxe am Spieß!) gezaubert werden. Flinker Service. Hg. 3,50–14 €. ✆ 224215428. Politických Vězňů 13. Ⓜ A, C Muzeum.

U Sádlů I. (3), an den Wänden des Kellergewölbes prangen Ritterrüstungen und Lanzen, dazu gibt es böhmische Spezialitäten, gute Fleischgerichte und süffiges Bier. Hg. 2,70–10 €. ✆ 224813874. Klimentská 2. Ⓢ 5, 8, 14 Dlouhá třída.

Hostinec Hloupý Honza (49), Kneipenrestaurant im IKEA-Landhausstil: Kiefernholzmobiliar, karierte Kissen, Zwiebeln baumeln von der Decke. Knödelküche (Wildschweingulasch, Lendenbraten), dazu gutes Kalbschnitzel und Leckereien vom offenen Grill. Hg. 4–9,50 €. ✆ 222230036. Školská 12. Ⓢ 3, 9, 14, 24 Vodičkova.

U Fleků (46), ✆ 224934019. → „Sehenswertes", S. 102.

Albio (4), das totale Gegenteil einer böhmischen Pivnice: Hier ist alles gesund, und es wird nicht geraucht. V. a. vegetarische Gerichte (auch für Veganer), zudem Fisch. Fast alles (bis zum Wein) aus ökologischem Anbau. Kinderspielecke, nebenan ein Bioladen. Hg. 4–9 €, mittags günstiger. ⓞ nur Mo–Sa 11–22 Uhr. Truhlářská 20. Ⓜ B Náměstí Republiky.

Tamada (57), der „Zeremonienmeister". Georgische Kneipe im Stil einer finnischen Sauna. Stets gut besucht von Bier trinkenden Studenten. Greifen Sie zu grusinischen Spezialitäten wie Auberginen mit Walnussfüllung, Lachs mit Koriandersauce oder

Khachapuri (mit Käse und Eiern gefülltes Teigschiff). Für das Gebotene günstig, teuerstes Hg. 8,70 €. Georgische Weine. Jenštejnská 2. Ⓜ B Karlovo náměstí.

Hospoda U nováka (40), helles Lokal mit rustikalem Interieur und guter böhmischer Küche. Nicht fremdsprachig. Hg. 4–9 €. V jirchářích 2. Ⓜ B Národní třída.

Mušketýr (47), typisches Prager Kellerlokal, im Winter heizt der Kamin ein. Ordentliche böhmische Knödelküche. Trotz der Lage in unmittelbarer Nähe zum Wenzelsplatz kein Nepplokal. Hg. 3,50–10,50 €, sensationell günstige Mittagskarte (nur Tschechisch). Zügiger Service. Mezibranská 13. Ⓜ A, C Muzeum.

Govinda (2), billiger vegetarischer Inder. Self-Service, Kantinenflair, immer voll. Das kostenlose Tischwasser wird von Hare-Krischna-Mönchen aufgefüllt. Nur ein Mittagsmenü zur Auswahl, je nach Menge 3–5 €. ⌚ nur Mo–Fr 11–17 Uhr. Soukenická 27. Ⓜ B Náměstí Republiky.

Pivnice/Weinstube

Jelínkova (31), alteingesessene, beliebte kleine Pilsner-Bierstube mit üblicher Holzvertäfelung. Abends knallvoll und verraucht. Snacks, Sa/So geschl. Charvátova 1. Ⓜ B Národní třída.

Šenk Vrbovec (18), von Touristen beharrlich übersehene Stehweinstube am Wenzelsplatz. Kork an den Wänden, Prager Hausfrauen und Geschäftsleute an den Stehtischen. Gute und günstige heimische Weine vom Fass. Václavské náměstí 10. Ⓜ A, B Můstek.

Traditionsreiche Kaffeehäuser

TIPP! **Café Imperial (5),** wurde wie das gesamte, unter Denkmalschutz stehende Gebäude 2006 restauriert; Wiedereröffnung voraussichtlich noch 2007. Absolut sehenswert: Wände und Decken sind – einmalig in der Welt – vollständig mit kunstvoll gearbeiteter Keramik ausgeschmückt. Zum Kaffee wurden bis zur Restaurierung kostenlos Krapfen gereicht. Für rund 60 € konnte man sich eine riesige Schüssel davon bestellen und andere Gäste bewerfen! Mal sehen, ob diese seltsame Tradition fortbestehen wird. Na Poříčí 15. Ⓜ B Náměstí Republiky.

Kavárna Slavia (28), Rilkes und Kunderas Wohnzimmer. Heute werden hier v. a. Reiseführer in allen Sprachen gelesen. Mit der letzten Renovierung ist aus dem alten Kaffeehaus ein modernes, helles Café geworden. Der Moldaublick ist nach wie vor grandios. Smetanovo nábreží 2. Ⓢ 6, 9, 18, 21, 22, 23, 51, 54, 57, 58 Národní divadlo.

Café Louvre (25), von den Kommunisten wegen bourgeoiser Tendenzen geschlossen, seit 1992 wieder Kaffeehaus. Hohe, kitschig altrosa gestrichene Wände, viel Stuck. Große Auswahl an internationalen Tageszeitungen, fesche Bedienungen. Restaurant und Billardsalon angegliedert. Národní třída 20. Ⓜ B Národní třída.

Café Evropa (27), Jugendstilperle in zentralster Lage, deswegen wohl auch die größte Touristenschwemme nach der Karlsbrücke. Man hat sich darauf eingestellt, serviert zweitklassigen Kaffee zu erstklassigen Preisen. Zuweilen Aufpreis für die Live-Musik am Nachmittag! Unfreundliches Personal. Trotzdem kann man dem Café den (in die Jahre gekommenen) Charme nicht absprechen. Václavské náměstí 25. Ⓜ A, C Muzeum oder A, B Můstek.

Cafés

Globe (51), eine von vielen amerikanischen Enklaven der Stadt. Leckerer Milchkaffee, Salate und Sandwichs. Gute Frühstücksadresse. Buchladen mit englischsprachiger Literatur und ein paar Internet-Terminals. Großes „Schwarzes Brett" – von WG-Zimmern bis Tschechischkursen wird alles angeboten. Pštrossova 6. Ⓢ 6, 9, 18, 17, 21, 22, 23, 51, 54, 57, 58 Národní divadlo.

Vesmírna (52), kleines, freundliches Nichtrauchercafé, ein Sozialprojekt – hier werden Sie von Behinderten bedient. Gute Öko-Sandwichs, frisch gepresste Fruchtsäfte und hervorragende Milchshakes. Von Lesern empfohlen. Ve Smečkách 5. Ⓜ A, C Muzeum.

Ovocný svět (29), lustige Eisdiele amerikanischen Stils mit bunten Plastikstühlen. Oft steht man Schlange. ⌚ nur bis 20 Uhr. Vodičkova/Světozor-Passage. Ⓜ A, B Můstek.

Fantova kavárna (17), unter der restaurierungsbedürftigen Jugendstilkuppel des alten Bahnhofsgebäudes. Sehenswert, aber ein Blick genügt: ziemlich bizarres Publikum, auch Junkies und Penner. Hlavní nádraží. Ⓜ C Hlavní nádraží.

Gemalt und in natura: die Karlsbrücke

Staré Město (Altstadt)

Staré Město ist einer der lebhaftesten Stadtteile Prags, der mit den traditionsreichsten Pivnices, den meisten Restaurants, Galerien und Wechselstuben. Er gehört mehr den Touristen, weniger den Pragern. Sein Herz ist der Staroměstské náměstí, der gerne als der schönste Platz Europas bezeichnet wird. Aber auch die angeblich schönste Brücke der Welt ist hier zu finden, die Karlsbrücke.

Ein Wirrwarr aus engen, verwinkelten Gassen prägt die Altstadt. Ohne Plan ist man schnell darin verloren, aber das macht nichts. Lassen Sie sich einfach treiben. Die belebtesten Gassen sind die Celetná und die Karlova. Beide werden gesäumt von alten Barock- und Renaissancefassaden, die mit viel Liebe restauriert wurden; kaum noch ein Winkel, der nicht der Postkartenharmonie entspricht.

Abseits dieser Gassen geht es erheblich ruhiger zu. Und je mehr man sich von ihnen entfernt, desto mehr taucht man ein in jenen Teil der Altstadt, der erst kürzlich aus seinem Dornröschenschlaf erwacht ist. Hier sehen nicht mehr alle Häuser aus, als hätte man sie gestern erst gebaut. Hier bröckelt noch der Putz, und hier besitzen die Hinterhöfe gelegentlich einen Charme wie in Italien. Hier findet man noch Cafés und Kneipen, die auch Prager besuchen. Hier stellen in den Galerien junge Künstler aus, die auch etwas anderes malen als Aquarelle von der Karlsbrücke.

Die Brücke selbst, gesäumt von fliegenden Händlern und barocken Statuen, ist Prags berühmtestes Wahrzeichen. Am späten Abend, wenn die Straßen entlang der Moldau beleuchtet sind und die Türme und Kuppeln Prags theatralisch im Scheinwerferlicht erstrahlen, ist ein Spaziergang darüber am eindrucksvollsten.

Auch der Staroměstské náměstí (Altstädter Ring) zeigt sich am Abend von seiner romantischsten Seite. Er ist zugleich der Dreh- und Angelpunkt der Altstadt. Und wer sie nicht zu Fuß erkunden will, kann von dort mit einer Kutsche durch die Gassen starten. Cafés und Restaurants rund um den Platz laden zum Verweilen im Freien ein, selbst noch spät im Herbst (beheizt!).

Der Übersichtlichkeit wegen ist der folgende Spaziergang in vier Teile gegliedert. Die reine Gehzeit für den gesamten Weg beträgt ca. 1½ Std. Achten Sie im Gedränge enger Gassen auf Ihre Wertsachen!

Vor den Kopf gestoßen? Auf des Rätsels Lösung kommen Sie beim Spaziergang durch die Altstadt

Spaziergang vom Wenzelsplatz zum Altstädter Rathaus

In die Altstadt: Quer durch die Altstadt fahren keine Straßenbahnen. Lediglich die Metrolinie A führt unter ihr hindurch. Die nächsten Stationen zum Altstädter Ring (Staroměstské náměstí), dem zentralen Platz des Stadtteils, sind Staroměstská und Můstek. Bei Letzterer beginnt der Spaziergang.

Die Fußgängerzone Na příkopě am unteren Ende des Wenzelplatzes trennt die Neustadt von der Altstadt. Der direkteste Weg zum Altstädter Ring führt von dort über die Straßen Na Můstku und Melantrichova. Dazwischen passiert man den **Gallenmarkt (Havelské tržiště)** auf der Havelská, an dessen Ständen neben Obst und Gemüse auch Holzspielzeug, billiger Schmuck und allerlei Plunder verkauft werden. Die Kirche, die den schmalen Platz nordöstlich davon überragt, ist die **Sankt-Gallus-Kirche (Kostel sv. Havla)**. Ihre Grundmauern reichen bis ins 13. Jh. zurück, ihre geschwungene Fassade gab ihr Giovanni Santini Aichel in der ersten Hälfte des 18. Jh. Hinein darf man nur zu Gottesdiensten. Deutsche Kolonisten siedelten hier im Mittelalter und verehrten in der Kirche die Schädelreliquie des heiligen Gallus aus Sankt Gallen, daher der Name.

Die Melantrichova ist eine enge Bilderbuchgasse, an der Souvenirgeschäfte, Restaurants, das → **Wax Museum** und das → **Sex Machine Museum** liegen. Die Eröffnung des Letzteren im Zentrum des „altehrwürdigen" Prags führte übrigens zu heftigen Kontroversen im Stadtrat. Die Gasse endet am Altstädter Ring vor dem → **Staroměstská radnice (Altstädter Rathaus)** mit der Astronomischen Uhr. Zu jeder vollen Stunde versammelt sich eine Menschentraube davor, um das Defilee der Figuren zu verfolgen – ein Aha-Erlebnis, zumindest von 9–21 Uhr. Danach ist es mit dem stündlichen Spuk vorbei, was Sie aber nicht davon abhalten sollte, in lauen Sommernächten einmal um 22 Uhr vorbeizuschauen: Dann nämlich ertönen gelegentlich die Pfeifkonzerte der Enttäuschten – das lustigere Erlebnis.

Spaziergang rund um den Staroměstské náměstí

„Es gibt wenige Plätze auf Erden, die sich an Schönheit mit dem Altstädter Ring in Prag messen können". Was der Arzt und Dichter Hugo Salus (1866–1929) Anfang des 20. Jh. schrieb, gilt noch immer, vielleicht sogar mehr denn je.

Den stets belebten weiten Platz beherrscht ein **Denkmal für Jan Hus**, der – nebenbei bemerkt – ein eher kleiner, dicker Mann gewesen sein soll. 1915 wurde es eingeweiht, zum 500. Todestag des Reformators (→ S. 75). Seine eingravierten Worte „Milujte se, pravdy každému přejte" sind ein Aufruf zu Brüderlichkeit und Ehrlichkeit.

Das dem Denkmal nächstgelegene Gebäude ist der → **Palác Kinských (Palais Kinský)**, dessen altrosa Rokokofassade meist mit dem Werbebanner der gerade darin laufenden Ausstellung versehen ist. Unmittelbar daran grenzt ein mittelalterlicher Bau, das **Haus zur Steinernen Glocke (Dům U Kamenného Zvonu)**. Auch dieses wird für wechselnde Ausstellungen, aber auch für Konzerte genutzt. Sein Hauszeichen – was auch anderes als eine steinerne Glocke – hängt am Eck zur schmalen Gasse Týnská. Hinter der folgenden Häuserfront erhebt sich imposant die **Teinkirche (Kostel P. Maria před Týnem)**. In der zweiten Hälfte des 14. Jh. wurde mit ihrem Bau begonnen. Die markanten Türme kamen erst im 15. und 16. Jh. hinzu. Der Zugang zum lichtdurchfluteten Inneren erfolgt durch den dritten Arkadenbogen in dem davor stehenden Bau (🕐 Mo–Fr 10–12 und 15–18 Uhr). In der Teinkirche liegt der dänische Astronom Tycho Brahe begraben. 1599 war er an den kaiserlichen Hof Rudolfs II. gerufen worden. Er besaß eine künstliche Nase aus Gold; der Grund dafür war ein Duell in Rostock. Auch sein Tod 1601 spricht nicht gerade für einen soliden Lebenswandel, er starb nach einem Saufgelage an einem Blasenriss.

Hinter den barock anmutenden Fassaden auf der Südseite des Platzes verbirgt sich meist ein gotischer oder romanischer Kern. Würde man die Stuckarbeiten abtragen, sähen viele der Häuser aus wie das zur Steinernen Glocke. In der **Lékarná U Jednorožce (Einhorn-**

Übernachten
- 3 Traveller's Hostel (S. 52)
- 6 Josef (S. 48)
- 18 Four Seasons (S. 48)
- 29 Residence Řetězová (S. 54)
- 33 U zeleného věnce (S. 51)
- 35 U červené židle (S. 51)
- 48 U medvídků (S. 51)
- 51 Unitas (S. 51)

Essen & Trinken (S. 120-122)
- 1 Dahab
- 4 Ariana
- 5 Orange Moon
- 15 La Provence
- 19 Brasileiro
- 26 U zlatého tygra
- 30 Country life
- 36 Duende
- 37 Krásne ztraty
- 38 Bellevue
- 39 U Vejvodů
- 40 Lehká hlava
- 44 Monarch
- 48 U medvíků
- 49 Století

Cafés (S. 122)
- 9 Café Budovce
- 10 Café de Paris
- 12 Marquis de Sade
- 13 Kavárna Obecní dům
- 16 Ebel Coffee House
- 20 Grand Café Orient
- 29 Café Montmartre
- 50 Káva Káva Káva

Nachtleben
- 2 Roxy und NOD (S. 63)
- 7 M1 (S. 65)
- 8 Bar è Books (S. 64)
- 11 Château Bar/ L'Enfer Rouge (S. 65)
- 17 Ungelt Jazz è Blues Club (S. 65)
- 22 AghaRTA Jazz Centrum (S. 65)
- 31 Lávka und Musicclub Karlovy lázně (S. 63)
- 34 U staré paní (S. 65)
- 42 Erra (S. 66)
- 45 Trosca (S. 122)
- 47 Friends (S. 66)
- 52 Babylonia (S. 66)

Einkaufen
- 9 Bric à Brac (S. 70)
- 14 Karel Křenek (S. 71)
- 20 Kubista (S. 71)
- 21 Erpet (S. 69)
- 23 Galerie U rytíře Kryštofa (S. 71)
- 24 Dorotheum (S. 70)
- 25 Sanu Babu (S. 71)
- 27 Maximum Underground (S. 70)
- 28 Art deco Galerie (S. 70)
- 30 Manufaktura (S. 69)
- 32 Vintage (S. 69)
- 41 Culinaria (S. 70)
- 43 Jan Placák (S. 71)
- 46 Zlatá Lod' (S. 71)

Staré Město (Altstadt)

Staré Město (Altstadt)
Karte S. 108/109

apotheke), der Nr. 17, etablierte sich zu Anfang des 20. Jh. der literarische Salon Fanta. Bei Berta Fanta gingen Intellektuelle und Literaten ein und aus, u. a. Franz Kafka, Max Brod, aber auch Rudolf Steiner und Albert Einstein, der von 1910 bis 1911 an der Karlsuniversität theoretische Physik lehrte.

Im Uhrzeigersinn weiter folgt das bereits angesprochene → **Altstädter Rathaus**, der markanteste Bau am Platz. Die schmucklose Häuserzeile auf dessen Rückseite stand einst in zweiter Reihe. Der Gebäudekomplex, der ursprünglich den Platz säumte, wurde infolge der Neugestaltung des Viertels Josefov (Josefstadt) abgerissen, das sich nördlich an die Altstadt anschließt.

Der nächste imposante Bau ist die schneeweiße, barocke **Nikolauskirche (Kostel sv. Mikuláše)**. Ihr Äußeres wirkt viel versprechend, ihr Inneres ist es aber nicht. Allabendlich finden darin Konzerte für Touristen statt, meist wird zweitklassige Klassik geboten. Auf der Nordseite des Platzes hebt sich die gelbe Jugendstilfassade eines Gebäudes ab, in dem heute das Ministerium für regionale Entwicklung seinen Sitz hat (Nr. 6). Es gehörte einst einer Versicherungsgesellschaft. Vermutlich haben ein paar Feuerwehrmänner diese einmal vor hohen Schadenszahlungen bewahrt – denn einen von ihnen ließ man zumindest symbolisch unter die sonst so klassischen Giebelheiligen hieven.

Spaziergang durch die Altstadt (östlicher Teil)

Vom Staroměstské náměstí zweigt die Tynská ab, eine Gasse wie eine Schlucht. Auf das Haus zur Steinernen Glocke folgt nach wenigen Schritten das → **Haus zum Goldenen Ring (Dům U Zlatého prstenů)**, heute ein Museum moderner tschechischer Kunst.

Rechts davon führt ein Durchgang in den **Teinhof (Týn)**, auch **Ungelt** genannt, ein malerischer Hof, der von prächtigen Bauten umgeben ist. Früher mussten darin Kaufleute ihre Waren verzollen, bevor sie diese auf dem Altstädter Ring anbieten durften. Heute findet man hier Cafés und Restaurants – manche mit Preisen, als müssten die Kneipiers auf ihre Speisen und Getränke noch immer satte Steuern entrichten. Das schönste Haus ist das erste links, ein Renaissancebau mit Loggia, das einstige Zollhaus.

Verlässt man den Hof durch sein Osttor, steht man vor der **Sankt-Jakobs-Kirche (Kostel sv. Jakuba)**. Sie besticht im Gegensatz zu vielen anderen Kirchen Prags durch ihr Inneres. Mitten im hochbarocken Interieur überrascht ein mumifizierter Unterarm, der gleich rechts hinterm Eingang angekettet von der Wand baumelt. Glaubt man den Legenden, gehörte dieses verschrumpelte Gliedmaß einst einem Kirchendieb. Zur Abschreckung hängt es seitdem da. Die Kriminellen von heute schreckt das natürlich nicht mehr. Seit der Samten Revolution wurden Kulturgüter in unbezifferbarem Wert geraubt, weshalb heute viele Gotteshäuser, sofern kein Aufseher zur Stelle ist, nur noch während der Messen ihre Pforten öffnen.

Der Weg führt weiter zum **Náměstí Republiky (Platz der Republik)**. Im Herbst 2006 wurde hier das Musicaltheater **Domu U Hybernů** (→ „Kultur", S. 59) eröffnet. Der imposante Empirebau war zuvor Kloster, Finanzamt und bis zu seiner letzten Restaurierung eine gigantische Ruine. Gleiches traf lange auf den mächtigen Kasernenbau im Tudorgotikstil etwas weiter nördlich zu. Bis Herbst 2007 soll darin mit dem **Palladium** eine schicke Mischung aus Shoppingcenter und Bürogebäude entstehen. Schräg gegenüber befindet sich

Obecní dům mit Pulvertor

das **Kaufhaus Kotva** – nicht sehenswert, aber einst berühmt. In sozialistischer Zeit zählte es zu den ganz großen Konsumtempeln des Ostblocks mit bis zu 75.000 Kunden täglich. Sogar aus Bulgarien kam man extra angefahren, insbesondere wegen der günstigen Kunstfaserklamotten.

Das mit Abstand bedeutendste Gebäude am Náměstí Republiky ist jedoch das Gemeindehaus → **Obecní dům,** die Jugendstilperle Prags. Jedes Detail darin hat etwas Besonderes, selbst der Aufzug macht da keine Ausnahme. Direkt daran grenzt das → **Prašná brána (Pulvertor)** – einst am Stadtrand, heute im Zentrum Prags.

Die **Celetná (Zeltnergasse)**, eine der ältesten Gassen Prags, führt zurück zum Altstädter Ring. Dort, wo sie zur gepflegten, kopfsteingepflasterten Fußgängerzone wird, steht das → **Dům U Černé Matky Boží (Haus zur Schwarzen Madonna)**, ein Bau im Zeichen des Kubismus. Das Gebäude trennt die Celetná vom länglichen Platz **Ovocný trh**, dem einstigen **Obstmarkt**. Im Sommer werden darauf häufig Plastiken ausgestellt. Wer keine vorfindet, sollte nicht enttäuscht sein und sich dafür das Garagentor neben der Guess-Boutique anschauen – ein Kunstwerk für sich und zugleich einer dieser kleinen, fast kuriosen Beiträge, die dem alten prunkvollen Prag etwas Moderne einhauchen.

Das südwestliche Ende des Platzes schließt die Rückseite des **Ständetheaters (Stavovské divadlo)** ab. Der neoklassizistische Bau entstand in der zweiten Hälfte des 18. Jh. und war kurz darauf im Besitz der böhmischen Stände, daher der Name. In ihm fand am 29. Oktober 1787 die Uraufführung von Mozarts „Don Giovanni“ statt. Das Innere ist ein blau-goldener Traum, nicht umsonst wählte es Miloš Forman als Kulisse für Szenen seines „Amadeus“. Leider ist es nur in Verbindung mit einer Aufführung zu besichtigen (→ S. 57).

Unmittelbar daneben liegt das geschichtsträchtige, aber alles andere als unbedingt sehenswerte **Karolinum**. 1348 legte hier Karl IV. den Grundstock für die älteste Universität Mitteleuropas. Von dem ursprünglichen Gebäude ist heute aber von außen nicht mehr als ein gotischer Erker zu erkennen.

Spaziergang durch die Altstadt (westlicher Teil)

Das Ständetheater und den Staroměstské náměstí verbindet die Železná, von der die kleine, krumme Kožná abgeht. An deren Ende (Nr. 1) liegt das **Haus zu den Zwei goldenen Bären (U dvou Zlatých Medvědů)**, in dem der „rasende Reporter" Egon Erwin Kisch (1885–1948) geboren wurde. Er machte aus der Reportage erstmals ein literarisches Genre.

Kisch kannte auch das gleich ums Eck gelegene einstige Freudenhaus Mimosa (Kožná Nr. 4). In diesem arbeitete Antoine Havlová, die er als „Galgentoni" unsterblich machte. Sie hatte mit einem Mörder die letzte Nacht vor dessen Hinrichtung in der Zelle verbracht. Aber auch Figuren in Hašeks „Švejk" (→ Kasten unten) hatten im Mimosa ihr Original.

Überquert man die Melantrichova und geht einfach geradeaus weiter (Durchgang in Nr. 19), gelangt man auf die Michalská, an der sich kleine Läden mit Restaurants abwechseln. Lässt man diese links liegen, erreicht man über ein enges Gässlein die Jilská, hier reihen sich Souvenirgeschäfte aneinander: „Original" böhmisches Kristall dominiert die Auslagen, man bekommt es in allen Variationen, auch „Made in China".

Die barocke **Dominikanerkirche St. Ägidus (Kostel Sv. Jiljí)** geht auf einen romanischen Bau zurück (Eingang an der Husova). Viele Fresken stammen von Wenzel Lorenz Rainer, der auch die Sankt-Thomas-Kirche auf der Kleinseite schmückte (→ S. 139). Im angegliederten Kloster wurde 1810 die erste

Der Bekannteste aller Tschechen – Hašeks braver Soldat Švejk

Etwa 1200 Kurzgeschichten verfasste Jaroslav Hašek (1883–1923) in seinem Leben. Aber nicht nur als Schriftsteller machte sich Hašek einen Namen, in seinem von Eskapaden bestimmten Leben ging er unzähligen Dingen nach. Er war Bankangestellter, Landstreicher, Journalist, Laborassistent, Hundehändler, Gründer der *Partei des maßvollen Fortschritts in den Grenzen der Gesetze*, Soldat an der galizischen Front, im russischen Bürgerkrieg, Volkskommissar in der Roten Armee usw.

Zwei Jahre vor seinem Tod erschien die erste Ausgabe des Heftchens *Die Abenteuer des braven Soldaten Švejk*. Daraus wurde später der mit Abstand erfolgreichste tschechische Roman, und der brave Soldat selbst, ein einfacher Mann aus dem Volk, aber ein Schlitzohr, stieg zu einer unsterblichen Figur der Weltliteratur auf. Hašek zeichnete ihn als einen Charakter, der es mit Optimismus und Humor versteht, in einer politisch-ideologisch verrückten Welt zurechtzukommen, indem er sich die Maske eines Trottels überstreift.

In mehr als 40 Sprachen wurden die Abenteuer des Švejk bislang übersetzt. Sie waren mit Hašeks Tod nicht zu Ende; sondern wurden von einem anderen Autor fortgesetzt. Die bekanntesten Illustrationen zum braven Soldaten schuf Josef Lada, der auch den *Kater Mikesch* kreierte. Seine ersten Entwürfe zeigten den heute so molligen Švejk noch als schlanken Hering.

Lehranstalt für Musik auf dem Gebiet der österreichisch-ungarischen Monarchie eingerichtet.

Die Husova bietet Kunst in luftiger Höhe (→ Bild, S. 122) und führt fast direkt auf den Betlémské náměstí und die berühmte **Bethlehemskapelle (Betlémská kaple)** zu. Jan Hus predigte darin. Ende des 18. Jh. wurde sie zerstört. Der rekonstruierte Bau aus der Mitte des 20. Jh. ist somit zwar geschichtsträchtig, aber alles andere als sehenswert (tägl. außer Mo 10–18.30 Uhr, Eintritt 1,40 €, erm. die Hälfte). Schon interessanter sind die an dem Platz liegenden → **Galerien Jaroslava Fragnera** und → **Jiřího a Běly Kolářových**. Zudem befindet sich hier auch der Eingang zum → **Náprstkovo muzeum (Völkerkundemuseum).** Das Gebäude war früher übrigens Sitz einer Brauerei.

In dem Viertel rund um die Bethlehemskapelle findet man weitere Galerien, insbesondere in der Liliová. Dort gibt es auch ein Postkartenmuseum, das offiziell → **Museum der Ansichtskarten (Muzeum Pohlednic)** heißt. Es gehört zu der Kategorie von Museen, die man nicht unbedingt gesehen haben muss.

Auch die etwas triste Bartolomějská, von der Bethlehemskapelle nur einen Katzensprung entfernt, braucht man nicht unbedingt aufsuchen. Ein paar düstere Gebäude säumen sie. In vielen sitzt die Polizei. In Nr. 9, einem der wenigen frisch gestrichenen Bauten, befindet sich die **Pension Unitas** (→ „Übernachten"), die von Franziskanerinnen geführt wird. Vor der Wende gehörte das Gebäude ebenfalls der Polizei, genauer der Geheimpolizei, die darin Oppositionelle verhörte. Václav Havels Gefängniszelle – Raum P 6 mit Eisentür – ist heute ein Gästezimmer.

Über vergessene Straßen und Gassen, die eher zufällig von Touristen aufgesucht werden, erreicht man die Moldau und das → **Muzeum Bedřicha Smetany**, das an den Komponisten Smetana erinnert. Es ist untergebracht im Neorenaissancebau der ehemaligen Altstädter Wasserwerke. Von dem Platz davor genießt man einen herrlichen Blick die Moldau hinauf auf die Schützeninsel und das Nationaltheater. Schön ist auch der Platz dahinter (Durchgang Club Lávka), er lädt zu einer Pause mit Blick auf die → **Karlsbrücke (Karlův most)** ein. An ihrem Beginn steht der → **Staroměstská mostecká věž,** der Altstädter Brückenturm. Ihm zu Füßen liegt wiederum der Křižovnické náměstí, der Kreuzherrenplatz. Ein gusseisernes Denkmal für Karl IV. befindet sich darauf, das zum 500. Geburtstag der Hochschule 1849 aufgestellt wurde. Vier Frauen zieren es, die oft als seine vier Ehefrauen interpretiert werden. In Wirklichkeit aber sind sie allegorische Darstellungen der ersten vier Fakultäten der Karlsuniversität. Den Norden des Platzes schließt die → **Křižovnický kostel (Kreuzherrenkirche)** mit ihrer großen kupferfarbenen Kuppel ab. Und gegenüber gibt es noch das → **Museum of medieval torture instruments** zu besichtigen.

Linker Hand der Karlova, auf der im Sommer stets dichtes Gedränge herrscht, erstreckt sich das → **Klementinum,** einer der größten Gebäudekomplexe der Stadt, dessen gigantische Ausmaße man auf den ersten Blick aber nicht wahrnimmt. Es war nach 1648 der Sitz der Jesuiten.

Am Beginn der Liliová, im **Haus zur Goldenen Schlange (U Zlatého Hada)** – auf das Hauszeichen achten – eröffnete Armen Damajan aus Damaskus Anfang des 18. Jh. ein Kaffeehaus, in dem auch allerlei heute illegales Rauchwerk angeboten wurde. Vielleicht begründet sich darauf die Legende, dass es darin einen Brunnen gebe, aus dem unaufhörlich Wein fließe, für den man nichts bezahlen muss, lediglich der Kaffee würde berechnet. Heute ist die Quelle versiegt, behauptet zumindest der Wirt und berechnet alles.

Abseits des Trubels der Karlova und ganz versteckt in der Řetězová 3 steht das **Haus der Herren von Poděbrad und Kunstadt (Dům Pánů z Kunštátu a Poděbrad)**, das zuletzt jedoch wegen Restaurierungsarbeiten der Öffentlichkeit nicht zugänglich war. Sein Untergeschoss gehört zu den besterhaltenen romanischen Baudenkmälern Prags. Im späten 12. Jh. lag es noch über der Erde. Als man jedoch im 15. Jh. die Altstadt wegen der häufigen Moldauhochwasser aufschüttete, lag es auf einmal darunter. Später setzte man einfach noch ein paar Stockwerke drauf.

Auf der Husova geht es weiter, vorbei am **Goldenen Tiger (U zlatého tygra)**, eine der traditionsreichen Bierschenken der Altstadt. Václav Havel führte hier Bill Clinton in die tschechische Bierkultur ein (→ „Essen und Trinken").

Ein paar Schritte weiter liegt der Eingang zum → **České muzeum výtvarných umění**, einem Museum moderner Kunst mit oft recht interessanten Ausstellungen.

Schräg gegenüber präsentieren sich kräftig und schlank die Säulen tragenden Herkulespaare an den mächtigen Portalen des größten Adelspalastes der Altstadt, dem hochbarocken **Palais Clam-Gallas (Clam-Gallasův palác).** Auch hier finden regelmäßig Ausstellungen, zudem klassische Konzerte statt.

Kurz vorm Staroměstské náměstí passiert man noch den Malé náměstí, einen kleinen schmucken Platz. Das **Haus zu den Drei weißen Rosen** (Nr. 3), ein Neorenaissancebau aus dem Jahr 1890 mit einer bunt bemalten Fassade, ist das auffälligste. Man könnte meinen, dass es sich um die Niederlassung eines Juweliers handelt. Weit gefehlt, es wurde für die Schrauben und Beschläge der Eisenhandlung Rott errichtet. Heute verkauft man darin böhmisches Glas an Touristen aus aller Welt.

Sehenswertes

Wax Museum (Wachsfigurenmuseum (Altstadt)): Irgendwie hat man den Eindruck, dass die hier ausgestellten Figuren im Vergleich zu denen anderer Wachskabinette der Welt zweite Wahl sind. Egal, ob Fidel Castro oder Albert Einstein, sie sind einfach nicht gut getroffen oder mal zu heiß geworden ...

Adresse Melantrichova 5. Ⓜ A, B Můstek. ⌚ tägl. 9–20 Uhr. Eintritt 4,30 €, erm. die Hälfte.

Sex Machine Museum: Eine modern präsentierte Sammlung von rund 200 libidinösen Objekten auf drei Etagen. Zu sehen gibt es vorrangig Sadomaso-Accessoires, aber auch antike Vibratoren, Korsetts und amüsante Erotikfilme aus dem Jahr 1930.

Adresse Melantrichova 18. Ⓜ A Můstek. ⌚ tägl.10–23 Uhr. Nur für Erwachsene! Eintritt 8,90 €.

Staroměstská radnice (Altstädter Rathaus): Unter Johann von Luxemburg erhielten die Bürger der Altstadt im 14. Jh. das Recht, sich ein Rathaus zu bauen. Aus Geldmangel verzichteten sie jedoch und kauften lieber ein altes Gebäude. Was man heute sieht, ist letztendlich das Ergebnis unzähliger Um- und Anbauten. Die letzte große Restaurierung des Rathauses erfolgte nach dem Zweiten Weltkrieg, in dem es als eines der wenigen Gebäude der Stadt stark beschädigt wurde. Am beeindruckendsten ist die Astronomische Uhr (Orloj). Zu jeder vollen Stunde zieht der Tod (rechts über dem oberen zweiten Blatt als Skelett dargestellt) an einem Seil und dreht das Stundenglas herum. Dann öffnen sich zwei Fenster über der Uhr, und – von Petrus angeführt – defilieren die zwölf Apostel. Zum Schluss kräht noch der Hahn. Betrachtet man die Zifferblätter, so zeigt das obere mit römischen Zahlen die Zeit auf Ihrer Uhr an, das mit den alten arabischen Ziffern drum herum die mittelalterliche böhmische, bei welcher der Tag mit dem Sonnenuntergang endete. Der kleinere, innere Kreis steht für die Tierkreiszeichen, der farbige Hintergrund für Tag und Nacht. Darunter sieht man das Kalendarium. Und weil die Uhr so schön ist, und weil jede Stadtführung vor ihr Halt macht, hat man sich auch eine Legende einfallen lassen, um das Warten bis zur vollen Stunde unterhaltsam zu überbrücken. Demnach soll Meister Hanuš, der die Uhr im 15. Jh. geschaffen hatte, geblendet worden sein, um keiner anderen Stadt eine solche Uhr ans Rathaus basteln zu können. Bald darauf aber blieb die Uhr stehen, und kein Mensch wusste, wie man sie reparieren sollte.

Im Innern des Rathauses finden heute Wechselausstellungen statt, u. a. auch in den Kellergewölben. Besichtigen kann man ferner ein paar Repräsentationsräume und eine Kapelle – beide gehören nicht unbedingt zum Pflichtprogramm. Lohnenswert jedoch ist ein Blick vom Rathausturm über die Stadt.

Adresse Staroměstská radnice 1. Ⓜ A Staroměstská. ⌚ im Sommer Di–So 9–18 Uhr, Mo 11–18 Uhr, im Winter bis 17 Uhr. Für die historischen Säle, die gotische Kapelle und den Rathausturm müssen separate Tickets gelöst werden zu jeweils 1,80 €, erm. 1,40 €.

Palác Kinských (Palais Kinský): Er wurde nach Plänen von Kilian Ignaz Dientzenhofer zwischen 1755 und 1765 erbaut. Im 19. Jh. verbrachte die Komtesse Bertha Kinský (1843–1914), spätere Freifrau von Suttner, darin ihre Kindheit. Als überzeugte Pazifistin und Schriftstellerin (u. a. des Romans „Die Waffen nieder!“) machte sie sich einen Namen. Zu ihren größten Verehrern zählte Alfred Nobel. Er war von ihr so angetan, dass er den Friedensnobelpreis stiftete, dessen erste weibliche Trägerin (1905) sie wurde. Heute nutzt die Nationalgalerie weite Teile des Gebäudes für wechselnde Ausstellungen. Im hinteren Teil des Palais befindet sich ein Marionettentheater, das tagein, tagaus „Figaros Hochzeit“ oder „Don Giovanni“ spielt.

Adresse Staroměstské náměstí 12 (Eingang Ostseite). Ⓜ A Staroměstská. ⌚ tägl. (außer Mo) 10–18 Uhr.

Dům U Zlatého prstenu (Haus zum Goldenen Ring): Die Fundamente des gotischen Stadthauses stammen aus

Astronomische Uhr am Altstädter Rathaus

Královská cesta oder Prag in 90 Minuten

Quer durch die Stadt verläuft der Královská cesta, jener Weg, den einst die Könige in einer feierlichen Prozession zu ihrer Krönung im Sankt-Veits-Dom abschritten. Bereits im Mittelalter hatte sich diese Tradition entwickelt, da viele Könige Böhmens aus dem Ausland kamen. Beim Eintreffen in Prag wurden sie vom Bürgermeister am Pulverturm begrüßt, wo man ihnen symbolisch den Schlüssel zu ihrer Residenzstadt aushändigte. Die letzte Krönungsprozession fand 1836 für Ferdinand V. statt, an dem Spektakel nahmen mehrere Tausend Reiter teil, nicht nur auf Pferden, auch auf Kamelen.

Der Weg führt an den schönsten Ecken und Winkeln Prags vorbei und wird von Millionen Touristen jedes Jahr bewusst oder unbewusst begangen. Auch wenn viele Sehenswürdigkeiten der Stadt abseits davon im Gassengewirr versteckt liegen, das viel gerühmte „Goldene Prag" präsentiert sich nirgendwo schöner als auf dieser Meile. Etwa 1½ Std. benötigt man für den Weg. Er verläuft vom Pulverturm über die Celetná zum Staroměstské náměstí und weiter über die Karlova zur Karlsbrücke. Auf der Kleinseite führt er vom Malostranké náměstí schließlich über die Nerudova hinauf zur Prager Burg.

dem 13. Jh. Nach aufwändigen Restaurierungsarbeiten zeigt hier heute die **Städtische Galerie (Galerie hlavního města Prahy)** tschechische Kunst des 20. Jh. auf vier Etagen; die Exponate wechseln regelmäßig. Angeschlossen ist ein Innenhofcafé – ein Treffpunkt Intellektueller und aller, die sich dafür halten.

Adresse Týnská 6. Ⓜ B Náměstí Republiky. ⌚ tägl. (außer Mo) 10–18 Uhr. Eintritt 3,20 €, erm. 1,80 €.

Obecní dům: Anfang des 20. Jh. entstand der extravagante, monumentale Jugendstilbau, ein multifunktionales Repräsentationsgebäude mit sechs Sälen, französischem Restaurant, Kneipe, Kaffeehaus usw. (→ „Essen und Trinken", S. 122). Es gibt kaum einen tschechischen Künstler der Sezession, der nicht an der aufwändigen Innen- oder Außengestaltung beteiligt war. Die Gemälde im Primatorensaal stammen z. B. von Alfons Mucha. Der größte Raum ist der Smetanasaal mit 1500 Plätzen. Am 28. Oktober 1918 wurde darin die Selbstständigkeit der Tschechoslowakischen Republik verkündet; seitdem ist dieser Tag ein staatlicher Feiertag. Heute ist der Saal die Heimat des Prager Symphonieorchesters.

Adresse Náměstí Republiky 5. Ⓜ B Náměstí Republiky. ⌚ Die Säle können in Verbindung mit einem Konzertbesuch besichtigt werden. Bis zu 4-mal tägl. finden zudem Führungen statt (5,40 €); die Zeiten erfahren Sie bei der Auskunft im Gebäude.

Prašná brána (Pulvertor): Der Turm mit Durchgang ist der einzige existierende Wachturm aus der Zeit, als die Prager Altstadt befestigt war. Die Stadtmauer verlief entlang der heutigen Fußgängerzone Na Příkopě (Am Graben). Erbaut wurde er in der zweiten Hälfte des 15. Jh., seinen heutigen Namen bekam er jedoch erst im 17. Jh., als man ihn als Pulvermagazin nutzte. Seit dem Mittelalter war er zudem der Ausgangspunkt des so genannten „Königswegs", des Královská cesta (s. o.). Man kann den Turm besteigen, der Ausblick ist aber bei weitem nicht so imposant wie vom Altstädter Rathaus.

Adresse Na Příkopě. Ⓜ B Náměstí Republiky. ⌚ April–Okt. 10–18 Uhr. Eintritt 1,80 €, erm. 1,40 €.

Dům U Černé Matky Boží (Haus zur Schwarzen Madonna): Es wurde 1911 von Josef Gočár erbaut, einem Begründer der modernen tschechischen Architektur und einer der Initiatoren des Kubismus in Prag. Das Gebäude mit seinen facettenartig gebrochenen breiten Fenstern wurde ursprünglich als Waren- und Wohnhaus entworfen; heute ist es im Besitz der Nationalgalerie, die darin 2004 das **Museum des tschechischen Kubismus** eröffnet hat. Auf drei Stockwerken werden u. a. Bilder der wichtigsten tschechischen kubistischen Maler wie Antonín Procházka oder Emil Filla, Plastiken und Skulpturen von Otto Gutfreund sowie Plakate von Josef Čapek gezeigt. Zu sehen ist darüber hinaus kubistische Gebrauchskunst: Möbel, Vasen usw. Museumsshop (→ „Einkaufen“, S. 71) und Café (→ „Essen & Trinken“) angegliedert.

Adresse Celetná 34. Ⓜ B Náměstí Republiky. ⌚ tägl. (außer Mo) 10–18 Uhr. Eintritt 3,60 €, erm. die Hälfte.

> **Noch mehr Kubistisches**: Wer weitere kubistische Gebäude Prags besichtigen will, dem seien die Bauten des Architekten Josef Chochol unterhalb der Burg Vyšehrad empfohlen: in der Libušina 3 die kristallartige Villa Kovařovic, nicht weit davon in der Neklanova 30 das größte kubistische Apartmenthaus Prags oder am Rašínovo nábřeží 6–10 ein Dreifamilienhaus.
>
> *Anfahrt* Ⓢ 3, 7, 16, 17, 21 Výtoň. Die Villa, das erste Gebäude, liegt gleich hinter der Bahnlinie, die anderen sind nur ein paar Gehminuten davon entfernt.

Galerie Jaroslava Fragnera: Die Galerie präsentiert Entwürfe moderner und zeitgenössischer Architekten. Angegliedert ist ein kleiner Buchladen. Darunter befindet sich das Kellerrestaurant „Klub architektů“ – faire Preise und fest in Touristenhand.

Adresse Betlémské náměstí 5A. Ⓜ B Národní třída. ⌚ tägl. (außer Mo) 10–18 Uhr. Kein Eintritt.

Galerie Jiřího a Běly Kolářových: Die Galerie (auch: Galerie U Betlémské kaple) ist benannt nach dem tschechischen Lithografen und Poeten Jiří Kolář (1914–2002). Sie zeigt in erster Linie Arbeiten lokaler Grafiker des 20. Jh.

Adresse Betlémské náměstí 8. Ⓜ B Národní třída. ⌚ tägl. 10–18 Uhr. Eintritt frei.

Náprstkovo muzeum (Völkerkundemuseum): Das Haus widmet sich den Kulturen Ozeaniens, Australiens, Nord-, Mittel- und Südamerikas. Das hört sich spannender an, als es ist, zumal die Exponate (Mokassins, Bumerangs, Masken, viel Federschmuck usw.) nur in Tschechisch betitelt sind.

Adresse Betlémské náměstí 1. Ⓜ B Národní třída. ⌚ tägl. (außer Mo) 10–18 Uhr. Eintritt 2,90 €, erm. die Hälfte.

Muzeum Pohlednic (Museum der Ansichtskarten): Ohne schlechtes Gewissen darf man hier fremde Liebesgrüße aus der vorletzten Jahrhundertwende lesen. Interessant für alle, die sich für alte Drucktechniken interessieren.

Adresse Liliova 1. Ⓜ B Národní třída. ⌚ tägl. (außer Mo) 11–19 Uhr. Eintritt 1,40 €.

Muzeum Bedřicha Smetany (Smetanamuseum): Wo könnte man zum Gedenken an den Komponisten Bedřich Smetana (1824–1884) passender ein kleines Museum einrichten als direkt an der Moldau? Korrespondenz, Zeichnungen, Pressekritiken, Portraits usw. führen in sein Werk und Leben ein. Smetana, der fast den Status eines Nationalheiligen genießt, ertaubte übrigens am Ende seines Lebens – bittere Ironie des Schicksals. Zu seinen größten Werken zählen der Zyklus „Mein Vaterland“, aus dem auch die „Moldau“ entspringt, die tragische Oper „Dalibor“, „Libuše“ und „Die verkaufte Braut“.

Adresse Novotného lávka. Ⓢ 17, 18 Karlovy lázně. ⌚ tägl. (außer Di) 10–17 Uhr. Eintritt 1,80 €, erm. die Hälfte.

Karlův most (Karlsbrücke): Sie ist das eigentliche Zentrum Prags, verbindet

Die Bürger von Velvary – die tschechischen Schildbürger

Im Mittelalter vermengte man bei Bauten, die extremen Belastungen ausgesetzt waren, den Mörtel mit Eiern, um ihn härter und widerstandsfähiger zu machen. Das geschah auch beim Bau der Karlsbrücke. Dafür waren mehrere Tausend Eier vonnöten, die man aus sämtlichen Regionen des Landes anforderte. Zu den Schildbürgern der Tschechen wurden dabei die Bürger von Velvary nordwestlich von Prag, ihre Lieferung war hart gekocht.

sie doch Malá Strana mit Staré Město. Und sie ist zweifelsohne das Prager Weltwunder, überstand sie doch trotz der seit langem überfälligen Restaurierung das Augusthochwasser 2002. Die Sanierungsarbeiten an der Brücke müssten – falls sie nicht wieder verschoben werden – bis zu Ihrem Besuch im Gange sein. Voraussichtlich werden sie sich über mehrere Jahre hinziehen, zu einer kompletten Sperrung soll es jedoch nicht kommen. Aber nicht nur am Fundament und an den Pfeilern nagt der Zahn der Zeit, auch an den barocken Statuen, die die Brüstung säumen. Mehrere wurden daher bereits durch Kopien ersetzt.

Mit dem Bau der über 500 m langen und 10 m breiten Brücke wurde 1357 begonnen. Karl IV., nach dem sie seit 1870 benannt ist, hatte Peter Parler damit beauftragt. Bis 1741 stellte sie die einzige feste Verbindung zwischen den Stadtteilen rechts und links der Moldau dar.

1683 wurde die erste Statue aufgestellt, es ist die des heiligen Johann Nepomuk (von Staré Město die achte rechts). Das Bronzerelief darunter zeigt den Augenblick seines Brückensturzes (→ S. 75). Ein paar Studenten sollen es einst blank poliert und daraufhin die Geschichte erfunden haben, dass es dem, der es berührt, Glück bringt.

Als letzte der insgesamt 21 Plastiken kam 1938 die der Heiligen Kyrill und Method hinzu (fünfte rechts). Ein wenig aus der Reihe fällt das lebensgroße Kruzifix mit dem vergoldeten hebräischen Schriftzug „Heiliger, heiliger, heiliger Herr" (dritte Plastik rechts). Angeblich hatte man einen Juden dazu verurteilt, diesen anbringen zu lassen, da er vor dem Kreuz gelästert haben soll.

Adresse Křižovnické náměstí. Ⓢ 17, 18 Karlovy lázně.

Staroměstská mostecká věž (Altstädter Brückenturm): Er ist wie die Karlsbrücke ein Werk des Baumeisters Peter Parler und wird vielfach als der schönste gotische Wehrturm Europas bezeichnet. 1357 begann man mit seinem Bau, und als hätte man damals schon geahnt, dass über die Karlsbrücke einmal Straßenbahnen holpern würden (bis 1950), errichtete man ihn mit einem ausreichend großen Durchgang. Etwas klein geraten dagegen – zumindest fürs bloße Auge – ist sein Figurenschmuck auf der Ostseite, auch wenn er als Meisterleistung gepriesen wird. Auf der Westseite des Turms gibt es keine Figuren mehr: Die Schweden schossen sie am Ende des Dreißigjährigen Krieges weg. Tipp: In der Abenddämmerung, wenn die Prager Türme in ihrem schönsten Licht erscheinen, lohnen sich die vielen Stufen nach oben am meisten.

Adresse Křižovnické náměstí. Ⓢ 17, 18 Karlovy lázně. ⌚ Juni–Sept. 10–22 Uhr, Okt. u. Mai 10–18.30 Uhr, ansonsten 10–16.30 Uhr. Eintritt 1,80 €, erm. 1,40 €.

Křižovnický kostel (Kreuzherrenkirche): Der Barockbau aus der zweiten Hälfte des 17. Jh. steht auf den Fundamenten einer frühgotischen Kirche, die für den Orden der „Kreuzherren mit dem roten Stern" errichtet worden war.

Einer der schönsten Plätze der Welt: der Staroměstské náměstí

Der Orden besteht heute noch. Imposant ist das monumentale Kuppelfresko „Das Jüngste Gericht“ von Wenzel Lorenz Reiner. In der Kirche finden regelmäßig Konzerte statt.
Adresse Křižovnické náměstí 3. Ⓢ 17, 18 Karlovy lázně.

Museum of medieval torture instruments: Zu sehen gibt es auf drei Etagen rund 60 mittelalterliche Folterinstrumente, Schandmasken und Keuschheitsgürtel. Alle Objekte werden ausführlich auch in Deutsch erklärt. Achtung: Das Museum zieht gerne um!
Adresse Mostecká 21. Ⓢ 12, 20, 22, 23 Malostranské náměstí. ⌚ tägl. 10–22 Uhr. Eintritt 5 €, erm. 3,60 €.

Klementinum: Das Gesamtareal beherbergt sechs Innenhöfe, zwei Kirchen und mehrere Kapellen. Es war Sitz der Prager Jesuiten, die von hier aus nach dem Dreißigjährigen Krieg die Rekatholisierung Böhmens mit aller Härte vorantrieben. Unzählige Menschen beschuldigten sie der Ketzerei und verbrannten sie in gutem katholischen Glauben, allein im Jahr 1651 mehr als 200. Heute teilen sich den Gebäudekomplex mehrere Bibliotheken, die zusammen mehr als 6 Mio. Bände verwalten. Sehenswert ist das **Observatorium**, der einzige Ort der Welt, in dem seit mehr als 200 Jahren täglich Wetterdaten aufgezeichnet werden. Zudem ein barocker **Bibliothekssaal** mit herrlichen Deckenfresken, schweren, in Leder gebundenen Wälzern und alten Globen. Die Kirchen und Kapellen öffnen ihre Pforten meist nur zu den Gottesdiensten. In der **Spiegelkapelle (Zrcadlová kaple)** finden regelmäßig Konzerte bzw. Ausstellungen statt.
Adresse Karlova 1. Ⓜ A Staroměstská. ⌚ Bibliothekssaal und Observatorium sind nur im Rahmen einer Führung zu besichtigen, im Juli u. Aug. tägl. 11–20 Uhr zu jeder vollen Std., sonst unregelmäßig. Eintritt 3,60 €, erm. die Hälfte.

České muzeum výtvarných umění (Tschechisches Museum der schönen Künste): Das Museum befindet sich in drei zusammenhängenden historischen Gebäuden. In wechselnden Ausstellun-

gen wird moderne Kunst aus Tschechien und dem Rest der Welt präsentiert.
Adresse Husova 19–21. Ⓜ A, B Můstek. ⏲ tägl. (außer Mo) 10–18 Uhr. Eintritt 1,80 €, erm. 0,70 €.

Weitere Sehenswürdigkeiten

Kostel sv. Martina Ve zdi (Kirche Sankt Martin in der Mauer): Der Name der Kirche stammt noch aus der Zeit, als die Südwand des romanischen Baus mit der Stadtmauer verbunden war. Hinein kommt man in der Regel nur in Verbindung mit einem Konzertbesuch – „Best of soundso" steht fast täglich auf dem Programm. Ein paar Schritte weiter liegt der kleine Platz Uhelný trh, der einstige Kohlenmarkt – tagsüber ein nettes Plätzchen, wo im Sommer Straßenkünstler ihre Werke zum Verkauf anbieten. Abends ist er in der Hand von schon etwas älteren Damen des horizontalen Gewerbes.
Adresse Martinská 8. Ⓜ B Národní třída.

Městská knihovna (Stadtbücherei): Ein Teil des Gebäudes der Stadtbücherei dient der Städtischen Galerie (Galerie hlavního města Prahy) für wechselnde Ausstellungen zwischen Malerei, Plastik, Fotografie und Literatur. In der Regel sehenswert – achten Sie auf Plakate.
Adresse Mariánské náměstí 1. Ⓜ A Staroměstská. ⏲ tägl. (außer Mo) 10–18 Uhr. Eintritt abhängig von der Ausstellung.

Galerie Hollar: Die Galerie dient seit 1939 – mit „gewaltsamer" Unterbrechung zwischen 1970 und 1989 – als Ausstellungsraum der Union tschechischer Grafiker. In zwei kleinen, etwas verstaubt wirkenden Räumen wird grafische Kunst aus Tschechien und der Slowakei präsentiert.
Adresse Smetanovo nábřeží 6. Ⓢ 6, 9, 17, 18, 21, 22, 23 Národní divadlo. ⏲ tägl. (außer Mo) 10–13 Uhr und 14–18 Uhr. Eintritt 0,70 €, erm. die Hälfte.

Essen und Trinken

(→ Karte S. 108/109)

In der Altstadt gibt es eine unglaubliche Auswahl an Cafés und Restaurants. Viele, die an den Haupttouristenpfaden liegen, weisen jedoch ein schlechtes Preis-Leistungs-Verhältnis auf.

Restaurants

Bellevue (38), eines der besten Prager Restaurants. Luxuriöse Diners unterm Kronleuchter und mit Moldaublick. Iranischer Kaviar, Steinbutt, Carpaccio vom neuseeländischen Lamm – nichts für den schmalen Geldbeutel! Oft Klavierbegleitung. Lassen Sie sich im Sommer einen Platz auf der Terrasse reservieren. Jazzbrunch am Wochenende. ✆ 222221443. Smetanovo nábřeží 18. Ⓢ 17, 18, 51, 54 Karlovy lázně.

La Provence (15), französisches Restaurant „mit Stil, perfektem Service und einem Ambiente, für das man in Paris das Mehrfache bezahlen würde", so ein Leser. Im Erdgeschoss holzvertäfelt und mit Jugendstiltouch, im Keller verspielt und kissenlastig. *Vichysoisse*, *Foie gras*, Fisch, Kaninchen oder Tournedos. Der junge Pariser Chefkoch legt Wert auf feine Saucen. Gute Weinauswahl. Regelmäßig Pianobegleitung. Hg. 10,50–28 €. ✆ 224816692. Štupartská 9. Ⓜ B Náměstí Republiky.

TIPP! **Brasileiro (19),** Erlebnisgastronomie im Gewölbekeller. Im Stil einer brasilianischen *Churrasqueira* kommen hier in einem fort leckere Riesenspieße (20 Sorten Fleisch!) an Ihren Tisch, dazu Fisch und Meeresfrüchte – bis man zahlt oder platzt. *All you can eat* (mit exzellentem Vorspeisenbüfett) bis 18 Uhr 16 €, danach teurer. Ohne Reservierung hat man am Abend keine Chance. Zweigstelle in der Slovanský-Dům-Passage, Na Příkopě 22 (Nové Město). ✆ 224234474. U Radnice 8. Ⓜ A Staroměstská.

Dahab (1), orientalische Küche im dazu passenden, stilvollen Ambiente. Hin und wieder Bauchtanz und Livemusik. Gutes *Couscous*, tolle Vorspeisenplatten. Angeschlossen ein Schnellimbiss (nur tagsüber). Mittlere Preisklasse. ✆ 224827375. Rybná 28. Ⓜ B Náměstí Republiky.

U Vejvodů (39), gepflegtes, großes Bierrestaurant auf zwei Etagen, Brauereiambiente, viele (manchmal laute) Touristengruppen. Böhmische Standards, Hg. 5,20–21 €

An der Karlsbrücke

(Riesensteaks). ⌚ Fr/Sa bis 4 Uhr, sonst kürzer. ✆ 222329221. Jilská 4. Ⓜ A, B, Můstek.

Orange Moon (5), orangefarbenes, gestyltes Thai-Restaurant, auch indische und burmesische Küche. Hoch gelobt. Hg. 6–13 €. ✆ 222325119. Rámová 5. Ⓜ B Náměstí Republiky.

Století (49), dezent dekoriertes Restaurant. Gute Fleischgerichte mit fantasievollen Saucen, die schon Sean Connery (!) testete. Besitzer ist übrigens Antonín Kinský aus der gleichnamigen Adelsfamilie. Hg. 4,70–10,80 €. ✆ 222220008. Karolíny Světlé 21. Ⓢ 17, 18, 51, 54 Karlovy lázně.

Ariana (4), alles andere als stilvoll. Afghanische Spezialitäten, darunter gute Kebabs und *Mantu,* orientalische Maultaschen. Beliebt bei Arabern und anderen Ausländern. Hg. 6–8,50 €, billiges Bier. ✆ 222323438. Rámová 6. Ⓜ B Náměstí Republiky.

Lehká hlava (40), Caférestaurant für Vegetarier und Nichtraucher. Abgefahrenes Interieur, dazu eine gute, internationale Küche: *Quesadilla* mit Auberginen und Spinat, *Burrito* mit Ratatouille oder pfannengerührtes Gemüse für günstige 3,20–4 €. ✆ 222220665. Boršov 2. Ⓢ 17, 18, 51, 54 Karlovy lázně.

Country Life (30), für Veganer. Öko-Schnellrestaurant mit Biogerichten vom Burger bis zum Risotto, alles ohne Eier oder Milchprodukte. Alternativ eingerichtet, Bioladen angegliedert. Sehr günstig. ⌚ nur tagsüber. Melantrichova 15 (Zweigstelle in der Neustadt, Jungmannova 1). Ⓜ A, B Můstek.

Pivnices

U medvídků (48), einst waren die Literaten Jan Neruda und Jaroslav Hašek Stammgäste. Heute treffen sich hier Touristengruppen aus aller Welt, aber auch noch viele Prager. In der Bierhalle im Erdgeschoss gibt es gut gezapftes Budweiser und böhmische Standards (leckere Krautsuppe), Hg. 3,50–10,50 €. Zudem ein Biershop, ein kleines Museum und im Obergeschoss eine etwas sterile Brauereikneipe, in der das selbst gebraute, halbdunkle, 13-gradige *Oldgott* gezapft wird. Wir waren mit dem Lokal immer zufrieden, Leser fühlten sich hier jedoch zuletzt abgezockt. ✆ 224211916. Na Perštýně 7. Ⓜ B Národní třída.

U zlatého tygra (26), „Zum Goldenen Tiger". Die feuchtwarme Bierhöhle wurde berühmt durch ihren zechfreudigen Stammgast Bohumil Hrabal. Heute hängt der 1997 verstorbene Literat als Riesenporträt an der Wand, umringt von zahlreichen Kneipenmaskottchen in Tigerform. Ruppige Bedie-

Staré Město (Altstadt) Karte S. 108/109

nungen, das Lokal ist schon am Morgen überfüllt. Bestellen Sie Bierkäse *(pivní sýr)* zum Pilsner Urquell – er soll hier erfunden worden sein. Husova 17. Ⓜ A Staroměstská.

Kunst in den Gassen der Altstadt

Traditionsreiche Kaffeehäuser

Kavárna Obecní dům (13), prunkvoller Jugendstilsaal. Gelegentlich Livepianomusik. Stets voller Touristen. Teuer, aber Kaffee und Kuchen in diesem Ambiente sind ihr Geld wert. Náměstí Republiky 5. Ⓜ B Náměstí Republiky.

Café de Paris (10), sehenswertes Café des Jugendstilhotels Paříž, leider oft leer. Im Restaurant Sarah Bernhardt nebenan gibt es So ab 12 Uhr einen tollen Brunch für 32 €. U Obecního Domu 1. Ⓜ B Náměstí Republiky.

Grand Café Orient (20), 1912 als erstes und einziges kubistisches Kaffeehaus der Welt eröffnet. Dann Jahrzehnte dicht und seit 2005 wieder in Betrieb. Das Interieur wurde fast originalgetreu rekonstruiert, einen Blick wert sind insbesondere die Lampen. Balkon. Baguettes, Sandwichs, Salate und Palatschinken. Celetná 34/1. Stock. Ⓜ B Náměstí Republiky.

Café Montmartre (29), Meyrink, Werfel, Kafka und Brod – das illustre Nachtcafé zog sie einst alle an. Heute präsentiert sich das Montmartre als ruhiges, gemütliches Kaffeehaus, in dem man auch mal alleine ein paar Stunden lesend verbringen kann. Snacks. Řetězová 7. Ⓜ B Národní třída.

Cafés

Ebel Coffee House (16), modernes Kaffeehaus im Ungelt-Hof, mehrere Filialen in der Stadt. Flotte Musik, leckere Kuchen, Snacks. Netter Außenbereich. Von Lesern gelobt. Týn. Ⓜ B Náměstí Republiky.

Káva Káva Káva (50), abseits vom Trubel. Kleines Innenhofcafé, das im Wettbewerb um den „besten Prager Kaffee" schon mehrmals als Gewinner hervorging. Diverse Kuchen. Internetecke. Národní třída 37/Platýz. Ⓜ B Národní třída.

Café Budovce (9), schnuckelig-nostalgisches, mit Antiquitäten eingerichtetes Café, sehr gemütlich. Snacks, Kuchen, Shakes und Cocktails. Eine Leserentdeckung. Týnská 7. Ⓜ B Náměstí Republiky.

Bars/Kneipen

Krásne ztráty (37), hier wimmelt es von (alternativen) Politikern und jungen Bohemiens, dazwischen ein paar verirrte Touristen. Geht über mehrere Räume, karg eingerichtet. Im Hinterzimmer wurde die mittlerweile eingestellte, gleichnamige Diskussionssendung („Schöne Verluste") aufgezeichnet. Freundliches Personal, Bücher und Magazine zum Schmökern, nette Musik, Snacks. Náprstková 10. Ⓢ 17, 18, 51, 54 Karlovy lázně.

Duende (36), ebenfalls eine gemütliche Oase in der Altstadt, mit viel Trödel eingerichtet (Achtung: So manchem Gast brach hier schon der Stuhl unterm Hintern zusammen). Kunterbuntes Publikum – nach ihrem Prager Gig schauten auch die Pixies vorbei. So lange offen, bis die Bedienungen keine Lust mehr haben. Karoliny Světlé 30. Ⓢ 17, 18, 51, 54 Karlovy lázně.

Monarch (44), hübsche, luftige Weinbar samt Weinverkauf. Neben guten Tropfen gibt es auch französischen Käse. ⌚ nur Mo–Fr 12–24 Uhr. Na Perštýně 15. Ⓜ B Národní třída.

Marquis de Sade (12), großräumiges Kneipencafé mit hohen, bunten Wänden, verschlissenen Polstermöbeln und jungem, meist ausländischem Publikum. Abends zuweilen Partystimmung. Die Räumlichkeiten beherbergten früher ein Bordell. Templová 8. Ⓜ B Náměstí Republiky.

Trosca (45), ein wüstes, chaotisches Fossil im barocken Zentrum. Laut, verkifft und preiswert. Kicker. Martinská 5. Ⓜ B Národní třída.

Die Spanische Synagoge

Josefov (Josefstadt)

Es ist das einstige jüdische Viertel. Außer ein paar Synagogen blieb davon aber nicht viel erhalten – Ende des 19. Jh. riss man es ab. Heute findet man hier herrliche Jugendstilhäuser und die vornehmste Straße Prags: die Pařížská, die Pariser Straße.

Kein Viertel Prags wurde durch die Literatur mehr verewigt als Josefov. Doch das Josefov, von dem dort größtenteils die Rede ist, ist das Josefov der Tagelöhner, der Spieler, der Prostituierten und Zigeuner aus der zweiten Hälfte des 19. Jh. Das Josefov der Juden gab es zu diesem Zeitpunkt bereits nicht mehr. Das Gros der Juden hatte es längst verlassen. Lediglich das alte Ghetto existierte noch. Es entstand im 13. Jh., als man die Siedlung mit einer Mauer umschloss, deren Tore nachts verriegelt wurden. Sechs Jahrhunderte lebten die Prager Juden dort – mal verfolgt, mal toleriert. In schlechten Zeiten wurden sie zu Sündenböcken und Opfern von Pogromen. In guten Zeiten standen sie unter dem Schutz der Krone und verhalfen Prag zu kultureller und wirtschaftlicher Blüte. Eines der größten Probleme im Ghetto war die stets steigende Zahl seiner Einwohner. Anfang des 18. Jh. erließ die jüdische Gemeinde daher ein Gesetz, das vorschrieb, dass nur noch der älteste Sohn einer Familie heiraten durfte, und das erst nach dem Tod des Vaters. Aus der Isolation befreite Kaiser Joseph II. die Prager Juden in der zweiten Hälfte des 18. Jh. Die Mauern ums Ghetto wurden abgerissen, Kleidervorschriften aufgehoben und die Glaubensfreiheit wurde gewährt. Zum Dank benannte man das Viertel nach ihm. Als ab 1796 die Juden auch außerhalb des Ghettos leben durften, verkam es zum Armenviertel der Stadt mit miserabelsten hygienischen

Das Jüdische Museum

Das Museum mit einer über 100-jährigen Geschichte besitzt eine einzigartige und umfangreiche Sammlung an jüdischem Kulturgut aus Böhmen und Mähren. Anlass zur Gründung gab die Sanierung der Josefstadt. Das Inventar zum Abriss freigegebener Synagogen, aber auch Gegenstände des häuslichen und religiösen Lebens wurden hier gesammelt. Das Gros des Fundus stammt jedoch aus der Zeit der deutschen Okkupation, als die Nazis die jüdische Bevölkerung nach Theresienstadt und von dort weiter in die Vernichtungslager deportierten. Das Museum war ab 1942 der Leitung des Zentralamtes für die Judenfrage direkt unterstellt und hatte die Aufgabe, das beschlagnahmte Gut zu katalogisieren. Nach dem Krieg fiel das Museum in staatlichen Besitz, seit 1994 ist es Eigentum der jüdischen Gemeinde von Prag. Diese zählt noch rund 1500 Mitglieder, Tendenz sinkend.

Auf mehrere Synagogen verteilt, zeigt das Jüdische Museum heute nur einen Bruchteil seiner Exponate, in erster Linie Drucke, Bücher, Gegenstände aus Silber, Tapisserien, Teppiche und Thoramäntel. Unter der Verwaltung des Jüdischen Museums stehen die Maiselsynagoge, die Spanische Synagoge mit der Robert-Guttmann-Galerie, die Pinkassynagoge, die Klausensynagoge, der Alte Judenfriedhof und der ehemalige Zeremoniensaal.

Für alle genannten Einrichtungen gelten dieselben Öffnungszeiten: Nov.–März 9–16 Uhr, April–Okt. 9–18 Uhr, jeweils tägl. außer Sa und an jüdischen Feiertagen. Bei extrem großem Andrang werden auf der Eintrittskarte Besuchszeiten für die einzelnen Synagogen vermerkt, die vorschreiben, wann man was zu besichtigen hat. Die Eintrittspreise des Jüdischen Museums liegen erheblich über denen anderer Museen (Erw. 10,20 €, erm. 6,70 €), da es als nichtstaatliche Institution weitaus weniger Fördermittel erhält. Das Ticket ist für alle oben genannten Einrichtungen gültig. Extra zahlt man für die Altneusynagoge (→ dort).

Verhältnissen. Ein Jahrhundert später befahl der städtische Sanitätsrat deswegen die Sanierung des Stadtteils, die einem Abriss gleichkam. Bürgerliche Wohnhäuser mit stolzen Jugendstilfassaden prägen Josefov heute, an das einstige jüdische Viertel erinnern nur noch wenige Gebäude.

Spaziergang

Am Altstädter Ring beginnt eine der Prachtstraßen Prags, die **Pařížská (Pariser Straße)**. Sie ist die Adresse edelster Boutiquen und teuerster Cafés und könnte auch getreu ihrem Namen ein vornehmer Boulevard der französischen Hauptstadt sein. Herrliche, reich geschmückte Jugendstilhäuser säumen sie. Das wohl schönste ist das ehemalige, leider renovierungsbedürftige Haus der Journalisten (Nr. 9). Die Straße führt direkt auf die Moldau und auf das große Metronom am Letná-Hügel zu (→ S. 179). Unterwegs zweigt die Široká ab, an deren Ende hinter einer Kirche die → **Španělská synagóga (Spanische Synagoge)** liegt. Ihr erster Chorleiter František Škroup komponierte die tschechische Nationalhymne „Kde domov můj“, die mit den Worten „Wo ist meine Heimat“ beginnt. Die kopflose Skulptur neben der Synagoge wurde 2003 aufgestellt und ist das erste **Kafka-Denkmal** der Stadt. Es zeigt eine Szene aus Kafkas Novelle „Beschreibung eines Kampfes“.

Über die Vězenská gelangt man in die U Obecního dvora. Hier lebte in Haus Nr. 5 Josef Mánes, der bedeutendste tschechische Maler des 19. Jh. Er reiste um die halbe Welt und hinterließ Portraits, Landschaften und Genrebilder. Das Haus besitzt einen gotischen Kern und ist beispielhaft für viele im Stadtteil: Beim Abriss des jüdischen Viertels wurde zwar für breitere Straßen Platz gemacht, gute Bausubstanz aber ließ man stehen und gestaltete sie lediglich neu.

Das kleine Gässchen Anežská führt zum → **Klášter sv. Anežsky (Sankt-Agnes-Kloster)**, in dem es mittelalterliche Kunst zu sehen gibt. Gründerin des einstigen Klarissenklosters im 13. Jh. war die heilige Agnes, die ihr Leben in den Dienst der Kranken gestellt hatte. Agnes ist übrigens die Frau auf dem 50-Kronen-Schein.

Genau genommen liegt Josefov inmitten der Altstadt und erstreckt sich nördlich des Staroměstské náměstí. In diesem Kapitel wird aus Gründen der leichteren Übersicht jedoch nicht nur das einstige jüdische Viertel, sondern das ganze Gebiet nördlich des Staroměstské náměstí bis zur Moldau behandelt.

Ein paar Schritte weiter, im einstigen **Spital der Barmherzigen Brüder (Špitálu Milosrdných Bratří)**, verabreichte ein als Wunderheiler bekannter Herr Opitz 1847 die erste Narkose auf dem Gebiet der k. u. k. Monarchie. In der angrenzenden **Kirche Sankt Simon und Juda (Kostel sv. Šimona a Judy)** übten bereits Mozart und Haydn an der Orgel. Kunst entstand auch in der

Grabsteine auf engstem Raum: der alte jüdische Friedhof

Bílkova 10, Franz Kafka schrieb hier den „Prozess". Zum Glück für die lokalen Fremdenführer zog der Dichter häufig um, und so lassen sich heute mehrstündige Kafka-Führungen durch Prag veranstalten.

Vorbei an einem **kubistischen Gebäudekomplex** (Ecke Bílkova/Elišky Krásnohorské), der zwischen 1919 und 1921 errichtet wurde, gelangt man wieder auf die Pařížská, an der die → **Staronová synagóga (Altneusynagoge)** liegt. Die Tickets dazu gibt es gegenüber im Eingangsbereich zur Hohen Synagoge (Vysoká Synagoga). Diese ist jedoch der Öffentlichkeit nicht zugänglich, sie wird wie die Altneusynagoge noch heute von der jüdischen Gemeinde genutzt. Das Eckhaus daneben ist das **alte jüdische Rathaus**. Es lohnt, nach oben zu blicken und die Uhr anzuschauen – nicht die am Turm, sondern die darunter mit hebräischen Ziffern. Die Zeiger bewegen sich entgegen dem Uhrzeigersinn, so wie auch die hebräische Schrift nicht von links nach rechts, sondern von rechts nach links läuft. Finanziert hatte das jüdische Rathaus einst Markus Mordechaj Maisel, der reichste Mann im rudolfinischen Prag. Ein paar Schritte weiter hat er sich mit der nach ihm benannten → **Maiselova synagóga**, der **Maiselsynagoge**, ein Denkmal gesetzt. Am Ende der Straße liegt der **Náměstí Franze Kafky.** Um die Ecke erblickte Kafka das Licht der Welt. Von seinem Geburtshaus blieb zwar nicht mehr als das Portal erhalten, doch befindet sich darin eine Art Mischung aus Kafkaausstellung und Fanshop – im Vergleich zum Museum auf der Kleinseite (→ S. 141) jedoch die zweite Wahl (⌚ Mo–Fr 10–18 Uhr, Sa 10–17 Uhr, Eintritt 1,40 €).

Ein paar schöne, zum Teil noch unrenovierte Jugendstilhäuser säumen die Kaprova. Im Haus Nr. 10 befindet sich das **Památník Jaroslava Ježka**, das kleinste Museum Prags. Es erinnert an Jaroslav Ježek. Sein Name sagt heute nur noch wenigen etwas. Der Jazzer galt in der ersten Hälfte des 20. Jh. als der avantgardistischste Komponist Tschechiens. Das so genannte „Blaue Zimmer“ seines Apartments – mehr gibt es auch nicht zu sehen – ist ganz im funktionalistischen Stil gehalten (Ⓘ nur Di 13–18 Uhr).

Nach **Jan Palach**, dem wohl bekanntesten Märtyrer des Prager Frühlings (→ S. 81 und 92), ist der nächste Platz benannt. Ein kleines Denkmal an der philosophischen Fakultät der Karlsuniversität erinnert an ihn. Stets werden an seinem Todestag Blumen und Kränze niedergelegt.

Die Nordseite des Platzes nimmt das → **Rudolfinum** ein, einer der herausragenden Neorenaissancebauten Prags mit zwei großen Konzertsälen.

Gegenüber, an der Ulice 17. listopadu, liegt das → **Uměleckoprůmyslové muzeum (Kunstgewerbemuseum)**. Hinter dem Gebäude erstreckt sich der → **Starý Židovský Hřbitov (Alter Jüdischer Friedhof)**, den man von der Široká betritt. Meist durchquert man ihn im Gänsemarsch. Der Ausgang des Friedhofs befindet sich an der U Starého Hřbitova. Rechter Hand steht dort die → **Klausová synagóga (Klausensynagoge)**, linker Hand der ehemalige → **Bývalá obřadní síň (Zeremoniensaal)**. Die Pařížská führt wieder zurück zum Staroměstské náměstí.

Sehenswertes

Španělská synagóga (Spanische Synagoge): Der Name hat nichts mit den sephardischen Juden zu tun, die 1492 mit dem Ende der Reconquista Spanien verlassen mussten, wenn sie sich nicht taufen lassen wollten, und u. a. auch nach Prag kamen. Die Spanische Synagoge entstand erst in der zweiten Hälfte des 19. Jh. und trägt den Namen aufgrund ihrer pseudomaurischen Stilelemente. Im sehenswerten Innern wird in Vitrinen die Geschichte der Juden Böhmens und Mährens von der Aufklärung bis zur Gegenwart dokumentiert. Von dem Kapitel Holocaust zeugt unter anderem eine Kiste voller Tefilline (Gebetsriemen) der Ermordeten. Abends dient die Synagoge gelegentlich als Konzertsaal. In der **Galerie Robert Guttmanna** ums Eck finden regelmäßig Ausstellungen über Themen des jüdischen Lebens statt.

Adressen **Synagoge**, Vězeňská 1. **Galerie**, U Staré Školy 3. Ⓜ A Staroměstská. Ⓘ und Eintritt → „Jüdisches Museum“, S. 124.

Klášter sv. Anežsky (Sankt-Agnes-Kloster): Im Kloster befindet sich heute die beachtenswerte Sammlung böhmischer Kunst des Mittelalters, die Teil der Nationalgalerie ist. Fast alle Exponate zeigen biblische Motive, das Gros die Muttergottes, mal mit, mal ohne Kind. Jesus wird überwiegend am Kreuz dargestellt, aber auch am Ölberg usw. Die erschütterndste Darstellung befindet sich im letzten Raum, der Holzschnitt „Christus, der Retter vorm Jüngsten Gericht“ aus dem 16. Jh. Den Tod symbolisiert dabei ein Verwesender, der Kopf ist bereits skelettiert, die Eingeweide frisst ein Frosch. Das an Albrecht Dürer erinnernde Werk wurde mit „I. P.“ signiert, außer diesen Initialen weiß man nicht viel über den Künstler. Ohnehin sind aus der Zeit der Gotik nur die wenigsten realen Namen von Künstlern bekannt. Zu den wenigen identifizierten Künstlern dieser Epoche gehört Meister Theodoricus, von dem sechs große Portraits zu sehen sind, die er mit 121 anderen für die Kreuzkapelle der Burg Karlstein malte.

Adresse Anežská 1. Ⓜ A Staroměstská oder Ⓜ B Náměstí Republiky. Ⓘ tägl. (außer Mo) 10–18 Uhr. Eintritt 3,50 €, erm. die Hälfte.

Staronová synagóga (Altneusynagoge): Der frühgotische Bau aus der zweiten Hälfte des 13. Jh. zählt zu den ältesten Synagogen Europas. Für seinen paradox klingenden Namen gibt es zwei Theorien: Die erste geht davon aus, dass die Synagoge eine an jenem Ort bereits existierende ersetzte, die andere, dass sie ursprünglich nur „Neue Synagoge" hieß, bis im 16. Jh. weitere Synagogen hinzu kamen – sprich: aus „neu" wurde „alt". Tatsache ist auf jeden Fall, dass sie das Zentrum der Juden westlicher Observanz war, die isoliert von den Juden mit östlichem Ritus lebten. Letztere hatten ihr Viertel bei der heutigen Spanischen Synagoge. Das erklärt zudem, warum man in Josefov auch Kirchen findet: Die verschiedenen jüdischen Gemeinden waren bis ins 13. Jh. durch „christliche Streifen" getrennt. Im Inneren der Synagoge, genau in deren Mitte, befindet sich das Almemor, ein von einem schmiedeeisernen Gitter umgebenes Podium, von dem aus der Thora, den fünf Büchern Mose, vorgelesen wird. Die Thorarollen sind im Schrein hinter einem Vorhang verborgen. Auffallend sind die schießschartenähnlichen Fenster. Sie wurden im 18. Jh. für die Frauen eingefügt, da ihnen der Besuch der Synagoge nicht gestattet war und sie wenigstens so dem Geschehen folgen konnten.

Adresse Červená 2. Ⓜ A Staroměstská. ⌚ So–Do 9.30–18 Uhr, Fr 9.30–17 Uhr. Eintritt 7 €, erm. 4,90 €.

Silberarbeiten in der Maiselsynagoge

Maiselova synagóga (Maiselsynagoge): Ursprünglich im Stil der Renaissance errichtet, wurde sie nach einem Brand barock wieder aufgebaut. Das gefiel aber nicht, und so erfolgte Ende des 19. Jh. ein schlichterer neugotischer Umbau. Während der deutschen Okkupation machten die Nazis aus der Synagoge ein Lager für beschlagnahmtes jüdisches Vermögen. Auch diese Synagoge wird heute als Museum genutzt und liefert die historische Ergänzung zur Spanischen Synagoge: In ihr wird die Geschichte der böhmischen und mährischen Juden von den Anfängen der jüdischen Besiedelung im 10. Jh. bis zur Aufklärung dokumentiert. Zu sehen sind u. a. hervorragende Silberarbeiten.

Adresse Maiselova 10. Ⓜ A Staroměstská. ⌚ und Eintritt → „Jüdisches Museum", S. 124.

Rudolfinum: Das Konzertgebäude entstand in der zweiten Hälfte des 19. Jh. im Zuge der tschechischen Nationalbewegung. Dvořák und Brahms dirigierten hier vor ausverkauftem Haus. Heute residiert hier die Tschechische Philharmonie unter Leitung von Zdeněk Mácal, einem Amerikaner tschechischer Herkunft. Das Gebäude beherbergt zu-

Fast wie in Wien – Kutsche vor dem Rudolfinum

dem eine Galerie und ein Café (Eingang auf der Moldauseite).

Adresse Náměstí Jana Palacha 1. Ⓜ A Staroměstská. ⌚ Galerie und Café tägl. (außer Mo) 10–18 Uhr.

Uměleckoprůmyslové muzeum (Kunstgewerbemuseum): Es existiert bereits seit 1885 und besitzt einen riesigen Fundus, für den man eigentlich mehr Platz bräuchte. In schönen Sälen sind künstlerisch wertvolle Alltagsgegenstände aus den verschiedensten Epochen ausgestellt: Glas, Porzellan, Uhren, Festtagskleidung, Möbelstücke, Schmuck, Werbeplakate usw. Zudem finden immer wieder interessante Wechselausstellungen statt.

Adresse Ulice 17. listopadu 2. Ⓜ A Staroměstská. ⌚ Di 10–19 Uhr, Mi–So 10–18 Uhr. Eintritt für die Dauerausstellung 2,80 €, erm. die Hälfte.

Starý Židovský Hřbitov (Alter Jüdischer Friedhof) und Pinkassynagoge (Pinkasova Synagóga): Das ummauerte Areal des alten jüdischen Friedhofs umschließt auch die Pinkassynagoge aus dem 15. Jh., die gleich hinter dem Kassenhäuschen steht. Sie ist benannt nach ihrem Stifter, dem Rabbiner Pinkas. Im Inneren erinnert sie heute an die Juden aus Böhmen und Mähren, die dem Holocaust zum Opfer fielen. Das geschieht auf eine schlichte und ergreifende Weise: An den Wänden stehen die Namen der Ermordeten, 77.297 an der Zahl. Im Obergeschoss sind Zeichnungen von Kindern aus Theresienstadt zu sehen (→ S. 209).

Der Friedhof selbst, auf dem Grabstein an Grabstein steht oder lehnt, wurde ebenfalls im 15. Jh. angelegt. Der älteste Stein stammt aus dem Jahr 1439, der jüngste aus dem Jahr 1787. Wie viele Menschen hier beigesetzt wurden, weiß man nicht. Die Zahlen schwanken erheblich zwischen 10.000 und 110.000. Tatsache ist, dass der Friedhof, obwohl mehrmals erweitert, stets zu klein war. So begrub man die einen über den anderen.

Viele der Grabsteine tragen Barock- oder Rokokoverzierungen, aber auch Motive, die den Namen oder Beruf des Verstorbenen symbolisieren. Wer Löw, Levy oder Jehuda hieß, bekam nicht selten einen Löwen auf den Grabstein. Eine Maus schmückt die Steine der verstorbenen Maisls und ein Bär den der Dov (hebräisch „Bär"). Als Symbol für den Beruf des Schneiders meißelte man gerne eine Schere ein, für den des Buchdruckers ein Buch usw. Auf ein paar Grabsteinen liegen statt Blumen kleine Steinchen – ein alter jüdischer Brauch als Zeichen der Pietät.

Der Grabstein, auf dem die meisten Steinchen liegen, ist der des Rabbi Löw (1570–1609), an dem der vorgeschriebene Weg durch den Friedhof automatisch vorbeiführt (→ Kasten S. 131). Oft sieht man auch Zettel darauf, es sind Bitten und Wünsche.

Adresse Eingang zu Synagoge und Friedhof an der Široká. Ⓜ A Staroměstská. ⌚ und Eintritt → „Jüdisches Museum", S. 124. Aufgrund des Besucherandrangs ist es – falls möglich – ratsam, den Friedhof früh am Morgen zu besuchen, ansonsten wird man von den Massen wie auf einer Einbahnstraße vom Eingang zum Ausgang geschoben.

Klausová synagóga (Klausensynagoge) und Bývalá obřadní síň (Zeremoniensaal): Die beiden benachbarten Gebäude beherbergen die Ausstellung „Jüdische Traditionen und Bräuche". Von der Geburt über die Beschneidung und die Heirat bis zum Tod werden alle Stationen im Leben gläubiger Juden erläutert. Die Ausstellung beginnt in der Klausensynagoge.

Adresse U Starého Hřbitova 1 und 3. Ⓜ A Staroměstská. ⌚ und Eintritt → „Jüdisches Museum", S. 124.

Essen und Trinken

(→ Karte S. 125)

Etliche schicke Cafés, Patisserien und Restaurants entlang der Pařížská und ihren Seitenstraßen. Einfache Adressen gibt es wenige.

Restaurants

Zlatá Praha (1), vornehmes Restaurant im Obergeschoss des Hotels Intercontinental. Traumhafter Blick über die Dächer Prags. Keine große, dafür erlesene Speisekarte. Hg. 25–33 €. So toller Brunch mit Livejazz (35 €). ✆ 296639914. Náměstí Curieových 43/5. Ⓢ 17 Právnická fakulta.

Barock (6), von den Trendlokalen des Stadtteils eines der etabliertesten. Minimalistische Einrichtung, hohe Wände mit Modefotografien. Seebarsch mit Erdbeerrisotto, Pasta oder Sashimi zu 14–20 €. Außenbestuhlung. ✆ 222329221. Pařížská 24. Ⓢ 17 Právnická fakulta.

Kolkovna (8), ordentliche böhmische Küche. Lendenbraten, „Mährischer Spatz", *Halušky* (eine Art Spätzle). Zum Nachtisch Buchteln, Strudel oder Palatschinken. Ambiente zwischen rustikal und modern. Hg. 5,80–13,50 €. Leser berichteten zuletzt leider von Kellnern, die Ausländern überhöhte Trinkgelder abzuknöpfen versuchen. ✆ 224819701. V Kolkovně 8. Ⓜ A Staroměstská.

Pivnives

U milosrdných (2), dunkel getäfelte Pivnice mit derben Holztischen, ein echter Klassiker. Günstige böhmische Küche (besonders mittags), Hg. 2,50–7 €. So geschl. Kozí 21. Ⓜ A Staroměstská.

U Rudolfina (21), verraucht, laut, tschechisch. Von außen unscheinbar, von innen recht groß und auf 2 Etagen. Die Bierstrichlisten mancher Gäste haben Gartenzauncharakter! Günstige Tagesgerichte. Erfragen Sie den Bierpreis im Voraus, sonst zahlen Sie evtl. das Doppelte wie der tschechische Stammgast neben Ihnen. Křižovnická 10. Ⓜ A Staroměstská.

Traditionsreiches Kaffeehaus

Kavárna Rudolfinum (5), Kaffeesaal im gleichnamigen Konzerthaus. Prachtvolle Säulen unterteilen den Raum, hohe Fenster, Parkettboden. Kellner und Küche jedoch auf dem Niveau einer einfachen Kantine. ⌚ tägl. (außer Mo) bis 18 Uhr. Náměstí Jana Palacha. Ⓜ A Staroměstská.

Cafés

Nostress (12), schickes Caférestaurant und Galerie. Man sitzt zwischen duftenden Blumen, antikem und modernem, gebrauchtem und neuem zum Verkauf stehenden Mobiliar. Die interessante Fusionküche ist ziemlich teuer. Dušní 10. Ⓜ A Staroměstská.

Cremeria Milano (6), elegantes Eiscafé mit Kronleuchter und den leckersten Eissorten,

Jehuda Liwa ben Bezal'el, genannt Rabbi Löw, und die Legende vom Golem

Polnische Chassiden waren es, die im 18. Jh. die Person des Prager Rabbi Löw mit dem legendären Golem in Verbindung brachten. Der historisch belegte Rabbi war oberster Lehrer einer Talmudschule und als Pädagoge und Theologe bereits zu Lebzeiten überaus angesehen. Die Inschrift des wohl berühmtesten Grabes auf dem Alten Jüdischen Friedhof – Löw starb 1609 – bekundet, dass er vor allem wegen seiner Weisheit geschätzt wurde. Auf die chassidischen Legenden, welche dem Rabbi übernatürliche Fähigkeiten nachsagen, ist der Glaube zurückzuführen, dass ein jeder Wunsch in Erfüllung geht, wenn man ihn in Zettelform auf das Grab des Rabbi legt.

Zu den sagenhaftesten Geschichten aber, die sich um den Rabbi ranken, zählt zweifelsohne die des Golem, einer mächtigen, menschenähnlichen Gestalt. Angeblich hatte der Rabbi diese aus Ton geformt und dann zum Leben erweckt, in dem er ihr ein *Schma* (Zettel mit magischen Formeln) in den Mund legte. Der Golem war fortan ein treuer Diener des Rabbi, stand allen Juden bei und bewahrte sie vor Pogromen. Am Sabbat jedoch musste der Golem ruhen, und so nahm der Rabbi stets am Vorabend des Sabbats das Schma aus dem Mund des Geschöpfs. Doch eines freitags vergaß dies der Rabbi. Der Golem wurde böse, so böse, dass er das Ghetto zu vernichten drohte. In letzter Sekunde gelang es dem Rabbi, den magischen Zettel aus dem Mund des Golems zu ziehen und ihn so wieder in ewigen Schlaf zu versetzen. Seitdem, so heißt es, ruhen dessen Reste auf dem Dachboden der Altneusynagoge. Im Glauben der Menschen jedoch lebte der Golem im Ghetto noch lange fort, in der Literatur bis heute.

Den bekanntesten Golem-Roman schrieb Gustav Meyrink (1868–1932), ein gebürtiger Wiener. Er war Gründer mehrerer okkulter Orden und in seiner Golem-Fassung, einer Reise in das innerste Ich, verarbeitete er zugleich seine Drogenerlebnisse. Auch Egon Erwin Kisch (1885–1948), der rasende Reporter, der unter anderem für das „Prager Tagblatt" schrieb, widmete dem Golem eine Reportage.

dazu Kuchen, Cremes und besten Kaffee. Pařížská 20. Ⓜ A Staroměstská.

Chez Marcel (4), sympathisches Café im französischen Stil. Internationale Küche, auch Frühstück. Ein paar Tische draußen. Hg. 4–12,30 €. Haštalské náměstí 12. Ⓢ 5, 8, 14, 53 Dlouhá třída.

Blatouch (7), gemütliches, ruhiges Café mit intellektuellem Touch. Wohnzimmeratmosphäre. Kleine Gerichte zu fairen Preisen. Vězeňská 7. Ⓜ A Staroměstská.

Au Gourmand (19), französisch ausgerichteter Mix aus Patisserie, Boulangerie und Bistro in feinem Jugendstilambiente. Quiches, Antipasti und Baguettes, gute Tagessuppen. Dlouhá 10. Ⓜ A Staroměstská.

Bakeshop Praha (13), Mischung aus Bäckerei und Stehcafé und eine empfehlenswerte Frühstücksadresse: Pies, Kuchen, Quiches, Brownies, kleine Salatauswahl. Kozí 1. Ⓜ A Staroměstská.

Bar/Kneipe

Sektbar Ponton (11), an der Mánesův-Brücke auf einer schwimmenden Bootsanlegestelle. Nettes Plätzchen mit Blick auf die Karlsbrücke. ⌚ nur im Sommer bei gutem Wetter. Ⓜ A Staroměstská.

La Casa Blů (3), relaxte, junge Kneipe, unter chilenischer Leitung und deswegen auch Treff der in Prag lebenden Latinos. Günstige Tex-Mex-Küche, Bier und Cocktails, südamerikanische Musik und freundliche Leute. Bílkova 20. Ⓢ 17 Právnická fakulta.

Zentrum der Kleinseite: Malostranské náměstí, der einstige Marktplatz

Malá Strana (Kleinseite)

Malá Strana, der Stadtteil unterhalb der Prager Burg am Ufer der Moldau, ist das malerischste Eck der Stadt – ein großes Schaufenster des Barock, kaum ein Gebäude, das nach dem 18. Jh. errichtet wurde.

Blickt man von der Prager Burg auf Malá Strana hinab, dann sieht man auf ein Meer aus roten Ziegeln, Gauben, Giebeln und Kaminen, auf Antennen, Kirchturmspitzen und -kuppeln. Und spaziert man hindurch unter Arkaden, über kleine Treppen, in verwinkelten Gassen, vorbei an mittelalterlichen, schrägen Gemäuern mit prächtigen Hauszeichen, verwunschenen Gartenanlagen oder barocken Palais, scheint die Zeit stehen geblieben zu sein. Nicht ohne Grund wählte der Regisseur Miloš Forman Malá Strana als Kulisse seines „Amadeus", da es dem Wien des 18. Jh. näher kommt als die heutige österreichische Hauptstadt.

Doch so malerisch sich Malá Strana auch zeigt – die Kleinseite ist ein Stadtteil, den die Prager räumen und der das Leben aushaucht. Aus den Krämer- und Trödelläden von einst oder den kleinen Handwerksbetrieben wurden Restaurants, Cafés oder Galerien, aus den großen Palais Ministerien, Botschaften oder Hotels. Kinder sieht man nur noch selten spielen, und mit jedem neu restaurierten Gebäude werden sie weniger. In Malá Strana löst nicht mehr eine Generation die nächste ab, sondern eine Gesellschaftsschicht die andere. Zwar strahlt der Stadtteil nun in immer neuerem Glanz, verliert dadurch aber auch etwas von seinem ursprünglichen Charme. Ganz verschwinden wird dieser jedoch nie. Die Kleinseite ist zu groß, als dass man sie so wie die Prager Burg in ein einziges Schmuckkästchen verwandeln könnte – für die Denkmalpflege wird der Stadtteil eine nie enden wollende Herausforderung bleiben. Egal, wie viel Farbe man darüber legt, die Spuren der Vergangenheit lassen sich nicht wegschminken, sie werden immer zu sehen sein.

Spaziergang

Das Zentrum der Kleinseite ist der pittoreske **Malostranské náměstí**, einst der Marktplatz des Viertels – nur Blumenstand und Kiosk sind übrig geblieben. Heute staut sich hier der Verkehr, lediglich die Straßenbahn hält freiwillig. Gleich neben ihrer Haltestelle, in der Malostranská Kavárna, dem **Kleinseitner Kaffeehaus**, trafen sich in den 20er Jahren des letzten Jahrhunderts Kafka, Brod, Werfel und weitere Literaten. Nun – in neuem, modernen Design – liest man sich hier aus Kunstführern vor.

Über den Dächern im Nordosten des Platzes erhebt sich ein schmaler, spitz zulaufender Kirchturm. Er gehört zur → **Kostel sv. Tomáše (Sankt-Thomas-Kirche)**, die man über die Letenská betritt. Dabei passiert man den einst berühmtesten Bierausschank der Kleinseite, U Schnellů, der nur noch von seinem großen Namen zehrt.

Die enge, von Arkaden gesäumte Gasse Tomašská führt zum Valdštejnské náměstí, einem kleinen, meist zugeparkten Platz, dessen Ostfront der → **Valdštejnský palác (Palais Waldstein)** einnimmt. Das Palais, in dem heute der Senat tagt, war der erste profane Monumentalbau des Prager Barock und zieht sich entlang der gesamten Valdštejnská bis zur Metrostation Malostranská. Dort befindet sich auch die einstige Reitschule des Palais, die **Valdštejnská jízdárna**, welche die Nationalgalerie für Wechselausstellungen nutzt.

Auf der gegenüberliegenden Seite des Valdštejnský palác stehen weitere feudale Palais, u. a. residieren die Botschaften Belgiens, Polens und Indiens darin. Auch ist hier das → **Pedagogické muzeum Jana Amose Komenského** zu finden (Nr. 20), das sich dem Leben

Barocke Architektur unterhalb der Prager Burg

Teuflische Kunst auf der Karlsbrücke

und den Ideen des heutigen „200-Kronen-Mannes" Jan Amos Komenský widmet. Nahebei kann man zu den → **Zahrady pod Pražským hradem (Gärten unter der Prager Burg)** aufsteigen.

Oberhalb des Valdštejnské náměstí liegt der **Pětikostelní náměstí**, der **Fünfkirchenplatz**. Fünf Kirchen gab es hier aber nie, jedoch einen Herrn namens Fünfkirchen, der in Haus Nr. 15 wohnte.

An der Sněmovní tagt heute im ehemaligen **Thunschen Palais** (Nr. 4) das Abgeordnetenhaus (Poslanecká sněmovna) – nicht selten herrscht hier Medienrummel, zumal Gesetze im Akkord verabschiedet werden. Dennoch gelingt es der Legislative nicht, den Reformstau abzubauen. Von Arbeitsrecht über Mietrecht bis Zollrecht – was wollte nicht alles nach der Samtenen Revolution und was will noch alles nach dem Beitritt zur EU neu geregelt werden.

Von der ansteigenden, malerischen Thunovská – Churchill blickt vor der englischen Botschaft etwas grimmig drein – zweigt das kleine Gässchen Zámecká wieder zum Malostranské náměstí hinab, diesmal aber zu seinem oberen Abschnitt. Dort liegt der Eingang zur → **Kostel svatého Mikuláše (Sankt-Nikolaus-Kirche)**, die samt dem angrenzenden ehemaligen Klostergebäude den Platz in zwei Hälften trennt. Sie ist die mit Abstand prächtigste Kirche Prags, und wer nur eine besichtigen will, sollte sich für sie entscheiden.

Die stets belebte → **Nerudova ulice**, die Nerudagasse, führt hinauf zur Prager Burg. Anfang des 20. Jh. fuhr auch ein Bus die steile Gasse hinauf, aber die Bremsen waren noch nicht so gut, und so stellte man nach dem ersten Unfall den Betrieb wieder ein.

Über die engen verwinkelten Gassen Jánský Vršek und Šporkova stößt man direkt auf den → **Lobkovický palác (Palais Lobkowitz)** an der Vlašska ulice (Welsche Gasse), deren Name an das einstige italienische Viertel erinnert. Es waren überwiegend Baumeister, Steinmetze, Stuckateure und Maler, die im 16. und 17. Jh. über die Alpen nach

Essen & Trinken (S.145-147)
2 Pálffy palác
3 U Hrocha
5 Cowboys
10 Baráčnická rychta
13 Hergetova Cihelna
18 Kampapark
21 U malířů
26 Sovovy Mlýny
27 Petřínské Terasy
28 Cantina
29 Nebozízek
30 C'est la vie
36 Olympia
38 The Sushi Bar

Einkaufen
6 Vitalis-Buchhandlung (S. 71)
7 U Zlaté Číše (S. 71)
14 Pavla é Olga (S. 69)
17 Obchod pod Lampou (S. 68)
19 Kudy Tudy (S. 69)
22 Obchod Kořením (S. 70)
23 Centrum Historie (S. 68)
32 Vetešnictví (S. 70)
34 Capriccio (S. 70)
35 Galerie Rozehnal (S. 68)

Übernachten
1 U zlaté studně (S. 46)
4 Waldstein (S. 46)
8 U Laury (S. 50)
9 Corto II (S. 50)
11 Appia Residences (S. 54)
12 Sax (S. 48)
16 Aria (S. 46)
24 Residence Nosticova (S. 53)
25 Sokol (S. 52)
29 Nebozízek (S. 53)

Nachtleben
20 U malého Glena (S. 65)
31 Újezd (S. 64)
33 Club Strahov 007 (S. 62)

Cafés (S. 147)
15 Kafíčko
37 Café Savoy
39 Kavárna V sedmém nebi

125 m

Malá Strana (Kleinseite)

Prag kamen. Schräg gegenüber dem Palais, in einem Gebäudeteil des ehemaligen Welschen Spitals, befindet sich heute auch das Italienische Kulturinstitut.

Etwas tiefer, an der Tržiště, sitzt die **Botschaft der USA** im Palais Schönborn (Schönbornův palác). Videokameras schmücken das Domizil. 1917 hatte auch Franz Kafka darin eine Wohnung.

Hier erkrankte er an Tuberkulose, und hier entstand auch die Erzählung „Ein Landarzt“. Kurz darauf folgt die **Botschaft Irlands**. Am unteren Ende der Tržiště befindet sich rechter Hand der Eingang zum → **Vrtbovská zahrada (Vrtba-Garten)**.

Um den Spaziergang fortzusetzen, überquert man die Karmelitská. Die Straße (samt ihrer Verlängerung Újezd) lädt zwar nicht zum Schlendern ein, bietet jedoch ein paar Attraktionen wie die Wallfahrtskirche **Maria zum Siege (Chrám Panny Marie Vítězné)**, Heimat des „Prager Jesuleins“. Die Sehenswürdigkeiten entlang der Straße finden Sie unter der Überschrift „Karmelitská und Újezd“ ab S. 142.

Über das romantische Gässchen Prokopská gelangt man nun in eine der malerischsten Ecken Prags und direkt auf den **Maltézské náměstí (Malteserplatz)**. Rund um den Schutzpatron des Ordens, Johannes dem Täufer, stehen alte

John-Lennon-Gedenkmauer

Bürger- und Adelshäuser. Aus ein paar von ihnen wurden Botschaftsgebäude.

Der ockerfarbene **Palais Nostitz** aus der Mitte des 17. Jh. am südlichen Ende des länglichen Platzes (Hnr. 1) beherbergt heute das Kulturministerium, zudem finden darin wechselnde Ausstellungen statt. Ein paar Schritte dahinter erstreckt sich der Park der → **Insel Kampa**. Von der Kleinseite wird sie vom **Teufelsbach (Čertovka)** getrennt, ein Gewässer, um dessen Namen sich mehrere Legenden ranken. Eine erzählt von einem alten Weib, das im Bach die Kleider des Adels wusch. Dabei blickte sie auf ihr Spiegelbild im Wasser und sah plötzlich den Teufel. Gelacht soll er haben und in sie gefahren sein. Das gleiche Schicksal ereilte angeblich noch andere (→ Foto, S. 134).

Im Park der Insel Kampa, wo Straßenmusikanten ihren Mittagsschlaf halten, Hunde Frisbeescheiben hinterher jagen, Schulklassen ihr Picknick auspacken und Joints ihre Runde drehen, lohnt das neueste Kunstmuseum Prags, das → **Museum Kampa** einen Besuch.

Zweigt man am Platz Na Kampě vor der Polizei links ab, gelangt man – alles andere als geradewegs – zum **Velkopřevorské náměstí (Großpriorsplatz)**, einem Pilgerziel der anderen Art. Eine Graffiti-Gedenkstätte für den 1980 ermordeten Ex-Beatle **John Lennon** ziert dort die Gartenmauer des Großpriorspalais. Die „Give peace a chance“-Sprüche in sozialistischer Zeit waren Ausdruck politischen Protests, die heutigen „Gustel und Rosmarie waren da“ mit Jahreszahl nicht mehr.

Gleich ums Eck liegt die Johanniterkirche → **Panny Marie pod řetězem (Maria unter der Kette)**, die älteste Kirche der Kleinseite. Das **Haus zum Goldenen Einhorn (U Zlatého Jednorožce)** schräg gegenüber (Nr. 11) war im 18. Jh. eines der angesehensten Hotels der Stadt. Ludwig van Beethoven nahm

Zuerst kamen die Kranken – die Anfänge des Tourismus in Prag

Im späten 18. Jh. entwickelte sich Prag zu einem beliebten Reiseziel. Schon damals zählte man in den Sommermonaten bis zu 20.000 Besucher. Die meisten kamen für ein paar Tage aus Teplice (Teplitz), Karlovy Vary (Karlsbad) oder Mariánské Lázně (Marienbad) angereist. Das waren die Badeorte, die en vogue waren, in die es die Leidenden, die Gelangweilten und die Hautevolee aus aller Welt mit ihren heiratsfähigen Töchtern zog. Und der Ausflug nach Prag gehörte dabei zum Programm. Heute besuchen alljährlich rund 6 Mio. ausländische Touristen Tschechien, darunter knapp 2 Mio. Deutsche. Über die Hälfte davon fährt direkt nach Prag.

sich hier 1796 ein Zimmer – eine Gedenktafel mit Konterfei erinnert daran. Der Komponist besuchte Prag während seiner Kuraufenthalte in den westböhmischen Bädern übrigens mehrmals.

Von der Lázeňská gelangt man über die schmale Gasse Saská und schließlich unter der Karlsbrücke hindurch in jenes Eck, das gerne als Prags **Klein-Venedig** beschrieben wird. Von hier sieht „die Karlsbrücke wie eine lange Wanne aus, durch welche die Fußgänger fahren, eine Räderkonstruktion unterm Hintern", so Bohumil Hrabal.

Den Beginn der Karlsbrücke (→ S. 117) flankieren zwei Türme. Der kleinere stammt aus dem 12. Jh. und diente schon zur Kontrolle der Judithbrücke, der Vorgängerin der Karlsbrücke. Der größere wurde erst im 15. Jh. als Pendant zum gegenüberliegenden Altstädter Brückenturm erbaut. Er ist im Sommer zu besichtigen, doch der Ausblick ist bei weitem nicht so schön wie vom Brückenturm auf der anderen Uferseite.

Wer von dort zurück zum Malostranské náměstí läuft, passiert das → **Wax Museum**. Um einiges lohnenswerter ist jedoch noch ein Abstecher zum → **Franz-Kafka-Museum**, das 2005 eröffnet wurde.

Sehenswertes

Kostel svatého Tomáše (Sankt-Thomas-Kirche): Sie entstand zusammen mit dem Klostergebäude der Augustiner-Eremiten zwischen 1285 und 1379. Zur Hussitenzeit war sie eine der katholischen Hauptkirchen Prags. Da sich der Adel bevorzugt in ihr bestatten ließ, floss genügend Geld für eine opulente Ausschmückung. Ihr heutiges barockes Aussehen verdankt sie Kilian Ignaz Dientzenhofer, der die Umbauarbeiten in der ersten Hälfte des 18. Jh. leitete. Aus jener Zeit stammen auch die leichten und farbenfrohen Deckenmalereien, eine Bilderfolge über den Hl. Augustinus, für welche die Kirche bis heute überaus berühmt ist. Geschaffen wurde sie von Böhmens bedeutendstem Freskenmaler, Wenzel Lorenz Reiner (1689–1743). Lange war das Kloster zudem für sein Brauhaus und ein schweres, dunkles Bier bekannt. Weder die Brauerei noch die angeschlossene Bierschwemme haben jedoch die Zeiten überlebt.

Adresse Letenská. Ⓢ 12, 20, 22, 23 Malostranské náměstí. ⌚ tagsüber i. d. R. zugänglich.

Valdštejnský palác (Palais Waldstein): Das riesige Palais, das sich um fünf Höfe und eine große Gartenanlage erstreckt, wurde in der ersten Hälfte des

Das Goldene Prag

17. Jh. erbaut; knapp 30 Häuser mussten dafür weichen. Sein Bauherr war Albrecht von Waldstein, eine der zentralen Figuren des Dreißigjährigen Krieges. Er stammte aus einer protestantischen böhmischen Adelsfamilie, konvertierte zum Katholizismus und kam durch Heirat zu großem Reichtum. Diesen wusste er geschickt zu vermehren. Er stellte auf eigene Kosten Heere von bis zu 40.000 Mann Stärke auf, denn die Kriegsbeute gehörte stets dem, der die Söldner bezahlte. Mit deren Gewalt vertrieb er nicht-katholische Adelige und eignete sich ihr Vermögen an. Doch sein Glück war nicht von Dauer. 1634 wurde Waldstein ermordet.

Ein paar Räume des Palais sind, wenn der Senat sich ins Wochenende verabschiedet, der Öffentlichkeit zugänglich. Dazu gehört der große, über zwei Etagen gehende Festsaal, der wie die meisten Räume im Stil des Manierismus ausgeschmückt ist. Das Deckengemälde zeigt den einstigen Hausherren als römischen Kriegsgott Mars im Triumphwagen.

Neben wechselnden Ausstellungen in der einstigen **Reithalle (Valdštejnská jízdárna)** kann man noch den frühbarocken **Valdštejnská zahrada (Palaisgarten)** besichtigen. Passenderweise fand hier zu Friedrich Schillers 100. Geburtstag eine Festaufführung statt. Auf dem Programm stand jenes Historiendrama, das Waldstein in der Schreibweise „Wallenstein" unsterblich machte. Noch heute wird die Sala Terrena der Anlage im Sommer für Konzerte und Theateraufführungen genutzt. Das Herzstück der Gartenanlage sind die Bronzestatuen des niederländischen Künstlers Adriaen de Vries. Dabei handelt es sich jedoch um Repliken. Die Originale verschwanden wie so vieles am Ende des Dreißigjährigen Krieges und stehen heute im Park von Schloss Drottingholm in Schweden.

Adresse Palais am Valdštejnské náměstí. Ⓢ 12, 20, 22, 23 Malostranské náměstí. Palast Ⓘ Sa/So 10–17 Uhr, Eintritt frei. Zugang zum Garten über die Letenská. Ⓜ A Malostranská. Garten Ⓘ April–Okt. tägl. 10–18 Uhr, ebenfalls Eintritt frei.

Pedagogické Muzeum Jana Amose Komenského (Komenský-Museum): Der Theologe, Pädagoge und Visionär Jan Amos Komenský (1592–1670), international bekannt unter dem Namen Comenius, musste nach der Schlacht von Bílá hora fliehen. Später im Exil in Amsterdam formulierte er jenen berühmten Satz, den die Friedensbewegung während des Kalten Krieges aufgriff: „Es kommt die Zeit, wo Völker ihre Schwerter in Pflüge, ihre Lanzen in Sicheln und ihre Musketen in Hacken umschmieden werden". Bekannt ist er auch für seine Schriften zur Sozial- und Religionspädagogik. Ein Besuch des Museums lohnt jedoch nur für speziell Interessierte.

Adresse Valdštejnská 20. Ⓢ 12, 20, 22, 23 Malostranské náměstí. ⌚ tägl. außer Mo 10–12.30 u. 13–17 Uhr. Eintritt 1,40 €, erm. die Hälfte.

Zahrady pod Pražským hradem (Gärten unter der Prager Burg): Im Mittelalter dienten die Südhänge der Burg als Weingärten. Erst als der Adel im 17. Jh. die Kleinseite entdeckte, ließ er hier zu seinen Palästen terrassenförmige Gärten anlegen. Im 18. Jh. verzierte man sie mit barocken Statuen, Galerien, Balustraden, Glorietten und Brunnen. Fünf solcher Gärten wurden zur Jahrtausendwende zu einem einzigen zusammengefasst. Darunter ist auch der Ledeburská zahrada (Ledebour-Garten) ganz im Westen der Anlage mit einer herrlichen Sala terrena, einem offenen Gartensaal – hier finden im Sommer gelegentlich Konzerte statt.

Adresse Valdštejnská (2 Zugänge). Ⓜ A Malostranská. Z. T. mit „Ledeburská zahrada" ausgeschildert. ⌚ April–Okt. tägl. 10–20 Uhr. Eintritt 2,80 €, erm. 1,70 €. Die Gärten sind auch von den südlichen Wallgärten der Prager Burg zugänglich.

Kostel svatého Mikuláše (Sankt-Nikolaus-Kirche): Sie zählt zu den prachtvollsten Barockbauten Europas, und ihre mächtige Kuppel samt Glockenturm – nach Plänen Kilian Ignaz Dientzenhofers – zu den Wahrzeichen Prags. Errichtet wurde die Kirche von den Jesuiten im Zuge der Gegenreformation. Der protestantische Vorgängerbau musste dafür weichen. Lediglich der Name wurde beibehalten – schließlich wird der Hl. Nikolaus als Schutzpatron der Kaufleute verehrt, und wo steht eine Nikolauskirche besser als inmitten eines (einstigen) Marktplatzes? Viel Freude hatte der Orden an seinem Gotteshaus jedoch nicht, genau 100 Jahre nach der Grundsteinlegung 1673 wurden die Jesuiten des Landes verwiesen.

Im Innern der Kirche ist das Deckengemälde im Langhaus von Johann Lukas Kracker am beeindruckendsten. Mit 1500 m² ist es eines der größten seiner Art. Es zeigt Szenen aus dem Leben des Bischofs Nikolaus von Myra. Ansonsten, so weit das Auge reicht, Barock total – keine Ecke ohne Putte. Lohnenswert ist auch ein Blick über die Dächer Prags vom Kirchturm.

Adresse Malostranské náměstí. Ⓢ 12, 20, 22, 23 Malostranské náměstí. Kirche ⌚ tägl. 9–16.45 Uhr. Eintritt (!) 2,10 €, erm. die Hälfte. Turm ⌚ im Sommer tägl. 10–18 Uhr (letzter Einlass 17.30 Uhr). Eintritt 1,80 €, erm. 1,40 €. Zugang zum Turm von der Südseite (außen).

Nerudova ulice (Nerudagasse): Sie ist zweifelsohne eine der schönsten Gassen der Kleinseite, und es gibt wohl keinen Pragreisenden, der darauf nicht mindestens einmal auf- oder abschlendert. Benannt ist sie nach dem Schriftsteller Jan Neruda (1834–1891), der im **Haus zu den Zwei Sonnen** (Nr. 47) lebte und diesen Stadtteil in seinen „Kleinseitner Geschichten" literarisch verewigte. Herrliche Palais und Bürgerhäuser säumen die Gasse. Auffallend sind die reizvollen Hauszeichen. Zu den imposantesten Gebäuden gehören das Thun-Hohenstein-Palais und das Palais Czernín-Morzin. Beide sind leider nicht zugänglich, im ersten residiert die italienische Botschaft, im zweiten die rumänische. Im **Haus zum Goldenen Lö-**

wen (Nr. 32) ist ein kleines, aber schönes **Apothekenmuseum (Expozice historických lékáren)** eingerichtet. Es informiert über die Geschichte der Pharmazie von der Renaissance bis ins 19. Jh. Schräg gegenüber, im **Haus zum Frühling und Sommer** (Nr. 33), waren einmal Wolfgang Amadeus Mozart und Giacomo Casanova zu Gast.

Anfahrt Ⓢ 12, 20, 22, 23 Malostranské náměstí. **Apothekenmuseum** ⌚ April–Sept. Di–So 11–18 Uhr, Okt.–März Di–So 10–17 Uhr. Eintritt 0,70 €, erm. die Hälfte.

Lobkovický palác (Palais Lobkowitz): Der hochbarocke Palastbau entstand zu Beginn des 18. Jh. Das Adelswappen der Familie Lobkowitz krönt das mächtige Eingangsportal. Ein vergleichsweise unauffälliges Schild darüber informiert über die heutigen Mieter: die Deutsche Botschaft. Der große Garten des Palais wird als einer der schönsten der Stadt gepriesen. Er ist leider nicht zugänglich. Und als er es einmal war, im Spätsommer '89, schrieb er Geschichte: Tausende DDR-Bürger campierten hier vor ihrer Übersiedlung in die BRD. Ein Trabi auf vier plumpen Menschenbeinen, ein Werk des Pop-Künstlers David Černý im hinteren Teil des Gartens, erinnert heute daran.

Adresse Vlašská 19. Ⓢ 12, 20, 22, 23 Malostranské náměstí. Ein Blick in den Garten ist werktags durch das Hauptportal möglich. Ansonsten muss man das Botschaftsgebäude in einem weiteren Bogen umgehen (zuerst bergauf und dann bei einem Spielplatz links ab), um den Trabi sehen zu können.

Vrtbovská zahrada (Vrtba-Garten): Der barocke Terrassengarten zählt mit den Gärten unterhalb der Prager Burg zu den reizvollsten zugänglichen Gartenanlagen der Stadt. Ende des 20. Jh. war er jedoch so heruntergekommen, dass er sich von den Obstwiesen dahinter kaum unterschied. Fünf Jahre benötigte man für die Rekonstruktionsarbeiten – genauso lange, wie man zu Anfang des 18. Jh. brauchte, um ihn anzulegen. Von seiner obersten Terrasse genießt man eine herrliche Aussicht über die Kleinseite und auf die Prager Burg. Die antiken Götterstatuen, wie der Atlas mit der Erdkugel, sind das Werk des Tiroler Bildhauers Matthias Bernhard Braun, der auch mehrere Skulpturen der Karlsbrücke geschaffen hat.

Adresse Karmelitská 18. Ⓢ 12, 20, 22, 23 Malostranské náměstí. ⌚ April–Okt. tägl. 10–18 Uhr. Eintritt 1,40 €, erm. 0,90 €.

Insel Kampa: Der Čertovka (Teufelsbach) mit seinen Mühlrädern trennt die Insel von der Kleinseite. Die Kommunisten wollten den Bach eigentlich zuschütten und in eine Straße verwandeln. Zum Glück kam es nie dazu, denn dann wäre es vorbei gewesen mit Prags so genanntem **Klein-Venedig**. Das Zentrum bildet der ovale, baumbestandene Hauptplatz Na Kampě, auf dem einst der Töpfermarkt der Stadt abgehalten wurde. Heute gibt es hier eine Reihe von Straßencafés, und es geht recht beschaulich zu. Das war nicht immer so: Die Bewohner der Insel Kampa hatten häufig unter Moldauhochwassern zu leiden. Seinen bislang höchsten Stand erreichte der Fluss im August 2002. An einem orangefarbenen Haus mit einer Tafel für den Maler Adolf Kašper (Uferseite, nahe der Karlsbrücke) erinnert eine bronzene Plakette daran – sie prangt fast einen halben Meter über den alten Höchstmarken.

Die südliche Hälfte der Insel nimmt der **Kampa-Park** ein, einer der freundlichsten zentralen Parks der Stadt mit alten Kastanienbäumen und Moldaublick. Hier gibt's keine steif angelegten Beete mit strammstehenden Tulpen, sondern gemütliche Liegewiesen (Vorsicht: Hunde schätzen sie auch). Zum Relaxen in der Sonne einer der besten Plätze.

Anfahrt Ⓢ 12, 20, 22, 23 Hellichova.

Museum Kampa: Das Museum in einer schick umgebauten, alten Wassermühle am Ufer der Moldau wurde 2002 erstmals feierlich eröffnet – und infolge des Hochwassers nochmals im Jahr 2004. Es beherbergt die Kunstsammlung des einst nach Amerika ausgewanderten Ehepaars Jan und Meda Mládek, darunter viele abstrakte Werke des Malers František Kupka (1871–1957) und kubistische Skulpturen von Otto Gutfreund (1889–1927). Auch wird zeitgenössische Kunst, insbesondere der 60er und 70er Jahre, aus den ehemaligen sozialistischen Bruderstaaten von Polen bis Ungarn gezeigt. Durch den Kauf dieser Werke unterstützten die Mládeks Künstler, die staatskonträres Denken in Ländern zum Ausdruck brachten, in denen die schöpferische Freiheit durch die kommunistischen Machthaber stark eingeschränkt war. In einem Nebengebäude werden zudem wechselnde Ausstellungen gezeigt. Angeschlossen ist das Restaurant Sovovy Mlýny mit einer herrlichen Terrasse am Wasser (→ „Essen und Trinken").

Adresse U Sovových mlýnů 2. Ⓢ 12, 20, 22, 23 Hellichova. ⌚ tägl. 10–18 Uhr. Eintritt 4,30 €, erm. die Hälfte.

Kostel Panny Marie pod řetězem (Johanniterkirche Maria unter der Kette): Bereits im 12. Jh. wurde hier eine Basilika für den Kreuzritterorden errichtet, der die Aufgabe hatte, die Judithbrücke (Vorgängerin der Karlsbrücke) und die Kleinseite zu beschützen. Doch von der einstigen Basilika ist nicht mehr viel zu sehen. Dort, wo deren Hauptschiff lag, befindet sich heute der efeubewachsene Kirchhof. Der ungewöhnliche Name der Kirche ist übrigens darauf zurückzuführen, dass man ihr Tor früher mit einer schweren Eisenkette verschloss. Im Inneren erinnert über dem Hochaltar ein Gemälde an eine der vielen Seeschlachten des Ordens zu jener Zeit, als er von Malta aus das Abendland gegen das Morgenland verteidigte.

Adresse Lázeňská. Ⓢ 12, 20, 22, 23 Malostranské náměstí. ⌚ nur während der Gottesdienste, aber stets einsehbar.

Winterliches Idyll

Wax Museum: Es ist ein Ableger des Altstädter Wachsmuseums (→ S. 114). Hier sieht man jedoch keine Figuren der jüngeren Zeitgeschichte, sondern etwa 35 in Kostüme gesteckte Wachspuppen aus der Historie Böhmens.

Adresse Mostecká. Ⓢ 12, 20, 22, 23 Malostranské náměstí. ⌚ tägl. 9–19 Uhr. Eintritt 3,90 €, erm. 1,80 €.

Franz-Kafka-Museum: Kafka und Prag, das ist wie Goethe und Weimar. Kein Buch über die Stadt, das dem deutschjüdischen Versicherungsangestellten und Literaten (1883–1924) nicht die Referenz erweist, kein Souvenirshop, der ihn nicht vermarktet. Und endlich gibt es auch ein Museum über den berühmtesten Sohn der Stadt. Kafkas Welt wird in wahrlich kafkaesker Atmosphäre dokumentiert: beengende, manchmal labyrinthartige Gänge, schwarz gestrichene Wände, niedrige Decken. Spannend sind die vielen Faksimiles: Bewerbungsschreiben, ein Zeugnis der Prager Handels-Akademie, Briefe, der Nachruf seines Freundes und späteren Herausgebers Max Brod, die Todesanzeige der Familie Kafka. Zudem erfährt man Details über die Frauen in Kafkas Leben, über den deutschsprachigen Prager Literatenzirkel und die Symbolik der wichtigsten Kafka-Romane.

Adresse Cihelná 2b. Ⓜ A Malostranská. ⌚ tägl. 10–18 Uhr. Eintritt 4,20 €, erm. die Hälfte. Museumsshop ums Eck an der U Lužické semináře 2a.

Hinweis: Noch mehr über Franz Kafka erfahren Sie auf unserem Josefov-Spaziergang ab S. 124. Das Grab des Literaten befindet sich auf dem Neuen Jüdischen Friedhof im Stadtteil Žižkov (→ S. 185).

Karmelitská und Újezd

Chrám Panny Marie Vítězné (Wallfahrtskirche Maria zum Siege): Von allen Kirchen Prags zählt sie neben dem Dom die meisten Besucher, und darunter sind nicht nur Touristen auf Kulturtour, sondern echte Pilger. Der Grund ist das „Prager Jesulein" (→ Kasten, S. 143) in einem beleuchteten Glaskasten. Die Kirche selbst wurde 1611 von deutschen Lutheranern erbaut und 1624 im Zuge der Gegenreformation dem Orden der Unbeschuhten Karmeliter übertragen. Der Orden verwaltet das Gotteshaus übrigens noch heute.

Adresse Karmelitská. Ⓢ 12, 20, 22, 23 Hellichova. ⌚ tägl. 8.30–19 Uhr.

České Muzeum Hudby (Tschechisches Musikmuseum): Das moderne Museum wurde 2004 in einem ehemaligen Dominikanerkloster aus dem 17. Jh. eingerichtet. Der spannende Rundgang führt von den Hightech-Medien des 21. Jh. „zurück" zu teilweise sehr ungewöhnlichen historischen Musikinstrumenten. Sie werden Flöten sehen, bei denen der Laie nicht weiß, wo vorne und hinten ist, mannshohe Harfen, Pianos mit Perlmutt- und Elfenbeintasten, Violinen (darunter eine *Amati* aus der Mitte des 17. Jh.), Dudelsäcke, Krummhörner, Mandolinen, Glasharmonikas etc.

Adresse Karmelitská 2–4. Ⓢ 12, 20, 22, 23 Hellichova. ⌚ tägl. (außer Di) 10–18 Uhr. Eintritt 3,50 €, erm. die Hälfte.

Ateliér Josefa Sudka (Atelier Josef Sudek): Im hintersten Hinterhof der Hausnummer Újezd 30 wurde das Atelier des Prager Fotografen Josef Sudek (1896–1976) wiederaufgebaut und dient heute temporären Ausstellungen. Junge tschechische Fotografen überwiegen. Sudek war einer der bedeutendsten Lichtbildner des Landes. Er bediente sich nahezu aller Genres der Fotografie, machte sich aber vor allem mit Prager Panoramabildern einen Namen.

Adresse Újezd 30. Ⓢ 12, 20, 22, 23 Hellichova. ⌚ Di–So 11–19 Uhr. Eintritt 0,50 €.

Mahnmal für die Opfer des Kommunismus: Das Mahnmal, das den Opfern des totalitären Regimes zwischen 1948 und 1989 gedenkt, wurde 2002 am Fuß des Petříns enthüllt. Ein über 26 Stufen führendes Schriftband erinnert u. a. daran, dass 248 Menschen aus politischen Gründen hingerichtet wurden und etwa 4500 politische Häftlinge in den Gefängnissen starben. Die sieben Bronzefiguren – nur die erste ist komplett, alle anderen werden nach und nach zu Torsi – sind ein Werk Olbram Zoubeks. Sie demonstrieren die Standhaftigkeit all jener, die durch das System zermürbt wurden, aber nie umfielen.

Adresse Újezd/Ecke Vítězná, nur wenige Meter von der Straßenbahnhaltestelle Újezd (Ⓢ 6, 9, 12, 20, 22, 23) entfernt.

Kult und Kitsch und weltberühmt – das Prager Jesulein

In der ganzen katholischen Welt wird das Prager Jesulein verehrt, eine kniehohe Wachsfigur mit einer gigantischen Krone, die aussieht wie ein kleiner König. Im 16. Jh. hatte sie ein spanischer Mönch modelliert, getreu dem Abbild des Jesuskindes, wie es ihm im Traum erschienen war. Die Prinzessin Maria Maximiliana Manriquez de Lara, eine spätere Lobkowitz, brachte die Figur nach Prag, ihre Tochter stiftete sie schließlich den Karmelitern. Und während der Gegenreformation, als Wunder bei der Rekatholisierung ja so nützlich waren, begann das Jesulein, eines nach dem anderen zu vollbringen. Es bewahrte Prag vor Pestepidemien und dem Siebenjährigen Krieg. Und bald sprach sich auch herum, dass es Kranke heilte, Armen half und sehnsüchtig Liebenden Glück brachte. Zum Dank wurde es reich beschenkt, unter seinen Gaben befanden sich auch Gewänder, die ihm nun regelmäßig angezogen wurden. Eines schneiderte sogar Kaiserin Maria Theresia persönlich aus Samt und Gold. Nachahmungen des Prager Jesulein gibt es überall zu kaufen, groß und klein, aus Glas und Porzellan, einfarbig und handbemalt. Neben Oblaten und Becherovka zählen sie zu den beliebtesten Andenken.

Petřín (Laurenziberg)

Früher baute man am Petřín Wein an, doch das ist Vergangenheit. Heute zieht sich eine steile Wiese voller Obstbäume den Prager Hausberg hinauf, der die Kleinseite von dem südlichen Stadtteil Smíchov trennt. Zwischen den Bäumen stehen mehrere Denkmäler, u. a. eines für den früh verstorbenen Dichter Karel Hynek Mácha (1810–1836). Er schrieb das Epos „Máj“, eine Hommage an den Frühling und frisch Verliebte, wodurch er so etwas wie deren Schutzheiliger wurde. Jedes Jahr am Abend des 1. Mai pilgern junge Paare an sein Denkmal, küssen sich und legen Blumen nieder.

Auf den Petřín selbst gelangt man am einfachsten mit der Standseilbahn von Újezd (s. u.). An der Endstation liegt ein

Bootsfahrt auf dem Teufelsbach

im Sommer wohl duftender Rosengarten. Zudem findet sich dort ein Teil der ehemaligen Stadtbefestigung, die vom Kloster Strahov hinunter nach Újezd verlief. Einer Legende zufolge ließ sie Karl IV. errichten, um der Hunger leidenden Bevölkerung Arbeit zu geben. Daher wird sie auch **Hungermauer** genannt. Verschwiegen wird bei all den glorifizierenden Geschichten über Karl IV. gerne, dass die Mittel dafür aus der Enteignung jüdischer Haushalte kamen. Direkt an die Mauer grenzt die verspielt-barocke **Sankt-Laurentius-Kirche (Kostel sv. Vavřince)**, ursprünglich ein romanischer Bau aus dem 10. Jh. Von der Kirche ist der deutsche Name des Hügels abgeleitet. Sie ist jedoch so gut wie immer verschlossen. An ihrer Stelle lag einst angeblich eine alte heidnische Kultstätte, wo der Legende nach schöne junge Mädchen verbrannt wurden.

Hinter Baumwipfeln lassen sich im Winter ein paar Plattenbauten ausmachen, heute Studentenwohnheime. Zu sozialistischer Zeit waren sie die Quartiere der Spartakiade-Teilnehmer – einem gigantischen, propagandistischen Turnerfest, das im benachbarten **Strahov-Stadion** über die Bühne ging. Auch die Arena selbst ist gigantisch, sie fasst knapp eine Viertelmillion Besucher. Als Fußballstadion taugt das weite Rund aber nicht. Daher soll ein für diese Zwecke taugliches „Nationalstadion" entstehen, ebenfalls auf dem Petřín.

Lanová dráha (Standseilbahn): Als sie 1891 in Betrieb genommen wurde, funktionierte sie auf eine so einfache wie geniale Weise, die etwas an einen Flaschenzug erinnert: Stets zog die jeweils obere Bahn durch ihr höheres Gewicht die untere hinauf. Beide Bahnen hatten große Wassertanks, die stets oben gefüllt und unten geleert wurden. Aufgrund eines Erdrutsches musste der Betrieb 1965 eingestellt werden. 20 Jahre lang war der Petřín nur noch zu Fuß zu besteigen. Heute verkehrt eine elektrifizierte Bahn. In der Mitte der Strecke befindet sich die Haltestelle Nebozízek;

daneben zwei allein schon wegen ihrer Aussicht empfehlenswerte Restaurants (→ „Essen und Trinken").

Adresse Nur wenige Meter von der Straßenbahnhaltestelle Újezd (Ⓢ 6, 9, 12, 20, 22, 23) entfernt. ⌚ verkehrt im Winter tägl. 9–20.45 Uhr, im Sommer 9–23.20 Uhr, jeweils alle 10–15 Min. Ticket 0,70 € oder mit einer Tages- bzw. Wochenkarte des öffentlichen Nahverkehrs.

Štefánikova Hvězdárna (Štefániksternwarte): Als Volkssternwarte wurde sie 1928 errichtet, noch heute ist sie der Öffentlichkeit zugänglich. Ein großer Zeiss-Doppelastrograf in der Hauptkuppel ist auf die Sonne gerichtet, ein kleineres Spiegelteleskop vom Typ Maksutow-Cassegrain auf Mond und Sterne. Sollte der Himmel verhangen sein, gibt's zu Demonstrationszwecken einen Ausschnitt des nahe gelegenen Aussichtsturms im Großformat zu sehen.

Adresse Petřín. Von Újezd mit der Standseilbahn. ⌚ April–Aug. Di–Fr 14–19 und 21–23 Uhr, Sa/So zusätzlich 10–12 Uhr. Sept. Mo–Fr 14–18 und 20–22 Uhr, Sa/So zusätzlich 10–12 Uhr. Okt. u. März Mo–Fr 19–21 Uhr, Sa/So zusätzlich 10–12 Uhr. Nov.–Febr. Mo–Fr 18–20 Uhr, Sa/So 10–12/14–20 Uhr. Mögen die Sterne für einheitliche Öffnungszeiten sorgen! Eintritt 1,50 €, erm. 1,10 €.

Rozhledna (Aussichtsturm): Zwei Jahre nach der Errichtung des Pariser Eiffelturms zur Weltausstellung 1889 wollte auch Prag einen haben. Sechseckig und fünfmal so klein (gerade 60 m hoch) wurde die Kopie. Dennoch befindet sich seine oberste Galerie mit 384 m über dem Meeresspiegel auf nahezu gleicher Höhe wie die des Originals und bietet ebenfalls grandiose Ausblicke. An klaren Tagen liegt einem nicht nur die Stadt zu Füßen, auch das ganze Umland (bis zu 150 km). 299 Stufen muss man dafür in Kauf nehmen; kein Lift! Erfrischungen bekommt man danach nebenan in einem netten Biergarten.

Adresse Petřín. Von Újezd mit der Standseilbahn. ⌚ im Sommer tägl. ab 10 Uhr, je nach Monat bis spätestens 22 Uhr, im Sept. u. Okt. bis 18 Uhr, im Winter nur Sa/So 10–17 Uhr. Eintritt Erw. (mit bis zu 3 Kindern) 1,80 €, erm. 1,40 €.

Zracadlové Bludiště (Spiegellabyrinth): Gleich neben dem Aussichtsturm steht eine hölzerne Ritterburg, in der sich ein kleines Spiegelkabinett befindet, u. a. auch mit verzerrenden Spiegeln. Den Spieglein-Spieglein-Spruch hört man hier in allen Sprachen.

Adresse Petřín. Von Újezd mit der Standseilbahn. ⌚ und Eintritt wie Aussichtsturm.

Malá Strana (Kleinseite)
Karte S. 135

Essen und Trinken

(→ Karte S. 135)

Es gibt viele empfehlenswerte Restaurants der gehobenen Kategorie auf der Kleinseite. Leider trifft das weniger auf die Mittelklasserestaurants zu. Das Gros davon sieht seine Gäste nur einmal und serviert dementsprechend. Einfache, gute Restaurants sind Mangelware.

Restaurants

U malířů (21), teures Lokal mit romantischem Ambiente in alten Gemäuern aus dem 16. Jh.: Kronleuchter (echte Kerzen) und Deckenmalereien. Der Chef de Cuisine bereitet so Erlesenes wie Hummer mit Jakobsmuscheln oder Entenbrust mit *Foie gras*. Hg. 16–42 €, Mittagsmenüs 24 €. ✆ 257530000. Maltézské náměstí 11. Ⓢ 12, 20, 22, 23, 57 Hellichova.

Kampapark (18), schon Lou Reed, Phil Collins und Johnny Depp genossen die zeitgemäße, ausgefallene Küche dieses eleganten Restaurants. Hg. 16–33 €. Tipp: Tisch auf der Terrasse mit herrlichem Blick auf die Karlsbrücke reservieren! ✆ 257532685. Na Kampě 8b. Ⓢ 12, 20, 22, 23, 57 Malostranské náměstí.

TIPP! **Pálffy palác (2),** der ideale Ort für ein romantisches Abendessen bei Kerzenschein und klassischer Musik. Die Küche ist international und unkonventionell, die Atmosphäre im barocken Saal mit leicht morbidem Charme einmalig. Herrliche Terrasse mit Blick auf Prager Burg und Klein-

Schräger Maler auf dem Petřín

seite. 1a-Service. Hg. 13–23 €, dreigängiges Mittagsmenü für 17,50 €. ✆ 257530522. Valdštejnská 14. Ⓜ A Malostranská.

The Sushi Bar (38), eine der etabliertesten und besten Sushi-Bars der Stadt, zumal der dazugehörige Fischladen für frische Ware sorgt. Sehr klein und nicht billig. ✆ 603244882 (mobil). Zborovská 68. Ⓢ 6, 9, 12, 20, 22, 23 Újezd.

Cowboys (5), schickes, junges Clubrestaurant. Innen cooles Design (mit Kuhfell überzogene Stühle und Sofas, viele Spiegel), dazu Terrasse mit Panoramablick über die Stadt (an Sommerabenden unbedingt reservieren). Fleischlastig: gute Burger und dicke Steaks, zu denen man Beilagen und Saucen individuell wählt. Freundliches Personal. Hg. 10–32 €. ✆ 296826105. Nerudova 40. Ⓢ 12, 20, 22, 23 Malostranské náměstí.

Hergetova Cihelna (13), trendiges Lokal in toller Lage direkt an der Moldau und mit Karlsbrückenblick. Große Terrasse, für die man abends ebenfalls reservieren sollte. Sehr gute Pizzen (z. B. *Pizza Foie Gras* oder *Pizza Sashimi*), aber auch Risotto, Filet Mignon oder Klassiker der böhmischen Küche. Hg. 8–25 €. ✆ 257535534. Cihelná 2b. Ⓜ A Malostranská.

C'est la vie (30), gediegenes Restaurant (hier trinkt man Champagner statt Sekt…) mit einer gesunden Speisekarte (viel frischer Fisch und Meeresgetier). Im Sommer großer, gemütlicher Außenbereich an der Moldau. Hg. 14–27 €. ✆ 721158403 (mobil). Říční 1. Ⓢ 6, 9, 12, 20, 22, 23 Újezd.

Sovovy Mlýny (26), im Museum Kampa mit idyllischer Terrasse an der Moldau – ein schönes Plätzchen für eine Pause zur Happy Hour (15–18 Uhr). Innen modern eingerichtet. Verfeinerte böhmische Küche, dazu viele Grillgerichte für 15–20 €. ✆ 257535900. U Sovových Mlýnů 2. Ⓢ 12, 20, 22, 23, 57 Hellichova.

Nebozízek (29), Spezialitäten der Altprager und internationalen Küche in einem pseudomodernen Wintergarten. Die Panoramaterrasse davor lädt auf einen Kaffee ein. Zwar berühmt, aber insgesamt mehr Schein als Sein. Hg. 9–16 €. ✆ 257315329. Links der Standseilbahn gelegen, Petřínské sady 411. Ⓢ 12, 20, 22, 23, 57 Újezd, weiter mit der Standseilbahn (Mittelstation aussteigen).

Petřínské Terasy (27), die gemütlich-rustikale und preiswertere Alternative auf der anderen Seite der Standseilbahn. Wahnsinnsterrasse mit traumhaften Ausblicken auf die Stadt. Herkömmliche tschechische Küche, dazu Grillgerichte für 7–14 €. Seminářská zahrada 13. ✆ 257320688. Anfahrt → Restaurant Nebozízek.

Olympia (36), gepflegte Bierschwemme mit gehobener böhmischer Küche. Hg.

3,50–12,30 €. Am Abend Reservierung empfehlenswert. ✆ 251511080. Vítězná 7. Ⓢ 6, 9, 12, 20, 22, 23 Újezd.

Cantina (28), etabliertes mexikanisches Restaurant, ein Renner bei amerikanischen *Expats* – ohne Reservierung ist am Abend kaum ein Tisch zu bekommen. Fröhlich-bunt eingerichtet, gemütlich, netter Service und für die Lage günstig. Kosten Sie die *Fajitas*! Hg. 3,50–12,30 €. ✆ 257317173. Újezd 38. Ⓢ 12, 20, 22, 23, 57 Hellichova.

Baráčnická rychta (10), versteckt gelegene, rustikale Gaststätte. Auf der Speisekarte steht Deftiges wie Mährischer Spatz, Gänsebraten oder Schweinelendchen mit Speck. Hg. 3,20–9 €. Konzertsaal mit dem Flair eines katholischen Vereinshauses im Keller. Tržiště 23. Ⓢ 12, 20, 22, 23, 57 Malostranské náměstí.

Pivnice

U Hrocha (3), nur wenige Touristen verirren sich in diese Oase einheimischer Bierseligkeit. Einfachste, verrauchte Bierstube mit deftigen Snacks und günstigem Pilsner Urquell. Wechselgeld besser nachzählen! Thunovská 10. Ⓢ 12, 20, 22, 23 Malostranské náměstí.

Cafés

Viele idyllische, aber auch sehr touristische Sommercafés auf dem Platz Na Kampě, am Čertovka-Bach und in Klein-Venedig.

Café Savoy (37), hier war Franz Kafka Stammgast und hier drehte Karel Gott schnulzige Musikvideos. Nach seiner letzten Komplettrenovierung wurde das Savoy als elegantes Kaffeehaus im Stil der Jahrhundertwende wieder eröffnet. Herrliche klassizistische Stuckdecke, hauseigene Patisserie, Frühstück, kleine Auswahl an Hauptgerichten. Besonders stolz ist man auf die heiße Schokolade. Vítězná 1. Ⓢ 6, 9, 12, 20, 22, 23 Újezd.

Kavárna V sedmém nebi (39), gleich daneben. Lebhaftes, buntes Café mit ebensolchem Publikum. Viele Pflanzen, Kunst an den Wänden. Snacks und Salate. Preiswert. Zborovská. Ⓢ 6, 9, 12, 20, 22, 23, 57 Újezd.

Kafíčko (15), Nichtraucher-Café mit Wohnzimmeratmosphäre. Míšenská 10. Ⓢ 12, 20, 22, 23 Malostranské náměstí.

Auf Geisterjagd in Prag

Die Moldaustadt hält mit der höchsten Anzahl an Geistern und Gespenstern pro Quadratkilometer den Weltrekord. Fast jedes Eck des alten Prag hat seine eigene Legende. Im Stromovka-Park kann man zum Beispiel in mondhellen Nächten einem **Vampir** begegnen. Als Soldat wurde er dort im 19. Jh. hinterrücks erschlagen und in einen Teich geworfen. Schlammbedeckt geht er nun auf Jagd. Mangelnder Fitness wegen konnte er bislang aber nur eine verwirrte Alte tot beißen – so sagt man zumindest. Harmlos ist dagegen der so genannte **Knochenmann**, ein Skelett, das zuweilen in der Nähe des Ständetheaters bettelt. Er verschacherte einst seinen Leib und findet erst wieder Ruhe, wenn er ihn zurückkaufen kann – geben Sie ihm also ein paar Groschen. Ungefährlich wie er sind die meisten Prager Gespenster, manchmal nur ein wenig versoffen wie der grüne **Wassermann Karoubek**, der ab und zu aus dem Teufelsbach auftaucht und um eine Flasche Bier bittet. Im 19. Jh. – als die Menschen vielleicht noch offener gegenüber Fremdlingen waren – war das gutherzige Wesen ein gern gesehener Gast in den Pivnices der Kampa-Halbinsel.

Mittlerweile hat auch die Tourismusbranche die Spukereien entdeckt. Jeden Tag werden Führungen angeboten. Leider gibt's „ohne Gespenst" kein Geld zurück. Dank unseres Literaturtipps (→ S. 29) können Sie selber losziehen. Und wer sich ein Gespenst mit nach Hause nehmen will, bekommt es als Marionette bei Pavel Truhlář (→ Einkaufen, S. 68).

Straßenmusikanten am Hradschiner Platz

Hradčany (Hradschin)

Hradčany, das ist nicht nur die Prager Burg, sondern auch die Burgvorstadt, der Stadtteil rund um die böhmische Akropolis. Trotz beeindruckender Palais wirkt dieser Teil der Moldaumetropole verschlafen und an manchen Ecken sogar dörflich.

Viel barocker Glanz liegt heute im Schatten der Prager Burg verborgen. Bis ins 16. Jh. allerdings war die Vorstadt ein ärmliches Viertel, in dem die Burguntertanen (auf Tschechisch „Hradčani") lebten. 1541 brannten deren Hütten ab; das kleine Volk zog hinab nach Malá Strana. Der Adel übernahm den Wiederaufbau, und unzählige Paläste entstanden. Stets aber blieb Hradčany ein Anhängsel der Prager Burg, das nie einen eigenen städtischen Charakter entwickelte. Noch heute ist das so. In vielen der alten Paläste sind Museen und Ministerien untergebracht. Einen Metzger oder Bäcker sucht man hier nahezu vergebens, nicht jedoch Cafés, Restaurants und Souvenirshops, die auf den schnellen Euro aus sind. Schön zum Durchspazieren ist die Burgvorstadt aber allemal: Wie in Malá Strana geht es durch denkmalgeschützte Straßenzüge, über kopfsteingepflasterte Gassen und vorbei an gusseisernen Laternen, von denen manche seit einigen Jahren wieder mit Gas betrieben werden.

Pražský hrad, die Prager Burg, wird aufgrund ihrer vielen Sehenswürdigkeiten in einem eigenen, nachstehenden Kapitel behandelt (ab S. 156). Der im Folgenden beschriebene Spaziergang beschränkt sich auf die Burgvorstadt.

Spaziergang

„Lange Stunden bummelte ich im großen, zeitweise menschenleeren und schweigsamen Stadtviertel Hradčany. Ich fühlte mich verloren in der Pracht barocker Kirchen und versuchte, mein Zuhause darin zu finden“. In jungen Jahren schrieb Albert Camus diese Zeilen. Noch immer liegt diese erhabene Stille über dem Viertel, wenn auch nicht am Ausgangspunkt des Spaziergangs, dem **Hradčanské náměstí** vor dem Hauptportal zur Prager Burg. Er ist ein großer, aristokratisch anmutender Platz. Keine Stadtführung lässt ihn aus. Ein ideales Arbeitsumfeld also für Straßenmusiker, oft mehrköpfige Jazz- oder Bläsercombos, aber auch Streichquartette.

Wie Sie zum Hradčanské náměstí, dem Ausgangspunkt des Spaziergangs gelangen → „Wege zur Burg“, S. 157.

Eine herrliche Aussicht über die Dächer der Kleinseite genießt man von der Südseite des Hradčanské náměstí. Seine Nordseite dominiert die Rokokofassade des **Erzbischöflichen Palais (Arcibiskupský palác)**. Unter dem linken Balkon des Gebäudes befindet sich ein kleiner Durchgang; er führt zum dahinter verborgen gelegenen → **Šternberský palác**, der u. a. eine sehenswerte Sammlung alter Meister beherbergt. Schräg gegenüber steht der **Schwarzenberský palác**, ein prächtiger Renaissancepalast, der mit venezianischen, dreidimensional wirkenden Sgraffiti in Briefchenform verziert ist. Zwischen 1545 und 1563 ließen ihn die Lobkowitz erbauen. Nach Abschluss der Restaurierungsarbeiten (voraussichtlich Ende 2007) wird der Palais unter Verwaltung der Nationalgalerie stehen. Dann soll hier eine ihrer Sammlungen ein neues Zuhause finden – welche, war zum Zeitpunkt der Drucklegung jedoch noch nicht entschieden.

Hradčany (Hradschin)
Karte S. 150/151

Dreharbeiten vor dem Außenministerium

An der leicht bergauf führenden Loretánská liegen rechter Hand weitere feudale Bauten, dahinter verbergen sich romantische Gassen. Die Häuserzeile linker Hand ist an einen steilen Abhang gebaut. Bis zu fünf Stockwerke haben die Gebäude, aber nur die obersten sind zu sehen.

Den Loretánské náměstí beherrscht das monumentale **Palais Czernin (Černínský palác)**. Seine Fassade ist über 150 m lang, 30 kolossale Säulen zieren sie. 1668 wollte sich Graf Humprecht Czernin von Chudenitz mit diesem Prunkbau ein Denkmal setzen. Es ist ihm gelungen, und dass er am Ende pleite war, ist Nebensache. Heute beherbergt das Palais das Außenministerium. Unauffällig dagegen ist der Eingang zu einer der urigsten und gemütlichsten Pivnices

der Stadt, dem **Schwarzen Ochsen** – ein Tipp (→ „Essen und Trinken").

Gegenüber dem Czerninpalais liegt das dem Platz seinen Namen gebende → **Loreta** (Loreto-Heiligtum). Alles andere als christlich ging es bis zur Samtenen Revolution gleich nebenan in dem Gebäude an der Kapucinská Nr. 2 zu. Die Staatssicherheit der ČSSR verhörte, erpresste und folterte darin. Eine kleine Tafel am Eingang erinnert daran.

Weiter führt der Weg durch das nordwestlichste Eck Hradčanys, **Nový svět (Neue Welt)**. Dörflicher als hier kann eine Großstadt kaum sein: enge, verwinkelte Gassen mit winzigen Häusern, die Ähnlichkeit mit denen des Goldenen Gässchens haben. Auch beider Geschichte gleicht sich: einst Armenviertel, im 19. Jh. dann restauriert. Im Gegensatz zum Goldenen Gässchen bleibt Nový Svět jedoch vom Massenandrang verschont und ist so um einiges romantischer. In der Černinská (Hnr. 5) findet man die **Galerie Gambra**. Sie ist die einzige Galerie der Stadt, die in zwei winzigen, leicht chaotisch eingerichteten Räumen tschechischen Surrealismus präsentiert: eine zusammengewürfelte Sammlung von Bildern, Fotografien und Keramiken (🕐 März–Okt. Mi–So 12–18 Uhr, Nov.–Febr. nur Sa/So).

Wieder am Palais Czernin vorbei und ein paar Schritte weiter bergauf erreicht man den **Pohořelec**. Der deutsche Name des Platzes war **Brandstätte**. Mehrmals gingen die Gebäude drum herum in Flammen auf, daher der Name. Wo heute die Statuengruppe mit dem heiligen Johann von Nepomuk steht, wurden einst öffentliche Hinrichtungen vollzogen. Die Kosten dafür hatten die Familien des Verurteilten zu tragen. Inmitten der Häuserzeile auf der Südseite des Platzes befindet sich ein leicht zu übersehender Durchgang (Nr. 147/8, rosa-weiße Fassade) zum sehenswerten → **Strahovský klášter (Kloster Strahov)** hoch über der Stadt.

Ein ausgeschilderter Spazierweg (Hinweisschilder „Bludiště") führt vom Kloster weiter zum Petřín-Berg (→ S. 143) und bietet grandiose Ausblicke auf Prag. Genauso schön ist der Weg über die Gassen Úvoz und Nerudova (→ S. 139) hinab zum Malostranské náměstí. Dabei passiert man die kleine **Galerie Josefa Sudka** (Úvoz 24, Mi–So 11–17

Uhr) mit wechselnden, oft auch internationalen Fotoausstellungen. Die Galerie ist benannt nach dem Prager Fotografen Josef Sudek, dessen einstiges Atelier in Malá Strana besichtigt werden kann (→ S. 142).

Prager Hausdrache

Sehenswertes

Šternberský palác (Palais Sternberg): Er zählt zu den bedeutendsten hochbarocken Palastbauten Prags. Graf Wenzel Adalbert von Sternberg ließ ihn Anfang des 18. Jh. errichten. Heute wird das Gebäude von der Nationalgalerie verwaltet. Im Erdgeschoss zeigt sie ihre Sammlung alter Meister aus den deutschen Landen und Österreich. Wertvollstes Exponat darunter ist Albrecht Dürers „Rosenkranzfest", das er 1506 für die San-Bartolomeo-Kirche in Venedig geschaffen hatte und das durch die Sammelleidenschaft Rudolfs II. im 17. Jh. nach Prag gelangte.

Im ersten Stock sieht man eine kleine Ausstellung antiker Kunst aus römischer und hellenistischer Zeit, zudem eine umfangreiche italienische Ikonensammlung aus dem 14. und 15. Jh. Den Rest des Stockwerks sowie die darüber liegende Etage beherrschen niederländische, italienische, spanische, französische und flämische Maler des 15.–18. Jh. Darunter sind Werke von El Greco, van Dyck, Rubens, Goya, Tintoretto und Rembrandt. Im Innenhof des Palais lädt ein gemütliches Café auf eine Pause ein.

Adresse Hradčanské náměstí 15. Ⓢ 22, 23 Pražský hrad. Zugang über den Erzbischöflichen Palast (→ Spaziergang). ⏲ tägl. (außer Mo) 10–18 Uhr. Eintritt 5,30 €, erm. 2,50 €.

> **Hinweis**: Es gibt Planungen der Nationalgalerie, die Sammlung alter Meister 2008/2009 in den Palais Schwarzenberg gegenüber zu verlegen!

Loreta (Loreto-Heiligtum): Der Name des Heiligtums geht auf eine Legende zurück, die vom Wunder der Santa Casa, des Hauses der Jungfrau Maria, erzählt. Der Überlieferung nach wurde es Ende des 13. Jh. von Engeln aus Nazareth ausgeflogen, um es vor einem Sarazeneneinfall in Sicherheit zu bringen. Über Umwege gelangte das heilige Häuschen schließlich in einen Lorbeerhain bei Ancona. Dort entwickelte es sich zu einem berühmten Wallfahrtsort, der kurzerhand Loreto genannt wurde. Später, während der Gegenreformation, verkaufte die katholische Kirche das Wunder als – heute würde man sagen – PR-Gag. So entstanden überall in Böhmen und anderswo Loreto-Heiligtümer (das in Prag zwischen 1626 und 1631). Sie sind eine Kopie des Originals, und wer sie besichtigt, kann sich eine Fahrt nach Ancona sparen. Im Kreuzgang rund um die Santa Casa ist die wundersame Geschichte des Häuschens auf 47 Deckengemälden festgehalten. Die Schatzkammer des Heiligtums beherbergt ein paar liturgische Gegenstände. Der wertvollste ist eine Monstranz mit über 6000 Diamanten. Zuvor zierten die Steine übrigens das Hochzeitskleid einer Gräfin.

Nicht sehens-, aber hörenswert sind die Ende des 17. Jh. in Amsterdam gegossenen 24 Glocken im Turm über dem Eingang. Sie können ähnlich wie ein Klavier gespielt bzw. in Gang gesetzt werden. Unter anderem improvisierte Franz Liszt auf ihnen. Zu jeder vollen Stunde erklingt heute das Lied „Sei tausend mal gegrüßt, Maria".

Das Loreta ist durch einen Brückengang mit dem Klostergebäude des Kapuzinerordens verbunden, der das Heiligtum verwaltet. Während des Zweiten Weltkrieges wurde das Kloster von der SS als Gefängnis genutzt. Erst 1990, nach dem Untergang des Kommunismus, bekam es der Orden zurück. Die Fassade der Klosterkirche ist gespickt mit Kanonenkugeln. Sie landeten 1757 im Klosterareal, abgeschossen von der preußischen Artillerie.

Adresse Loretánské náměstí 5. Ⓢ 22, 23 Pohořelec. ⌚ tägl. (außer Mo) 9–12.15 und 13–16.30 Uhr. Eintritt 3,20 €, erm. 2,50 €.

Strahovský klášter (Kloster Strahov): Seit 1989 ist das Kloster wieder im Besitz des Prämonstratenserordens. Man muss kein Ungläubiger sein, wenn man den Namen zweimal liest. Die Blütezeit des Ordens ist heute zwar vorüber, im Mittelalter war er jedoch sehr populär und nahm eine zentrale Rolle bei der Christianisierung des Landes ein.

Bibliothek im Kloster Strahov

Der Name des Ordens stammt von dessen erstem Kloster im Tal Prémontré in Frankreich. Gegründet hatte es Norbert von Xanten, nachdem er, vom Blitz getroffen, vom Pferd fiel und dazu eine Stimme flüsterte, er solle von der Hurerei ablassen und nur noch Anständiges tun. Das war 1115, schon fünf Jahre später gab es das Kloster in Frankreich und bereits 1140 entstand der Prager Ableger. Seit 1627 befinden sich sogar Norberts sterbliche Überreste hier in der **Abteikirche Mariä Himmelfahrt;** sie ist zugleich die größte und schönste Kirche des Klosters. In ihr liegt übrigens auch der kaiserliche Feldmarschall Gottfried Heinrich Graf zu Pappenheim begraben. Seine Popularität verdankt er Friedrich Schiller, der ihm im „Wallenstein" die geflügelten Worte „Ich kenne meine Pappenheimer" in den Mund legte.

Gleich nebenan befindet sich der Eingang zur **Bibliothek**, deren Bestand auf knapp eine Million Bände geschätzt wird. Der Blick in die zwei imposanten Lesesäle beeindruckt und lässt das Kloster ins Prager Pflichtprogramm aufrücken. Im ersten, dem so genannten Philosophischen Saal, reichen die Bücherschränke, übrigens aus Nussbaum, bis an die Decke. Diese ist mit Fresken verziert, die der österreichische Maler Anton Maulpertsch 1870 schuf und welche den Drang der Menschheit nach dem wahren Wissen darstellen. Der zweite Saal, der so genannte Theologische Saal, ist mit Globen bestückt. Die dortigen Fresken malte ein Ordensbruder; sie zeigen die Liebe zur Bildung und zur Wissenschaft. Auf dem Gang zwischen beiden Sälen befindet sich in Glasvitrinen eine kleine Kuriositätensammlung: Muscheln, Skorpione, Seesterne usw., dazwischen auch das Geschlechtsteil eines Wals.

Kurios ist auch das **Museum Miniatur** (beim Durchgang zum Pohořelec), das millimetergroße Arbeiten des sibirischen Künstlers Anatolij Konjenko zeigt. Durch Vergrößerungsgläser sieht man ein Kamel im Haarnadelöhr, ein Beethovenporträt im Mohnkorn usw.

Im eigentlichen Klostergebäude ist die **Strahover Bildergalerie (Strahovská obrazárna)** untergebracht. Malerei von der Gotik bis zur Romantik wird gezeigt, darunter auch Werke von Lucas Cranach (1472–1553). Im Ganzen ähnelt die Sammlung der im Georgskloster (→ S. 166), mit Karel Škréta und Peter Brandl dominieren auch dieselben Maler – alles ist nur schöner präsentiert.

Adresse Strahovské nádvoří. Ⓢ 22, 23 Pohořelec. **Abteikirche**, ⌚ nur zu Messen (tägl. um 18 Uhr, So auch um 10 Uhr), aber durch ein Gitter einsehbar. **Bibliothek**, ⌚ tägl. 9–12 und 13–17 Uhr. Eintritt 2,80 €, erm. 1,80 €. **Miniaturmuseum**, ⌚ tägl. (außer Mo) 9–17 Uhr. Eintritt 1,70 €, erm. 1 €. **Bildergalerie**, ⌚ tägl. (außer Mo) 9–12 und 12.30–17 Uhr. Eintritt mit Besichtigung der Klosterräume 1,80 €, erm. 0,70 €.

Weitere Sehenswürdigkeiten

Bílkova vila (Bílekvilla): Die Villa, ein mit ährenförmigen Säulen verzierter roter Backsteinbau, wurde 1911 nach Plänen des tschechischen Bildhauers František Bílek (1872–1941) errichtet, einem Vertreter des symbolistischen Jugendstils. Sein Wohn- und Atelierhaus sollte eine „Kathedrale der Kunst" sein, und in der Tat erinnert das Innere stark an eine Kirche. Die Villa beherbergt eine kleine, interessante Sammlung von Bíleks Arbeiten, dazu einen Teil des Originalmobiliars. Zu Bíleks Bewunderern gehörten u. a. Franz Kafka und Julius Zeyer (1841–1901). Letzterem, einem der angesehensten Dichter der tschechischen Neuromantik, ist schräg gegenüber der Villa im Chotkovy sady, dem ältesten öffentlichen Park Prags, ein Denkmal aus hellem Marmor gesetzt worden.

Adresse Mickiewiczova 1. Ⓢ 22, 23 Královský letohradek. ⌚ im Sommer tägl. (außer Mo) 10–18 Uhr, im Winter nur Sa/So 10–17 Uhr. Eintritt 1,80 €, erm. 0,70 €.

Hradčany im Spiegel

Essen und Trinken

(→ Karte S. 150/151)

Restaurants

U zlaté hrušky (2), gediegenes Restaurant, in dem schon Margaret Thatcher speiste. Hirschroulade mit Spinatkartoffeln, Hummer mit Kräuterbutter oder Chateaubriand zu 21–28 €. Angegliedert ein gemütliches Gartenrestaurant mit „Live Fish" und preiswerteren Gerichten. ✆ 220514778. Nový Svět 3. Ⓢ 22, 23 Brusnice.

Bellavista (10), Terrassenrestaurant mit traumhafter Aussicht auf Burg und Kleinseite. Italienische Küche (Tomatenrisotto mit Salsiccia, Lachscarpaccio mit Kapern oder Kalbssteak in Korianderpesto) zu 8,50–21 €, zudem gegrillter Fisch. Innen moderngediegen eingerichtet. ✆ 220517274. Strahovské nádvoří 1. Ⓢ 22, 23 Pohořelec.

Klášterní Pivovar Strahov & Restaurace (11), Brauereigaststätte auf dem Klosterareal, nicht zu verwechseln mit dem Velká Klášterní Restaurace nebenan. Leckeres 13- und 14-gradiges Svatý-Norbert-Bier. Böhmische Braten- und Steakküche zu 3,20–13,70 €. Viel Touristenrummel, Blasmusik, Außenbestuhlung. ✆ 233353155. Strahovské nádvoří. Ⓢ 22, 23 Pohořelec.

Malý Buddha (8), Teehaus und Restaurant. Räucherstäbchen, Buddha – sämtlicher Asia-Kitsch vorhanden. Besitzer Chris Nguyen kredenzt fernöstliche Küche vom einfachen Fried Rice bis zum ausgefallenen Krokodilcurry. Überwiegend amerikanisches Publikum. Hg. 3,50–7,60 €. Rauchen verboten. ✆ 220513894. Úvoz 46. Ⓢ 22, 23 Pohořelec.

Café

U zavěšenýho kafe (5), gemütliche, von Pragern gern besuchte Mischung aus Café und Bierstube mit dem originellen Namen „Zum aufgehängten Kaffee". Tatsächlich wird der Kaffee hier „aufgehängt", d. h. im Voraus bezahlt. Der Tipp für den preiswerten Imbiss zwischendurch. Úvoz 6. Ⓢ 22, 23 Pohořelec.

Pivnice

TIPP! **U černého vola („Zum Schwarzen Ochsen", 7),** traditionsreiche Bierstube, eine der urigsten der Stadt. Die hübschesten Mädchen soll es einem tschechischen Schlager nach hier geben – auf jeden Fall aber gutes Bier: *Velkopopovický kozel*, frisch gezapft, dazu deftige Snacks. Und zudem heißt es: trinken für einen guten Zweck – alle Erlöse fließen einer Blindenschule zu. Einziger Haken: Nach dem Besuch riechen Sie wie der Besitzer einer Frittenbude. Loretánské náměstí 1. Ⓢ 22, 23 Pohořelec.

Die Prager Burg

Pražský hrad (Prager Burg)

Die Prager Burg ist das Wahrzeichen der Stadt, der Nabel des Landes und das seit eh und je. Tausend Jahre Geschichte treffen hier auf Millionen Besucher. Paläste, Kirchen, Museen, Klöster – es gibt viel zu sehen, mehr als genug.

Zu später Stunde von der Karlsbrücke, wenn sich die Fassade der Burg gebieterisch im Scheinwerferlicht erhebt, wirkt sie am schönsten. Die Tschechen blickten über die Jahrhunderte hinweg mit Angst und Verachtung, aber auch mit Stolz und Anerkennung nach oben. Dunkle und goldene Zeiten wurden hier eingeläutet. Die Burg war Sitz von Fürsten, Königen, Kaisern, von Bischöfen und Erzbischöfen und damit stets ein Symbol weltlicher und geistlicher Macht. Heute empfängt hier der Präsident des Landes, Václav Klaus, Staatsgäste aus aller Herren Länder.

Am Beginn der über 1000-jährigen Geschichte der Prager Burg steht Herzog Bořivoj I., der in der zweiten Hälfte des 9. Jh. seinen Fürstensitz von Levý Hradec hierher verlegte. Anfangs waren die Befestigungen noch aus Holz errichtet, doch als man sah, dass diese bei Belagerungen keinen Schutz boten, da man sie kurzerhand in Brand setzen konnte, umgab man die Burganlage in der Mitte des 11. Jh. mit einem steinernen Wall. Danach ging es mit der Burg Schlag auf Schlag voran, es folgte Herrscher auf Herrscher und mit jedem ein neuer An- oder Umbau, die meisten unter Karl IV. im 14. Jh. und Rudolf II. Anfang des 17. Jh. Ein gnadenloses Nebeneinander verschiedenster Baustile war das Resultat. Das Kunterbunt versuchte erstmals Nicolo Pacassi, Hofarchitekt Maria Theresias im 18. Jh., zu vereinheitlichen. Die plastische Ausschmückung und Umgestaltung überließ er dem böhmischen Bildhauer Ignaz Platzer. Anfang des 20. Jh. unternahm schließlich der Slowene Jože Plečnik einen weiteren Versuch, die Burg zu modernisieren. Diese beiden Architekten prägten am meisten das heutige Erscheinungsbild der Burg, das einem gigantischen Freilichtmuseum gleicht.

Wege zur Burg

Die beiden schönsten Fußwege von Malá Strana hinauf zur Prager Burg verlaufen über die Nerudova (→ S. 139) und über die Zámecke schody (viele Treppen). Beide Wege enden am Hradčanské náměstí, von wo sich ein herrlicher Blick über Prag auftut. Wer es bequemer haben will, nimmt die Ⓢ 22, 23 von der Metrostation Malostranská bis zur Haltestelle Pražský hrad.

Spaziergang

Mit einer Fläche von 7,28 ha ist die Prager Burg die größte der Welt. Das Areal ist voll gestopft mit bedeutenden kulturhistorischen Gebäuden und Denkmälern. Spaziert man hindurch, braucht man sich nur umzudrehen, und man steht vor einer neuen Sehenswürdigkeit, die man in so manchen Städten ausführlichst beschreiben würde, die hier aber regelrecht untergeht. Kein Wunder also, dass es Kunstführer gibt, die allein der Burg Hunderte von Seiten widmen. Wer nach dem Spaziergang noch Appetit auf mehr hat, findet in den Burgläden unseren Literaturtipp dazu (→ S. 29).

Die Prager Burg war bis ins 18. Jh. durch einen Graben vom **Hradčanské náměstí** getrennt. Doch mit dem Bau des aristokratischen, repräsentativen ersten Burghofs, auch **Ehrenhof** genannt, verlor sie ihren Festungscharakter nach Westen hin. Die regungslos dastehende Burgwache hat ebenfalls nur noch repräsentative Funktion. Einst trug sie paramilitärisches Khaki, heute blaue Uniformen, die Theodor Pištěk, Kostümausstatter des Forman-Films „Amadeus", entworfen hat. Stets eine Stunde müssen die Soldaten ausharren, dann werden sie abgelöst. Mittags um zwölf wird daraus ein Spektakel gemacht: Fanfarenmusik erklingt dann zum Stechschritt und zur Übergabe der Standarte des Präsidenten im Blitzlichtgewitter. Das Tor, vor dem sie stehen, ziert ein Rokokogitter mit den Monogrammen der Kaiserin Maria Theresia

Tickets und Öffnungszeiten

Um nur das Burggelände zu betreten, brauchen Sie kein Ticket. Es ist von April–Okt. von 5–24 Uhr zugänglich, von Nov.–März von 6–23 Uhr. Für die Sehenswürdigkeiten innerhalb des Burggeländes gibt zwei verschiedene Kombitickets, keines jedoch, das alle Attraktionen einschließt. Mit dem Ticket **„Lange Tour"** (12,50 €, erm. die Hälfte) darf man die Gemäldegalerie der Prager Burg, den Königspalast, die Ausstellung „Geschichte der Prager Burg", die Sankt-Georgs-Basilika, das Georgs-Kloster samt Ausstellung und das Goldene Gässchen besichtigen. Das Ticket **„Kurze Tour"** (9 €, erm. die Hälfte) erlaubt nur den Zutritt zum Königspalast, zur Sankt-Georgs-Basilika und zum Goldenen Gässchen. Einzeltickets gibt es nur für die Sehenswürdigkeiten (Preise siehe dort), die nicht im Ticket „Kurze Tour" inbegriffen sind. Den Dom darf man bis zur zweiten Seitenkapelle umsonst betreten.

Die Kombitickets bekommt man u.a. bei der Tourist Information im dritten Burghof gegenüber dem Sankt-Veits-Dom (im Winter 9–16 Uhr, im Sommer 9–17 Uhr). Die Tickets sind zwei Tage gültig.

Pražský hrad (Prager Burg)
Karte S. 158/159

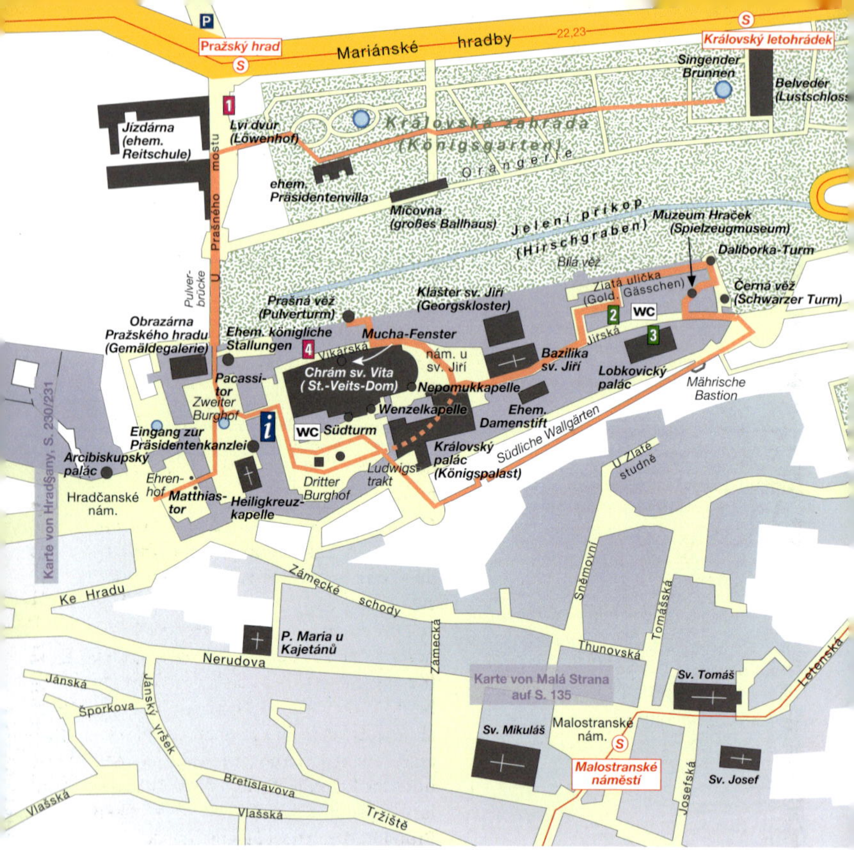

und ihres Sohnes Josephs II. Die furchteinflößenden, todbringenden Giganten rechts und links davon schuf Ignaz Platzer. So verrußt wie sie sind, könnte man glauben, es seien noch die Originale, dabei handelt es sich um Kopien.

Zwei hohe Flaggenmasten flankieren das barocke **Matthiastor**. Es war einst ein frei stehender Triumphbogen. An den Gebäudekomplex darüber schließen mehrere prunkvolle Räumlichkeiten an. Die beeindruckendsten wären der **Spanische Saal** und die **Rudolfsgalerie**, doch sind sie – außer zu kulturellen Veranstaltungen – der Öffentlichkeit nicht zugänglich.

Den etwas nüchtern wirkenden **zweiten Burghof** lockert ein barocker Sandsteinbrunnen auf. Links davon, also nördlich, blickt man auf das so genannte Pacassitor, nichts anderes als eine Durchfahrt. Zu beiden Seiten befanden sich früher Pferdestallungen. Heute wird dort Kunst gezeigt: Links liegt der Eingang zur → **Obrazárna Pražského hradu**, der Gemäldegalerie der Prager Burg, rechter Hand der zu den **Císařská komírna**, den „Königlichen Stallungen", wo wechselnde Ausstellungen gezeigt werden.

Schräg gegenüber, ins hinterste Eck des Hofes gedrängt, steht die **Kapelle des Heiligen Kreuzes** aus der zweiten Hälfte des 18. Jh. Sie ersetzte eine dort für die Krönungsfeier Karls VI. im Jahr 1723 erbaute Großküche. Heute befin-

det sich im Eingangsbereich der Kapelle ein **Audioguide-Verleih**. Das Innere des Gotteshauses steht leer – die Deckenmalereien darin mit den alttestamentarischen Motiven sind eher etwas für speziell Interessierte. Noch vor der Kapelle fällt ein Portal mit einem kupfernen Baldachin über einem goldenen, geflügelten Leoparden ins Auge – dieser ziert den Eingang zur Kanzlei des Präsidenten.

Der links davon gelegene Durchgang führt in den Dritten Burghof zum kollektiven Kopf-in-den-Nacken, direkt auf die mächtige Stirnwand des → **Chrám sv. Vita (Sankt-Veits-Dom)** zu. Die ein wenig zu groß geratene, dreischiffige Kathedrale (124 m lang und bis zu 60 m breit) kommt vom südwestlichen Eck des Burghofes am besten zur Geltung. Eine kleine vergoldete Mädchenkopfplastik grüßt Sie dort.

Der auffällige, 16 m hohe **Monolith** aus Mrakotiner Granit vor der **Propstei** der Kathedrale wurde 1928 zum 10. Jahrestag der Republik aufgestellt. Wenige Meter weiter kämpft der heilige Georg zu Pferd mit dem Drachen. Das Original (im Lapidarium in Holešovice, → S. 178; eine weitere Kopie in der Ausstellung „Geschichte der Prager Burg“) stammt aus dem 14. Jh. und gehört zu den ältesten freistehenden Reiterstandbildern der Welt.

Gegenüber der Propstei und dem Dom belebt ein Säulenportikus die Fassade des Südflügels, auf dessen Balkon sich zu besonderen Anlässen der Präsident zeigt. Die Ostseite des dritten Hofs beherrschte einst der → **Královský palác (Königspalast)**. Dass sich das Gebäude heute äußerlich nicht vom Südflügel abhebt, ist dem Burgumbau durch Niccolo Pacassi zuzuschreiben. In den unteren Räumlichkeiten des Königspalastes gibt es die Ausstellung → **Příběh Pražského Hradu (Geschichte der Prager Burg)** zu sehen.

Gegenüber dem Chor des Sankt-Veits-Doms blickt man auf die barocke Fassade der → **Bazilika sv. Jiří (Sankt-Georgs-Basilika),** hinter der sich zwei romanische Türme erheben. An sie schließt linker Hand das → **Klášter sv. Jiří (Georgskloster)** an, das heute eine Sammlung alter böhmischer Kunst beherbergt. Zu ihrer Rechten ist die Basilika mit einer kleinen barocken Kapelle verbunden, die dem heiligen Johann von Nepomuk geweiht ist.

Über die enge Gasse Vikářská gelangt man von hier zum versteckt liegenden **Prašná věž (Pulverturm)**, einem Wehrturm, der im Jahr 1485 errichtet wurde und 1649 in die Luft flog, nicht durch feindlichen Beschuss, sondern durch

Fotoshooting vor der Burg

das darin eingerichtete Munitionslager – daher auch der Name. Böse Zungen behaupten jedoch, die Turmbezeichnung rühre aus jener Zeit, als Alchemisten darin für Rudolf II. Blei zu Gold verwandeln sollten und nichts anderes als irgendwelche Pülverchen hervorbrachten. Heute wird der Turm für temporäre Ausstellungen genutzt.
In die andere Richtung führt von der Sankt-Georgs-Basilika die **Jiřská** oder Georgsgasse zum östlichen Burgtor. Der Straßenname wird an der Nepomukkapelle in Deutsch und Tschechisch angegeben – wie es in Prag bis zum Ende des Zweiten Weltkrieges überall üblich war. Der Gebäudekomplex am Beginn der Jiřská rechter Hand war das einstige Damenstift. Dabei handelte es sich um eine Art „Adeligenwohlfahrt". Verarmte von Soundso bekamen hier ein Bett und eine Suppe.

Hält man sich bei der nächsten Möglichkeit links, gelangt man in die → **Zlatá ulička**, das berühmte **Goldene Gässchen** mit seinen bunten, verschachtelten Häuschen. Frühmorgens oder spätabends ist es malerisch, tagsüber aber herrscht ein nicht endendes Gedränge. Die Gasse sieht aus wie eine Sackgasse, ist jedoch keine. Am unteren Ende führen Treppen auf eine Terrasse der spätgotischen Befestigungen. Linker Hand steht dort der **Daliborka**, der bekannteste Wehrturm der Burg. Er ist nach seinem ersten Gefangenen benannt, dem Adeligen Dalibor von Kozojed, der sich Ende des 15. Jh. unrechtmäßig Leibeigene zugelegt hatte. Einer Legende nach – zugleich der Stoff von Smetanas Oper „Dalibor" (1868) – lernte er während seiner Gefangenschaft das Geigenspiel, und sein süß-schauriges Gefiedel schallte bis zu seiner Hinrichtung über das gesamte Burgareal. In Wirklichkeit aber war zu diesem Zeitpunkt die Geige in Böhmen noch unbekannt.

Auf dem Innenhof gleich ums Eck, wo Tische und Stühle der umliegenden Cafés zu einer Pause einladen, steht die Statue eines nackten Jungen von Miloš Zet mit dem Titel „Jugend". Den Anblick seiner Genitalien empfanden die

Genossen als zu frivol und ließen sie entfernen. Der Einfluss der westlichen Dekadenz brachte sie wieder zurück.

In dem Renaissancegebäude hinter der Plastik residierte einst der oberste Burggraf, der den König in seiner Abwesenheit vertrat. Heute befindet sich darin das → **Muzeum Hraček**, ein Spielzeugmuseum.

Ein paar Schritte weiter, an der Jiřská, steht der → **Lobkovický palác** mit einer sehenswerten Kunstsammlung.

Das Osttor der Prager Burg dominiert der **Schwarze Turm (Černá věž)**. Einst hieß er Goldener Turm, da er ein vergoldetes Dach trug. Doch er brannte aus und zurück blieb sein verkohltes Mauerwerk. Heute, frisch restauriert, könnte er wieder einen neuen Namen vertragen.

Dahinter liegt eine Aussichtsplattform, an der der Spaziergang im Winter endet. Über die Staré zámecké schody, vorbei an Souvenirständen, gelangt man dann hinab zur Metro und Straßenbahnhaltestelle Malostranská. Im Sommer führt der Weg weiter durch die **südlichen Wallgärten** der Prager Burg (April–Okt. zugänglich), einer schmalen, gepflegten Parkanlage mit Obelisken, Brunnen und Pavillons, dazu gemütlichen Bänken und herrlichen Ausblicken. Das war nicht immer so. Bis ins 18. Jh. wimmelte es hier nur so von Ratten, da die Burgbewohner ihren Dreck stets aus den Fenstern warfen. Von der so genannten Mährischen Bastion aus kann man zudem die terrassenförmig angelegten Gärten unterhalb der Prager Burg besichtigen, die **Zahrady pod Pražským hradem** (→ Malá Strana/S. 139).

Um zum → **Královská zahrada (Königsgarten)**, zu gelangen, muss man erst noch einmal die Burg durchqueren. Unmittelbar hinter dem Ludwigstrakt des Königspalastes führt ein Treppendurchgang in den dritten Burghof (s. o.). Über das Pacassitor und die Pulverbrücke, einst eine Holzkonstruktion, heute ein aufgeschütteter Wall über dem Hirschgraben, verlässt man das Burgareal wieder. Dahinter liegt linker Hand die **Jízdárna**, die ehemalige Reitschule der Prager Burg. In ihr werden heute wechselnde Ausstellungen insbesondere zu tschechischer Kunst des 20. Jh. gezeigt. Schräg gegenüber befindet sich der Eingang zum Königsgarten. Das Gebäude gleich links davon ist der ehemalige **Löwenhof**, der Name Lví Dvůr des vornehmen Restaurants darin erinnert noch daran. Rudolf II. (1552–1612), der als „kaiserlicher Faustus" und „verrückter Alchimist" in die Geschichte einging, hielt hier seinen Lieblingslöwen Mohammed. Der König, der kaum Interesse für Politik, umso mehr aber für Kunst, Kultur und Sternenkunde zeigte, hatte seinen Hofastronomen Johannes Kepler mit der Erstellung eines Horoskops für sich und den Löwen beauftragt. Erstaunlicherweise war die Sternenkonstellation zur Geburt Rudolfs und Mohammeds identisch. Beide starben schließlich auch in der gleichen Woche.

Vorbei an der Präsidentenvilla – nicht alle amtierenden Präsidenten bewohnen sie – gelangt man zu dem im 16. Jh. entstandenen **Großen Ballhaus (Míčovna)** mit einer üppigen figuralen und ornamentalen Ausschmückung. Während des Zweiten Weltkrieges brannte es aus und wurde kurz darauf restauriert. Seitdem findet man unter den allegorischen Figuren neben den Fenstern auch zwei Mädchen mit Hammer und Sichel (drittes Fenster von rechts). Gegenwärtig dient der Bau für Ausstellungen, Konzerte und feierliche Anlässe. Auf der Ostseite des Gebäudes schließt die Orangerie an, wo bereits zu Zeiten Rudolfs II. exotische Früchte gezüchtet wurden. Am östlichen Ende des Königsgartens steht der → **Singende Brunnen** vor dem königlichen Lustschloss, dem → **Belvedér**.

Sehenswertes

Obrazárna Pražského hradu (Gemäldegalerie der Prager Burg): Sie beherbergt eine kleine, aber feine Sammlung deutscher, italienischer, flämischer, niederländischer und böhmischer Meister der Renaissance- und Barockmalerei. Die Bilder gehörten einst zu einer der imposantesten Kunstsammlungen weltweit, die unter Rudolf II. und Ferdinand II. begonnen wurde. Doch das Gros der Gemälde ging durch Plünderungen, insbesondere während des Dreißigjährigen Krieges, verloren. Glücklicherweise wussten nicht alle Diebe Gutes von Schlechtem zu unterscheiden und so blieben so wertvolle Originale wie Rubens „Versammlung olympischer Götter", Tizians „Junge Frau bei der Toilette" oder Tintorettos „Geißelung Christi" erhalten.

Adresse Zweiter Burghof. ⌚ tägl. 10–18 Uhr. Eintritt 5,40 €, erm. 2,90 €, oder mit Kombiticket „Lange Tour" (→ Kasten, S. 157).

Chrám sv. Vita (Sankt-Veits-Dom): Von außen wirkt der Dom wie ein steinernes Tohuwabohu aus Strebe- und Tragpfeilern, Krabben und Kreuzblumen und riesigen Maßwerken. Statuen von Heiligen wechseln mit figürlichen, dämonenhaften Wasserspeiern ab, die, so der Glaube von einst, den Dom vor bösen Geistern bewahren, da diese beim Anblick ihres Ebenbildes die Flucht ergreifen. Da sich der Smog und der Ruß der Stadt über all dem niedergesetzt und das Bauwerk in ein einheitliches Graubraun getaucht haben, lassen sich auf den ersten Blick die einzelnen Bauabschnitte der Kathedrale nicht mehr unterscheiden.

> Sie können den Dom ohne Ticket bis zur zweiten Seitenkapelle betreten!

1344 erfolgte unter Johann von Luxemburg und Kronprinz Karl die Grundsteinsetzung. Erster Baumeister war Matthias von Arras, der zuvor in Avignon tätig war. Er sollte jetzt auch in Böhmen den Idealtypus einer französischen Kathedrale realisieren. Ansätze davon zeigt jedoch lediglich das Chorhaupt, denn schon 1352 starb der Baumeister. Zu seinem Nachfolger berief Karl, der inzwischen zum Kaiser des Heiligen Römischen Reiches gekrönt worden war, den damals gerade erst 23-jährigen Peter Parler aus Schwäbisch Gmünd. Dieser überarbeitete die Entwürfe seines Vorgängers und ließ den bis dato in Ansätzen fertig gestellten Chor vollenden. Damit die Kathedrale auch schon als Gotteshaus genutzt werden konnte, schloss er den Chor dort, wo heute das Querschiff verläuft, mit einer „provisorischen" Fassade ab. Nach Parlers Tod 1399 schmückten seine Söhne die Kathedrale weiter aus. Am Grundriss sollte sich aber für die nächsten 450 Jahre nicht mehr viel ändern. Die Kathedrale war also lange Zeit nur halb so groß wie heute, und der Zutritt erfolgte über das beeindruckende **Goldene Tor** an der südlichen Längsseite, das mit einem Mosaikbild des Jüngsten Gerichts verziert ist.

Erst als 1859 ein Förderverein zur Vollendung des Doms gegründet wurde, begann man mit dem Bau der westlichen Domhälfte, deren feierliche Einweihung 1929 erfolgte. An die lange Geschichte des Dombaus erinnern die bronzenen Reliefs an der mittleren Tür des reich verzierten Eintrittsportals der westlichen Stirnseite.

Die große, kreisförmige Rosette darüber schaut man sich am besten von innen an. Die lebendig-bunte Bilderfolge zeigt die Genesis – 27.000 Glasstücke wurden dafür verarbeitet. Lebendig geht es allgemein im Innern zu. Eine Reisegruppe folgt auf die andere, und

Das Goldene Tor am Sankt-Veits-Dom

da die Hälfte der Teilnehmer an ihrer Führung nicht interessiert ist, unterhält man sich eben über – wo auch passender – Gott und die Welt. Lange Hosen sind keine Vorschrift, ein Mini tut's auch.

Eines der farbenfrohsten Fenster in der westlichen Hälfte des Doms ist das der **Neuen Erzbischöflichen Kapelle** (dritte links), die als letzte Ruhestätte der Prager Bischöfe dient. Im Auftrag der Banka Slavie gestaltete es Alfons Mucha im späten Jugendstil mit Szenen aus dem Leben der heiligen Slawenapostel Kyrill und Method.

Kurz bevor man das Querschiff mit Orgel (6500 Pfeifen) betritt, führt rechter Hand eine Wendeltreppe auf die Aussichtsplattform des südlichen Domturms (96,5 m). Kein anderer Turm der Stadt bietet einen faszinierenderen Ausblick über Prag, kaum ein anderer Aufstieg ist aber auch so mühselig: 287 Stufen!

Ein paar Schritte weiter befindet sich die prunkvollste der insgesamt 22 Seitenkapellen des Sankt-Veits-Doms, die **Kapelle des heiligen Wenzel**. Durch ihre reiche Ausschmückung mit weit über 1000 Halbedelsteinen, violetten Amethysten, roten Jaspissen und grünen Chrysoprasen, zum Teil in Gold eingefasst, wirkt sie wie ein riesiges Schmuckkästchen. Bereits 1372 wurde der Passionszyklus, der über dem Altar mit der Kreuzigungsszene seinen Höhepunkt erreicht, geschaffen; der Künstler ist unbekannt. Ein weiterer Zyklus mit Szenen aus dem Leben des heiligen Wenzel verläuft auf Fensterhöhe. Der frei stehende Altar darin ist zugleich das Grab des Heiligen. Hinter dem kleinen Portal auf der Südseite führt eine Treppe zu der über der Kapelle liegenden Krönungskammer. Dort sind – der Öffentlichkeit verborgen – die böhmischen Krönungskleinodien aufbewahrt, darunter die berühmte goldene **Wenzelskrone**. Sie soll übrigens jedem den Tod bringen, der sie ungebührlich aufsetzt. Ein Aberglaube? Der Letzte, der dies als Humbug abtat und sich zum Spaß mit der Krone im Spiegel anschaute, war Reichsprotektor Reinhard Heydrich. Kurz darauf fiel er einem At-

Karte S. 158/159

Heiliger oder Lebemann – Wenzel und kein Ende

Die Geschichte des tschechischen Nationalheiligen begann im Jahr 924: Fürst Václav (auf Deutsch „Wenzel") war jetzt verantwortlich für die Geschicke Böhmens. 11 Jahre lang regierte er, dann war er tot, umgebracht von seinem eifersüchtigen Bruder. Manchen Quellen zufolge soll seine Ermordung überflüssig gewesen sein, da er ohnehin die Macht an seinen Bruder abgeben wollte. Nach Rom plante Wenzel zu reisen, dort die Weihen zu empfangen, um als erster Bischof nach Böhmen zurückzukehren. Andere Quellen jedoch behaupten, dass der Fürst gar nicht so ein Heiliger war. Mit Heiden soll er gezecht und sich nachts mit hübschen Frauen vergnügt haben.

Sei es, wie es will, Wenzels großer Verdienst war die Christianisierung des Landes. Darauf fußen auch die Wenzellegenden, die den Herrscher zum Märtyrer und zur Heiligengestalt aufsteigen ließen. Noch im 10. Jh. wurde er heilig gesprochen. Unter Kaiser Karl IV. – er ließ die Wenzelskapelle im Dom bauen – wurde er schließlich zur Ikone, zum Landesheiligen. Es folgten Wenzelsfresken, Wenzelsdenkmäler, Wenzelsstatuen und der Wenzelsplatz. Und schließlich wurde Wenzel zum Symbol der Einheit und Unabhängigkeit des Landes, zum Schutzpatron aller Tschechen. In Prag kafkat, brodelt und kischt es also nicht nur, es wenzelt noch viel mehr. Sogar Popkünstler David Černý widmete dem großen Fürsten ein kultiges Denkmal (→ S. 92). Und dass die Wenzelmanie kein Ende nimmt, dafür sorgt allein schon die Präsidentenfolge der jetzigen Republik: Václav „Wenzel" Havel wurde abgelöst von Václav Klaus.

tentat zum Opfer (→ S. 79). Die kleine Tür zur Krönungskammer ist mit sieben Schlössern versehen, deren sieben Schlüssel auf sieben Persönlichkeiten der Stadt und des Staates verteilt sind. Das barocke Gegenstück zur mittelalterlichen Wenzelskapelle ist die des heiligen Johann von Nepomuk (fünf Kapellen weiter). Vor ihr steht das silberne Grabmal des Heiligen, ein hoch gepriesenes Werk von Johann Bernhard Fischer von Erlach (u. a. Baumeister von Schloss Schönbrunn), das 1733–36 entstand. Irgendwie kann man sich des Eindrucks nicht erwehren, dass man es einfach im Chorgang stehen ließ, als man merkte, dass es für die Kapelle zu groß geraten war.

Im Chor des Doms ist vor dem Hauptaltar noch das königliche Mausoleum sehenswert, ein großer Sarkophag aus hellem Marmor, der von einem Renaissancegitter umgeben ist. Rudolf II. stiftete ihn für seinen Großvater Ferdinand I., dessen Gemahlin und deren Sohn. Die Putten drum herum scheinen sich über die drei fast lustig zu machen. Rudolf selbst ruht etwas tiefer in der Krypta. Sein Sarg ist aus Zinn und hat das Aussehen eines kleinen Brauereikessels. Mehrere Könige und Königinnen leisten ihm Gesellschaft.

Adresse Dritter Burghof. ⌚ April–Okt. Mo–Sa 9–17 Uhr, So 12–17 Uhr; im Winter bis 16 Uhr. Der Domturm ist nur im Sommer geöffnet. Eintritt 3,60 €, erm. die Hälfte.

Královský palác (Königspalast): In ihm residierten vom 11. bis zum 16. Jh. die Regenten Böhmens. Vom dritten Burghof betritt man ihn im dritten und zugleich obersten Stockwerk. Dort befindet sich der berühmte **Vladislav-Saal**, der 62 m lang, 16 m breit und 13 m hoch ist. Er wurde in den Jahren 1492–1502 nach Plänen des Architekten Benedikt Ried gebaut. Die Gewölberippen haben nur zum Teil eine tra-

Prager Fensterstürze – eine lange Tradition

Die Premiere der Prager Fensterstürze fand am 30. Juli 1419 statt. Aufgebrachte Hussiten katapultierten damals zwei katholische Ratsherren aus den Fenstern des Neustädter Rathauses. Diese Tat markiert heute den Beginn der Hussitenkriege.

1483 rückte dann das Altstädter Rathaus in den Mittelpunkt. Der katholische Bürgermeister musste dieses Mal dran glauben. Der Wurf, den die Protestanten nun landeten, blieb aber für die europäische Geschichte ohne Folgen, und so wird dieser in der offiziellen Fenstersturzchronik nicht mitgezählt.

Der berühmte zweite Prager Fenstersturz fand am 23. Mai 1618 statt. Die Spannungen zwischen Protestanten und Katholiken waren erneut eskaliert. Radikale Protestanten warfen zwei Statthalter samt deren Sekretär aus der Böhmischen Kanzlei auf der Prager Burg. Alle drei überlebten den 16 m tiefen Sturz, sie landeten weich auf einem Müllhaufen. Für die erlittene Schmach wurden sie übrigens von den Habsburgern reich entschädigt. Auch ihr Sekretär: Er wurde in den Adelsstand erhoben und durfte sich von nun an „von Hohenfall" nennen.

Humorvoll stellte der englische Schriftsteller Jerome Klapka Jerome fest, dass die Geschichte Europas vielleicht anders verlaufen wäre, „wenn die Prager Fenster kleiner gewesen wären und zu solchen Taten nicht verlockt hätten". Er gab den Ratschlag, öfter mal im Keller zu verhandeln.

Die Kette der Fensterstürze reißt bis heute nicht ab. Zum Glück lösen sie keine Kriege mehr aus. Der letzte Politiker, der aus dem Fenster fiel, war 1948 der einstige Außenminister Jan Masaryk kurz nach der kommunistischen Machtübernahme. Sein Tod ist bis heute nicht geklärt. Ebenso wenig der des Literaten Bohumil Hrabal, der 1997 angeblich beim Vogelfüttern aus dem Fenster gefallen war.

gende Funktion und dienen mehr der Ästhetik. Krönungsfeierlichkeiten und Hofbälle fanden darin statt, aber auch Turniere, bei denen die Ritter zu Pferd über die Reitertreppe im Nordflügel (heute der Ausgang) hereinkamen. Seit 1918 wird hier der Präsident des Landes vereidigt.

Von der südwestlichen Ecke des Vladislav-Saals (rechter Hand des Besucherzugangs) gelangt man in den **Ludwigstrakt**, an sich nicht besonders sehenswert, dafür geschichtsträchtig: Hier war der Ort des zweiten Prager Fenstersturzes, der zum Dreißigjährigen Krieg führte (→ Kasten).

Im Osten des Vladislav-Saals führen Stufen auf die Empore der Allerheiligenkirche, spannender ist aber ein Blick von der nahe gelegenen Aussichtsplattform über Prag.

Der Sitzungssaal des Landtags grenzt im Nordosten an den Vladislav-Saal an. Das Mobiliar ist zwar nicht original – es stammt aus dem 19. Jh. –, wurde aber in der historischen Anordnung nachgestellt. Auf der Renaissancetribüne linker Hand saßen die Landesschreiber, rechts vom Thron der Bischof, auf den Bänken gegenüber die Adels- und Ritterstände.

Etwas weiter führt eine Wendeltreppe zu Räumen, in denen die so genannten Landtafeln aufbewahrt wurden. Darin verzeichnete man Beschlüsse des Landtags, zugleich waren sie auch eine Art

Grundbuch. Die Wappen an den Wänden und Decken sind die der Beamten, die die Kanzlei leiteten.

Adresse Dritter Burghof. ⌚ April–Okt. tägl. 9–17 Uhr, im Winter 9–16 Uhr. Zutritt nur in Verbindung mit einem Kombiticket, → Kasten, S. 157.

Příběh Pražského Hradu (Geschichte der Prager Burg): Die Ausstellung in den unteren Etagen des Königspalastes ist eine Art Parforceritt durch die Historie der Prager Burg. Sie ist chronologisch aufgebaut und liefert Burgmodelle zu jeder Epoche. Doch die Fülle der behandelten Aspekte (Baugeschichte, Katastrophen, Begräbniskult etc.) geht in den verwinkelten Räumlichkeiten auf Kosten der Übersichtlichkeit. Erläuterungen gibt es zudem nur in Englisch und Tschechisch. Zu den sehenswertesten Exponaten gehören ein Drahtmantel und ein silberner Helm – beide soll der heilige Wenzel getragen haben –, das gotische Tympanon „Thronende Madonna" aus der Georgsbasilika, diverse Kronjuwelen und die Grabbeigaben Rudolfs I. Die vielen Urkunden sind hingegen längst nicht so wertvoll, wie ihre dicken Siegel glauben machen: Es handelt sich durchwegs um Imitate.

Adresse Zugang zwischen drittem Burghof und Náměstí sv. Jiří. ⌚ wie Königspalast. Eintritt 5 €, erm. 2,75 €, oder mit Kombiticket „Lange Tour" (→ Kasten, S. 157).

Bazilika sv. Jiří (Georgsbasilika): Sie ist der bedeutendste und schönste romanische Sakralbau Prags und zugleich die zweitälteste Kirche der Stadt, wenn man dies von außen auch gar nicht vermuten mag. Bereits im Jahr 925 wurde die Kirche, damals noch einschiffig, der Fürstin Ludmila geweiht. Sie wurde als erste Märtyrerin Böhmens heilig gesprochen. Ihre Schwiegertochter hatte sie aufgrund von Machtstreitigkeiten erdrosselt. Die sterblichen Überreste Ludmilas befinden sich heute in der Kapelle, die sich an die Südseite des Chors anschließt. Die im Chor erhalten gebliebenen Fresken stammen aus dem 13. Jh. und lassen das himmlische Jerusalem nur noch erahnen. Neben Ludmila haben noch weitere Fürsten aus dem Geschlecht der Přemysliden hier ihre Grabstätte. So befinden sich zu Füßen des Chors in der hölzernen Tumba die Gebeine Vratislavs I. Gegenüber ruht Boleslav II. unter dem von einem schmiedeeisernen Gitter umgebenen Grabstein. Dahinter, in der Krypta unter dem Chor, steht rechter Hand die Grauen erregende, dunkle Plastik „Vanitas" aus der Mitte des 16. Jh. Sie stellt den Verfall bzw. die Vergänglichkeit des menschlichen Körpers dar. Einer Sage nach schuf sie ein Bildhauer, der aus Eifersucht seine Geliebte ermordet hatte und vor seiner Hinrichtung als letzte Bitte geäußert hatte, zum Beweis seiner Reue ihren verwesenden Körper darstellen zu dürfen.

Adresse Náměstí sv. Jiří. ⌚ April–Okt. tägl. 9–17 Uhr, im Winter 9–16 Uhr. Zutritt nur in Verbindung mit einem Kombiticket (→ Kasten, S. 157).

Klášter sv. Jiří (Georgskloster): Das Benediktinerinnenkloster wurde 973 als erstes Kloster Prags gegründet. Im Mittelalter war es durch seine illuminierten Handschriften aus dem klostereigenen Skriptorium weit über die Grenzen Böhmens hinaus bekannt. Von den vielen Um- und Anbauten erlebte es den letzten großen in der zweiten Hälfte des 17. Jh. Ende des 18. Jh. wurde es aufgelöst und in eine Artilleriekaserne verwandelt. Heute beherbergt es die Sammlung böhmischer Kunst des Manierismus und des Barock der Nationalgalerie. Für den einen ein Genuss, für den anderen alte Schinken – das Verhältnis zwischen Besuchern und Aufsehern hält sich meist die Waage. Zu den bedeutendsten ausgestellten Werken gehören Gemälde von Peter Brandl (1688–1733), Bartholomäus Spranger (1646–1611) und Hans von Aachen (1551–1615), dazu Plastiken von Ferdinand Maximilian Brokoff (1688–1731) und Matthias Bernhard Braun (1684–1738). In der Zukunft sollen weitere Räumlichkeiten des Klosters für wechselnde Ausstellungen eröffnet werden.

Adresse Náměstí sv. Jiří. ⌚ tägl. (außer Mo) 9–17 Uhr. Eintritt 3,50 €, erm. die Hälfte, oder mit Kombiticket (→ Kasten, S. 157). Am ersten Mi im Monat kostenlos.

Hinweis: Es gibt Planungen der Nationalgalerie, die Sammlung böhmischer Kunst des Manierismus und des Barock 2008/2009 in den Palais Schwarzenberg (→ S. 149) zu verlegen!

Zlatá ulička (Goldenes Gässchen): Einst wohnten hier die Ärmsten der Armen in einfachen Verschlägen rechts und links der Gasse, die gerade 1 m breit war. Für alle gab es nur eine Toilette, und die düngte den Hirschgraben. Nach einem Umbau der Burgmauern im 16. Jh. wurden aus den Hütten kleine Häuschen, und vorübergehend zog die Burgwache ein. Danach lebten hier ein paar Goldschmiede – daher der Name des Gässchens. Im 19. Jh. begannen sich Wahrsager, Handwerker und Künstler einzumieten. Berühmtester Anwohner sollte Franz Kafka werden. In Haus Nr. 22 verfasste er im Winter 1917 mehrere Prosatexte. In Haus Nr. 12 lebte ein weiterer Schriftsteller: Jiří Mařánek, Autor mehrerer historischer Romane. Madame de Thebes, eine damals bekannte Hellseherin, bewohnte das Haus Nr. 14. Nachdem sie den Untergang des Dritten Reiches prophezeit hatte, wurde sie von der Gestapo totgeschlagen. Heute wohnt niemand mehr hier – aus all den kleinen Häuschen sind Souvenirshops geworden. Und da es in ihnen u. a. auch Goldschmuck zu kaufen gibt, trägt die Gasse ihren Namen wieder zu Recht.

Über der Häuserzeile des Goldenen Gässchens verläuft ein Verteidigungsgang, Zutritt z. B. bei Haus Nr. 24. Im Gang selbst sind Ritterrüstungen ausgestellt, zudem wird mittelalterliches Zielschießen mit der Armbrust angeboten – ein Spaß für Kinder. Im Westen mündet der Verteidigungsgang in den **Weißen Turm (Bílá věž)**. Dort kann man all das erstehen, für das das Mittelalter berühmt war, selbst Keuschheitsgürtel. Des Weiteren befinden sich im Turm eine spätgotische Toilette (nur zu besichtigen) und ein kleiner Raum mit Folterwerkzeugen – lange Zeit diente der Turm auch als Verlies.

Eintritt Zutritt nur in Verbindung mit einem Kombiticket A oder B (→ Kasten, S. 157).

Muzeum Hraček (Spielzeugmuseum): Es sorgt für Abwechslung im Standardkulturprogramm zwischen Gotik und Barock, und das nicht nur bei Kindern. Auf zwei Etagen werden bis zu 150 Jahre alte Spielsachen präsentiert – Dampfmaschinen, Eisenbahnen, Teddys und so fort, Exponate, die größtenteils

Die Georgsbasilika, eine der ältesten Kirchen Prags

Ewiger Rummel im berühmten Goldenen Gässchen

aus Deutschland, Frankreich und den USA stammen. Sie sind Teil der großen Spielzeugsammlung des Filmemachers und Karikaturisten Ivan Staiger. Für viele ist jedoch die umfangreiche Barbie-Revue am spannendsten – mehrere hundert Modelle und Kostüme, darunter auch solche von namhaften Designern. Mütter, die hier ihre Barbiekleidchen aus den 60ern wiederentdecken, begeistert die Sammlung nicht selten mehr als ihre Töchter. Lesen Sie auch den Aushang über die Geschichte des Püppchens – wer weiß schon, dass Barbie ihre Wurzeln bei der „Bild-Zeitung" hat.

Adresse Jiřská 6. ⌚ tägl. 9.30–17.30 Uhr. Eintritt 2 €, erm. 1 €.

Lobkovický palác (Palais Lobkowitz): Der frühbarocke Palais, ursprünglich ein Renaissanceanwesen, wurde im Jahr 2003 der Adelsfamilie Lobkowitz zurückgegeben, die Kommunisten hatten ihn 1952 konfisziert. Nach Abschluss der Restaurierungsarbeiten (voraussichtlich Februar 2007) sollen hier die kostbarsten Stücke aus der Kunstsammlung der Familie zu sehen sein – der Schwerpunkt liegt auf böhmischer und mitteleuropäischer Kunst von der Renaissance bis in die 1930er Jahre. Was genau gezeigt wird, war zuletzt noch unbekannt, doch man darf gespannt sein: Immerhin befinden sich u. a. Werke von Cranach dem Älteren, Brueghel dem Älteren und Jüngeren, Veronese und Rubens in Familienbesitz. Des Weiteren bietet der Palais ein nettes Café (→ „Essen & Trinken"), zudem stehen im kleinen Festsaal stets mittags um 13 Uhr Klavierkonzerte an.

Adresse Jiřská 1. Tickets für Konzerte 14 €. Was wann geboten wir, erfahren Sie unter www.praguecastleconcert.cz.

Královská zahrada (Königsgarten): Er wurde einst vielfach als der schönste Renaissancegarten nördlich der Alpen gepriesen. 1534 ließ ihn Ferdinand I. anlegen. Erstmals in Europa wurden darin Tulpen gezüchtet; die Zwiebeln stammten aus Konstantinopel. Während des Dreißigjährigen Krieges verwüsteten Schweden und Sachsen den Garten, und vorbei war es vorerst mit dem herrschaftlichen Lustwandeln. Als man ihn im 18. Jh. als Barockgarten gerade neu angelegt hatte, kamen die Franzosen. Zum Glück konnte man sie durch eine Zahlung von 30 Ananas davon abhalten, dem oben erwähnten Beispiel zu folgen. Seine ursprüngliche Renaissanceform stellte man nach dem Ersten Weltkrieg wieder her. Sehens- bzw. hörenswert sind insbesondere das Königliche Lustschloss und der Singende Brunnen (s. u.).

Adresse U prašného mostu. ⌚ April u. Okt. tägl. 10–18 Uhr, März u. Sept. 10–19 Uhr, August 10–20 Uhr, Juni u. Juli 10–21 Uhr.

Belvedér (Königliches Lustschloss und Singender Brunnen): Den Grundstein für den Renaissancebau mit seinem auffälligen Dach in Form eines kieloben schwimmenden Schiffrumpfs ließ Ferdinand I. 1538 legen; seiner geliebten Gemahlin wollte er das Schlösschen schenken. Es sollte dem Vergnügen und der Erholung dienen, auch ein Tanzsaal war geplant. Letztendlich zogen sich die Bauarbeiten jedoch bis 1564 hin. Während der Regierungszeit Rudolfs II. wurde das Schloss als astronomisches Observatorium zweckentfremdet. Heute wird es überwiegend für Ausstellungszwecke genutzt.

Der berühmte **Singende Brunnen** davor stammt aus der Mitte des 16. Jh. Das Modell, einem römischen Brunnen gleich, schuf Francesco Terzio. Für den Guss war ein Glockengießer namens

Der Singende Brunnen

Thomas Jaroš verantwortlich. Vielleicht klingen deshalb die herabfallenden Wassertropfen auf der untersten Metallschüssel wie ein nie enden wollendes Glockenspiel, das am besten zu hören ist, wenn man den Kopf unter (nicht in) das untere Brunnenbecken hält.

Adresse Královská zahrada. ⌚ Das Schloss ist nur zu Ausstellungen geöffnet.

Essen und Trinken

(→ Karte S. 158/159)

Die Restaurants und Cafés im Burgbereich werden ausschließlich von Touristen aufgesucht. Dementsprechend stimmen Qualität und Service größtenteils nicht mit den Preisen überein.

Restaurants

Lví Dvůr (1), beim Königsgarten. Bestes Restaurant rund um die Burg. Sehr gepflegt, stilvoll-rustikal eingerichtet. Große Uhren an der Wand. Schöne Terrasse, auf der man Spanferkelspezialitäten probieren kann. Hg. 10–25 €. ✆ 224372361. U prašného mostu.

Vikárka (4), das berühmteste Restaurant im Burgareal und in vielen Geschichten verewigt. Auch Picasso aß schon hier. Leicht rustikales Ambiente, etwas eng bestuhlt. Böhmische Küche, Hg. 9–15 €. ✆ 233311962. Vikářská 39.

Café/Snackbar

Lobkowicz Palace Café (3), die Location mit der schönsten Terrasse im Burgbereich – herrlicher Blick über die Stadt. Dazu netter Innenhof. Gute Salate und Snacks, Miniauswahl an Hauptgerichten (7–10 €). Dazu süffiges Lobkowicz-Bier – nur selten in Prag zu bekommen, ein Genuss! Jiřská 3.

Bistro Zlatá Ulička (2), zwischen Jiřská und Zlatá Ulička. Stehcafé mit einigermaßen preiswerten Snacks und Sandwichs. Im Sommer ein paar Tische davor.

Shoppingcenter Zlatý Anděl in Smíchov

Smíchov

Südlich von Malá Strana erstreckt sich Smíchov, ein Stadtteil zwischen marod und mondän mit bröckelnden Fassaden, heruntergekommenen Fabrikanlagen und futuristischer Glas- und Stahlarchitektur.

Smíchov (dt. „Lachende Au") entdeckte der böhmische Adel im 18. Jh. In sicherem Abstand zu den Ufern der Moldau ließ er sich Lustschlösser bauen und blühende Gärten anlegen. An jene Zeit erinnern noch heute die → **Villa Bertramka**, in der Wolfgang Amadeus Mozart des Öfteren zu Besuch weilte, und das → **Letohrádek Kinských (Sommerpalais Kinský)** inmitten der friedlichen, gleichnamigen Parkanlage. Im Gefolge der Industrialisierung verflog jedoch die Sommerfrische über Smíchov. Rußende Fabrikanlagen kamen und mit ihnen das Proletariat und die Mietskasernen. Ende des 20. Jh. hörten die Schornsteine auf zu rauchen. Der Untergang des Kommunismus war auch der Untergang unzähliger Betriebe. Heute werden die alten Fabrikhallen teils als Lagerhallen genutzt oder abgerissen und machen so Platz für das neue Smíchov mit modernen Hotels, Büro- und Einkaufszentren.

Am attraktivsten ist jener Part von Smíchov, der südlich an Malá Strana anschließt und spielend zu Fuß zu erkunden ist. Alte, zum Teil prächtige Straßenzüge überwiegen hier, insbesondere nahe dem Moldauufer. Direkt am Fluss dominieren mondäne, frisch restaurierte Jugendstilfassaden, in zweiter und dritter Reihe bröckelt zuweilen noch der Putz. Smíchov hat hier nichts vom musealen Charakter der historischen Stadtteile, ist aber dennoch reizvoll – vielleicht genau deswegen. Prager Alltag ist hier zu Hause, und mit dem → **Centrum Futura** auch eine der innovativsten Galerien der Stadt.

Den Teil Smíchovs aber, der sich südlich der → **Brauerei Staropramen** und erst recht südlich des Smíchover Bahnhofs erstreckt, kann man sich sparen – abgewirtschaftete Industrietristesse wechselt mit düsteren, ärmlichen Straßenzügen ab. Ganz nebenbei: Das Brauwasser von Staropramen entspringt keiner berühmten Quelle, es kommt aus der Moldau.

Sehenswertes

Villa Bertramka (Mozartmuseum): Die kleine Ausstellung in den Räumlichkeiten der Rokokovilla Bertramka erinnert an Mozarts Zeit in Prag (s. u.). Zu sehen gibt es alte Zeitungsausschnitte, historische Musikinstrumente und ein paar persönliche Gegenstände des Komponisten. Ab und zu finden auch klassische Konzerte statt, im Sommer im Freien. Nebenan ein Café mit fairen Preisen.

Adresse Mozartova 169. Ⓢ 4, 7, 9, 10 Bertramka. Von dort ausgeschildert. ⌚ tägl. 9.30–18 Uhr. Eintritt 3,90 €, erm. 2,80 €.

Letohrádek Kinských (Sommerpalais Kinský): Der Empirepalais beherbergt seit 2005 ein meist besucherfreies Ethnographiemuseum, das nicht unbedingt zum Pflichtprogramm gehört: Trachten, Keramik, Heiligenfiguren, Bauernmöbel etc. Angeschlossen ein Café mit Sommerterrasse.

Adresse Kinského zahrada. Ⓢ 6, 9, 12, 20 Švandovo divadlo. Okt.–April tägl. (außer Mo) 9–17 Uhr, sonst 10–18 Uhr. Eintritt 2,80 €, erm. die Hälfte.

Sie nannten ihn „Mozard"

In Wien war er mit seinem „Figaro" kläglich gescheitert. In Prag pfiff man Melodien daraus auf der Straße, als Wolfgang Amadeus Mozart im Januar 1787 erstmals in der Moldaustadt eintraf. Im Gegensatz zu seinen Opern oder Sinfonien, klang der Name des Urhebers aber noch fremd – die Zeitungen druckten ihn „Mozard". (Die Deutschen Böhmens unterschieden das D phonetisch nicht vom T.) Noch im gleichen Jahr entschloss sich Mozart, seinen „Don Giovanni" in Prag uraufführen zu lassen. Die Oper beendete er in der Villa Bertramka als Gast des Pianisten František Dušek. In den arbeitsamen Nächten hielt ihn seine Frau Constanze mit Kaffee wach, angeblich aber auch die Hausherrin Josefa Dušek... Sei es, wie es will: Die Premiere am 29. Oktober 1787 im Ständetheater wurde ein Erfolg. „Meine Prager verstehen mich", resümierte Mozart – wohl zu Recht. In Wien wurde er später in einem anonymen Massengrab beigesetzt. In Prag aber kamen 4000 Menschen zu einem Gedenkgottesdienst in die Sankt-Nikolaus-Kirche nach Malá Strana.

Smíchov Karte S. 173

Im Delikatessladen

Centrum Futura: Die Galerie im Hinterhof eines heruntergekommenen Häuserblocks präsentiert schräge, meist konzeptuelle Kunst aus dem In- und Ausland auf rund 800 m². Es lohnt auch ein Blick in den Garten: Dort stehen zwei riesige, nach vorn gebeugte Figuren, denen man über Leitern in den Allerwertesten blicken kann. Sie sind eine Arbeit David Černýs, dem Enfant terrible der tschechischen Kunstszene.

Adresse Holečkova 9. Ⓢ 6, 9, 12, 20 Švandovo divadlo, weiter mit Ⓑ 176 Holečkova. Mi–So 11–18 Uhr. Eintritt frei.

Brauerei Staropramen: Die 1869 gegründete Brauerei, die heute der belgischen Unternehmensgruppe *InBev* angehört, liefert ihrer trinkfreudigen Kundschaft jährlich rund 2,9 Mio. Hektoliter Bier. Bei einer Führung erfährt man allerlei Interessantes über die Bierherstellung und deren Geschichte – zu viel erwarten sollte man aufgrund automatisierter Produktionsabläufe allerdings nicht. Der Brauerei ist ein beliebtes Kneipenrestaurant angeschlossen (→ „Essen und Trinken“). Ein Staropramen-T-Shirt kann man als Andenken erstehen.

Adresse Nádražní. Ⓜ B Anděl. Führungen (4,20 € pro Person inkl. 1 Glas Bier) in Deutsch Fr 16 Uhr und So 11.30 Uhr, in Englisch Fr 13.30 Uhr, 15 Uhr und 17.30 Uhr, So 12.30 Uhr.

Essen und Trinken

(→ Karte S. 173)

Restaurants

Jeskynní Restaurant Pravěk (10), an den Wänden Mammutstoßzähne, Tropfsteine und Höhlenmalereien. Auf dem Teller Kängurubraten und Straußensteaks. Ein Erlebnis für Kinder. Hg. 6,30–12 €. Freundlicher Service. ☏ 257326908. Na Bělidle 40. Ⓜ B Anděl.

Jet Set (11), luftiges, minimalistisches Loungerestaurant: Leder und Chrom vor weißer Wand. Einsehbare Küche (von der Plzeňská). Pasta, Sandwiches oder Entenbrust mit Honigsauce zu 6–10,20 €. Oft legen DJs auf. ☏ 2573272. Radlická 1c. Ⓜ B Anděl.

Hospoda Na Verandách (13), großräumige, der *Staropramen*-Brauerei angeschlossene Restaurantkneipe mit vornehmlich jungem, tschechischem Publikum. Gute böhmische Küche zu günstigen Preisen. 9 Sorten Bier im Ausschank, unbedingt kosten: das naturtrübe *Kvasníčák*. Nádražní 43/84. Ⓜ B Anděl.

Cafés

Káva Káva Káva (9), ein Ableger des Cafés in der Altstadt (→ dort). Sehr beliebtes Schnellcafé. Kaffee & Kuchen, Suppen und Frühstück den ganzen Tag. Lidická 42. Ⓜ B Anděl.

Švandovo Divadelní Kavárna (3), nette Cafébar mit großen Fenstern, die zum gleichnamigen Theater gehört. Štefánikova 57. Ⓢ 6, 9, 12, 20 Kinského Zahrada.

Wigwam Café (1), rustikal-gemütliches Kneipencafé mit jungem Publikum und günstigem Bier. Hinterhofterrasse. Man kann auch essen. Zborovská 54.

Übernachten
2 Hotel Residence Malá Strana (S. 54)
6 Arbes-Mepro (S. 50)
7 Riverside (S. 49)
12 Botel Admirál (S. 50)
14 Akát (S. 51)
15 Caravan Park Praha (S. 55)
Essen & Trinken (S. 172)
10 Jeskynní Restaurant Pravěk
11 Jet Set
13 Hospoda Na Verandách
Cafés (S. 172)
1 Wigmam Café
3 Švandovo Divadelní Kavárna
9 Káva Káva Káva
Nachtleben
5 Punto Azul (S. 65)
8 Futurum (S. 62)
Einkaufen
4 Starožitnosti Pod Kinskou (S. 70)
Petřín
Malá Strana
Halbinsel-Kampa
Lanovka
Anschlusskarte Malá Strana/Kleinseite auf S. 135
Anschlusskarte Nové Město/Neustadt auf S. 94/95
Mahnmal für die Opfer des Kommunismus
(Laurenziberg)
Kinského zahrada
Letohrádek Kinský
Österreichische Botschaft
Centrum Futura
Střelecký ostrov
Dětský ostrov
Slovanský ostrov
Újezd
Vítězná
most Legií
Národní
Švandovo divadlo
Arbesovo náměstí
Jiráskův most
Palackého náměstí
Palackého most
Nový Smíchov
sv. Václav
Bertramka
Hotel Mövenpick
Villa Bertramka (Mozartmuseum)
Village Cinemas Anděl
Zlatý anděl
Anděl
Busbahnhof
Brauerei Staropramen
Pražská pláž na Smíchově (Moldaustrandbad)
Na Knížecí
Smíchov
Vltava (Moldau)
Plzeňka
Smíchovské nádraží
Bahnhof
Pilsen
Smíchov
200 m

Dukelských hrdinů, eine der Hauptadern Holešovices

Holešovice und Bubeneč

U-förmig zieht sich die Moldau um die zwei Stadtteile Holešovice und Bubeneč. Prager Alltagstristesse und Prager Glanzlichter liegen hier eng beieinander.

Die beiden Stadtteile im Norden Prags haben viel zu bieten, wenn auch erst auf den zweiten Blick. Wer sich für Kunst interessiert, kann allein im → **Veletržní palác**, dem einstigen Messepalast und heutigen Museum moderner und zeitgenössischer Kunst, Tage verbringen. Hier ist alles vertreten, was Rang und Namen hat. Auch das → **Národní technické muzeum,** das Technische Nationalmuseum, wird nach seiner Restaurierung wieder einen verregneten Tag lang begeistern können. Das → **Lapidárium**, ein weiteres gutes Museum, voll mit alten Statuen und Architekturfragmenten, liegt im → **Výstaviště**, dem größten Freizeitpark der Stadt. Bierfreunde werden an der → **Pivní galerie**, der Biergalerie, eine schaumkrönende Freude haben. Und wer einfach Ruhe sucht, geht in den → **Letná-Park** oder den → **Stromovka-Park**.

Zum gemütlichen Schlendern durch das Prag der Prager sollte man Vinohrady oder Žižkov den Vorzug geben. Holešovice ist dafür zu zerrissen. Zwar besitzt der Stadtteil einige Straßenzüge mit Bauten aus der Gründerzeit. Daneben aber auch welche, bei denen man den Eindruck hat, als würden die Gebäude ihre tristen Hinterhoffassaden zur Straße kehren. Vorbei geht es dann an grauen Mietskasernen, trostlosen Saure-Gurken-Auslagen kleiner Lebensmittelläden, an Bekleidungsgeschäften mit der Mode längst vergilbter Burdahefte und an immer vollen Herna-Bars, in denen Arbeiter vor der Frühschicht ihr erstes Bier trinken. Dazwischen erinnern alte Industrieanlagen an den Ruin der Planwirtschaft.

Überaus adrette Viertel hingegen besitzt Bubeneč, darunter eine vornehme Villengegend mit Botschaftsgebäuden (ganz im Westen des Stadtteils). Neben Žižkov wird auch Bubeneč mehr und mehr zur bevorzugten Wohngegend der jungen Prager Szene, und so ist es kein Wunder, dass immer wieder neue Kneipen aufmachen – werfen Sie beispielsweise einen Blick in die Šmeralova.

Sehenswertes

Veletržní palác – Muzeum moderního a současného umění (Messepalast – Museum moderner und zeitgenössischer Kunst): Das Museum begeistert in zweierlei Hinsicht, aufgrund seiner Architektur und aufgrund seiner Exponate. Als der ehemalige Messepalast 1928 eröffnet wurde, war er das erste Bauwerk Europas im funktionalistischen Stil und zugleich das größte Messegebäude der Welt. Heute hat sich das Auge an solche Bauten gewöhnt, von außen nimmt man sie gar nicht mehr als etwas Besonderes wahr. Von innen jedoch ist der Palast noch immer überwältigend. Den Kern des Gebäudes bildet eine imposante Halle mit verglastem Dach, die von den offenen Galerien der sechs Stockwerke umgeben wird. Die Architekten Oldřich Tyl und Josef Fuchs schufen dadurch ein Bauwerk von solcher Leichtigkeit, dass sich Le Corbusier bei dessen Anblick wie ein Dilettant vorgekommen sein soll.

Das Gros des Gebäudes belegt heute die Nationalgalerie. Im 1. Stock werden Werke internationaler Künstler des 20. Jh. gezeigt (u. a. Miró, Kokoschka, Beuys und Klimt), im 2. Stock tschechische Kunst von 1930–2000 (Surrealismus, Aktionskunst, sozialistischer Realismus etc.), im 3. Stock tschechische Kunst von 1900–1930 (große Sammlung kubistischer Werke) sowie

Moderne Kunst im Veletržní palác

französische Kunst des 19. und 20. Jh. (u. a. Delacroix, Rodin, Gaugin und Monet) und im 4. Stock tschechische Kunst des 19. Jh. (u.a. Mánes, Myslbek und Aleš). Zudem finden immer wieder spannende Wechselausstellungen statt. Da kein Mensch so viel Kunst auf einmal anschauen kann, werden Tickets für jedes Stockwerk einzeln angeboten.

Adresse Dukelských hrdinů 47. Ⓜ C Nádraží Holešovice, weiter mit Ⓢ 12, 15 Veletržní. ⌚ tägl. (außer Mo) 10–18 Uhr. Eintritt pro

Stockwerk 3,60 €, für zwei Stockwerke 5,40 €, für drei 7,10 €, für vier 8,90 €, erm. jeweils die Hälfte.

Národní technické muzeum (Technisches Nationalmuseum): Wegen Restaurierungsarbeiten wird das Museum voraussichtlich nicht vor Anfang 2008 wieder eröffnet. Dann aber erwarten Sie u. a. eine gigantische Sammlung an fotografischen und kinematografischen Apparaten (mit annähernd 18.000 Exponaten aus über 50 Ländern eine der größten der Welt), eine astronomische Abteilung mit Instrumenten, mit denen schon Tycho Brahe und Johannes Kepler Sonne, Mond und Sterne studiert haben, eine Verkehrshalle mit alten Škodas, Tatras und Bugattis, ein über 1 km langer Nachbau einer Erz- und Kohlengrube im Untergeschoss und und und. Ein Erlebnis für Groß und Klein.

Adresse Kostelní 42. Ⓢ 1, 8, 15, 25, 26 Letenské náměstí.

Lapidárium: Es beherbergt überwiegend Originale der Bildhauerarbeiten, die vielerorts in der Stadt aufgrund von Verwitterung oder einfach zum Schutz durch Kopien ersetzt wurden. Darunter befinden sich z. B. Originalskulpturen von der Karlsbrücke oder die Reiterstatue des Hl. Georg von der Prager Burg. Die Sammlung umfasst über 400 Exponate vom 11. bis zum 19. Jh., die in acht Sälen ausgestellt sind.

Uhr an den alten Jugendstil-Messehallen

Adresse Výstaviště 442. Ⓜ C Nádraží Holešovice, weiter mit Ⓢ 5, 12, 15 Výstaviště. ⌚ Di–Fr 12–18 Uhr, Sa/So 10–18 Uhr. Eintritt 1,40 €, erm. die Hälfte.

Výstaviště (Ausstellungsgelände): Rund um die alten Jugendstilmessehallen, die noch heute genutzt werden, erstreckt sich ein etwas schäbiges Freizeitgelände – dementsprechend der Andrang. Es gibt u. a. einen **Lunapark** mit Riesenrad, eine multimediale, kitschige **Springbrunnenshow** (Křižíkova fontána, nur im Sommer, www.krizikovafontana.cz), einige Theater, Terrassenlokale und Imbissstände. Im **Seaworld** (Morský svět) kann man Korallen und Meeresfische – darunter auch Haie in einem viel zu kleinen Aquarium – besichtigen. Im Osten grenzt die **T-Mobile-Arena**, in der Sparta Prag Eishockey spielt und musikalische Großevents stattfinden, das Gelände ab.

Adresse Výstaviště 442. Ⓜ C Nádraží Holešovice, weiter mit Ⓢ 5, 12, 15 Výstaviště. Das Gelände ist, sofern keine Veranstaltungen stattfinden, frei zugänglich. **Seaworld**, ⌚ tägl. 10–19 Uhr. Eintritt 5,40 €, erm. 4,30 €.

Pivní galerie (Biergalerie): Die originelle Mischung aus Laden, Museum und Kneipe betreibt der auskunftsfreudige Petr Vaněk (englischsprachig) als Plattform für kleinere tschechische Brauhäuser. Noch vor rund 100 Jahren gab es davon 1200 im Land, heute sind es nur noch rund 50. Mindestens 180 Sorten Bier hat die Galerie auf Lager, darunter so fremd klingende Namen wie „Černá horá", „Bohemia Regent", „Pernštejn" oder „Primátor" (die dunkle Variante mit 10 % Alkohol!). Dazu kann man Krüge, Gläser, T-Shirts usw. erstehen oder in der angeschlossenen Bierstube mit ein paar alten Emailleschildern und Fotos an den Wänden degustieren – täglich sind zwei andere Sorten im Ausschank.

Adresse U Průhonu 9. ⌚ Mo–Fr 11–20 Uhr. Ⓢ 5, 12, 15 U Průhonu.

Letenské sady (Letná-Park): Hoch über der Moldau gelegen, bietet er herrliche Ausblicke über die Stadt. Auf Bierbänken sitzt man beim Letenský zámeček, einem kleinen Beinaheschlösschen, etwas gediegener im Westen der Parkanlage auf der Aussichtsterrasse des Hanavský pavilón (→ „Essen und Trinken"). Dieser Jugendstilpavillon erinnert an eine russisch-orthodoxe Kirche, besitzt eine Stahlkonstruktion und wurde 1891 zur Landesjubiläumsausstellung gebaut. Ganz im Osten liegt der **Expo-Praha-58-Pavillon**. Der nahezu vollständig verglaste Pavillon gewann die Goldmedaille bei der Weltausstellung in Brüssel und fand danach auf der Letná einen neuen Standort. Einst befand sich ein nobles Restaurant mit Aussichtsterrasse darin, heute wird der Pavillon als Bürogebäude genutzt – schade.

Noch zu sozialistischer Zeit wurden auf der Rückseite des Parks, beim Sparta-Stadion, die Maiparaden abgenommen. Aber das ist Vergangenheit. An die wechselvolle Geschichte des Landes erinnert heute das große **Metronom** des Popkünstlers David Černý (→ Kasten). Es ist jedoch von überall in der Stadt interessanter anzusehen als vor Ort. Könnte man die Frequenz steigern, wäre der Platz davor die geniale Kulisse für eine Technoparty.

Anfahrt Ⓢ 1, 8, 15, 25, 26 Sparta.

Stromovka (Stromovka-Park): Er ist nicht nur der größte, sondern auch der schönste Park der Stadt. Hunde, Jogger und Inlineskater finden genügend Auslauf. Bereits im 13. Jh. wurde der Stromovka-Park als Jagdgehege angelegt. Im 17. Jh., unter Rudolf II., grub man einen 1 km langen Stollen (Rudolfa štola) durch den Letná-Park bis zur Moldau. Die tiefer als der Fluss gelegenen Parkabschnitte konnten so geflutet werden. Zuviel des Guten brachte das Augusthochwasser 2002, der ganze Park verwandelte sich in einen See. Seitdem ist der Stollen, der zuvor begehbar war, geschlossen.

Ein beschilderter Spazierweg führt durch den Stromovka-Park bis zum Schloss Troja. Das Planetarium am Eingang des Parks beim Ausstellungsgelände Výstaviště kann man sich sparen, sofern man des Tschechischen nicht mächtig ist.

Anfahrt Ⓜ C Nádraží Holešovice, weiter mit Ⓢ 5, 12, 15 Výstaviště.

Das „Auf und Ab" in der Geschichte

Auf der Letná hoch über Prag erinnert heute der Pendelschlag eines gigantischen Metronoms an die wechselvolle Geschichte des Landes und der Stadt. Es befindet sich an jener Stelle, an der 1955 das größte Stalinmonument der Welt stand: eine 30 m hohe, 14.000 t schwere kolossale Skulptur mit dem Diktator an der Spitze, hinter ihm eine Schar seiner Anhänger. Der Volksmund nannte es „tlačenice" (das Gedränge), da es stark dem Schlangestehen vor den Geschäften ähnelte. Der Entwurf dazu stammte von Otakar Švec. Kurz darauf beging er Selbstmord und stiftete sein Vermögen bezeichnenderweise einer Blindenschule. Ein Jahr nach der Einweihung des Monuments verurteilte Chruschtschow Stalin. Stück für Stück jagte man die 7000 Kubikmeter Granit daraufhin in die Luft, an der zuvor 600 Arbeiter über eineinhalb Jahre geklopft hatten.

Essen und Trinken

(→ Karte S. 176/177)

In den Straßen **Šmeralova, Čechova** und **Keramická** (nördlich des Letenské náměstí) reihen sich Cafés, Kneipen und Restaurants aneinander, die meisten mit hübschen Gartenterrassen. In Holešovice und Bubeneč gibt es zudem noch eine Vielzahl einfacher Pivnices.

Restaurants

Hanavský pavilon (18), delikates Dinieren mit Moldaublick im Letná-Park. Lachs-Sashimi, Entenbrust mit Pflaumensauce, *Foie gras* mit Mangochutney usw. Die adretten Kellner sind leider nicht immer die freundlichsten. Hg. 21–32 €. ✆ 233323641. Letenské sady 173. Ⓢ 1, 8, 15, 25, 26, 51, 56 Sparta.

Letenský zámeček (17), beherbergt zwei Lokalitäten. Im EG befindet sich die modern eingerichtete **Brasserie Ullmann**. Internationale Küche zu 7–16 €. Vornehmer und teuerer ist das **Restaurant Belcredi** (französische Küche) darüber. Schöne große Gartenterrasse. ✆ 233378000. Im gemütlichen, schattigen **Biergarten** vor der Tür genießt man eine herrliche Aussicht über die Stadt, Bier gibt es in Plastikbechern, oft wird gegrillt. Letenské sady 341. Ⓢ 1, 8, 15, 25, 26, 51, 56 Letenské náměstí.

Pizzeria Capua (15), empfehlenswerte, immer volle Pizzeria mit Steinofen. Pizza 3–5 €. ✆ 233382659. Milady Horákové 9. Ⓢ 1, 5, 8, 12, 14, 15, 17, 25, 26, 53, 54 Strossmayerovo náměstí.

Domažlická jizba (13), böhmische Küche abseits des Mainstreams. Gute Spieß- und Grillvariationen, auch Lamm oder Kalb. Einfache, rustikale Gaststube, im Sommer mit Terrasse. Hg. 4–10 €. Strossmayerovo náměstí 2. Ⓢ 1, 5, 8, 12, 14, 15, 17, 25, 26, 53, 54 Strossmayerovo náměstí.

Cafés/Kneipen

La Creperie (16), gemütliches Café. Leckere Crêpes in süßen und pikanten Varianten, ideal für Vegetarier. Janovského 4. Ⓜ C Vltavská.

Na staré kovárně (14), beliebtes Kneipenrestaurant mit Lenin und Trotzki an der Wand. Ordentliche Küche mit Riesenportionen – auf der Speisekarte stehen Gerichte wie „Kursk", „Truthahn Bill Gates" oder „Arafats Rache", dazu Mexikanisches. Außenbestuhlung. Hg. 3,20–9,70 €. Kamenická 17. Ⓢ 1, 8, 15, 25, 26, 51, 56 Kamenická.

Fraktal (10), lustig-bunt dekorierte Szenekneipe mit netter Musik und alternativem Publikum (darunter viele in Prag lebende Amerikaner). Kleiner Außenbereich. Tex-Mex-Küche zwischen Burgern und Burritos, Sa/So Brunch (kein Büfett). Šmeralova 1. Ⓢ 1, 8, 15, 25, 26, 51, 56 Letenské náměstí.

První Holešovická kavárna (6), Mischung aus Kneipe, Café und Restaurant, ein beliebter Treffpunkt im Viertel. Luftig, viele Pflanzen, kleine Tische. Deftige, günstige Küche. Komunardů 30. Ⓢ 1, 3, 5, 12, 15, 25 Dělnická.

• *Außerhalb* TIPP! **Staročeská krčma Fontána,** urig-romantische Gaststätte im Stil einer altböhmischen Wirtsstube. Kerzenlicht, gestapelte Holzscheite an den Wänden. Vom offenen Feuer (im Raum) kommen herzhafte Fleischstücke, für Vegetarier gibt's zumindest gegrillten Käse. Hg. 3,50–9 €. ✆ 224321505. Anfahrt: Mit Ⓜ A bis Dejvická, dann der Straße Dejvická folgen, bis es nach links in die V. P. Čkalova 15 abgeht. Dort Hnr. 15.

Szeneviertel Žižkov

Žižkov

Eingebettet zwischen Hügeln erstreckt sich Žižkov nordöstlich von Vinohrady. „Rot" war der Stadtteil früher, „ungezähmt" ist er heute – wenn auch erst auf den zweiten Blick.

Zu Beginn des 19. Jh. war Žižkov nur ein Ausläufer von Vinohrady. Als im Zuge der Industrialisierung große Fabrikanlagen im benachbarten Karlín entstanden, entwickelte sich Žižkov zum Arbeitervorort und wurde schließlich ein eigener Stadtteil. Schon in den ersten Jahrzehnten des 20. Jh. war er die Hochburg der Kommunisten, laut dem Dichter Jan Martinec „der ärmste Stadtteil Prags, mit düsteren Mietshäusern und uneleganten Ausdünstungen".

Noch heute gilt Žižkov als Arbeiterviertel, zudem ist es die Heimat vieler Roma. Mittlerweile entdecken auch die neue Prager Mittelschicht und die Tourismusbranche den Stadtteil. Viele Hotels und Pensionen sind entstanden. Man findet sie hauptsächlich zwischen den Straßen Husitská und Seifertova.

Die Republik Žižkov

Kein Stadtteil Prags pflegt einen solchen Lokalpatriotismus wie Žižkov. Von offizieller Seite – dem Rathaus von Prag 3 nämlich – wurde sogar schon spaßeshalber die „Unabhängige Republik Žižkov" ausgerufen und eine große Party veranstaltet, bei der Stadtbeamte Žižkover Reisepässe verteilten. Im April 2002 initiierte das Rathaus ein Referendum zur Abspaltung Žižkovs von Prag: 91 % der Einwohner votierten dafür.

An Letzterer liegt übrigens auch das Stadion des lokalen Fußballclubs „Viktoria", dem „FC St. Pauli" Prags. Dieses

Karte S. 182/183

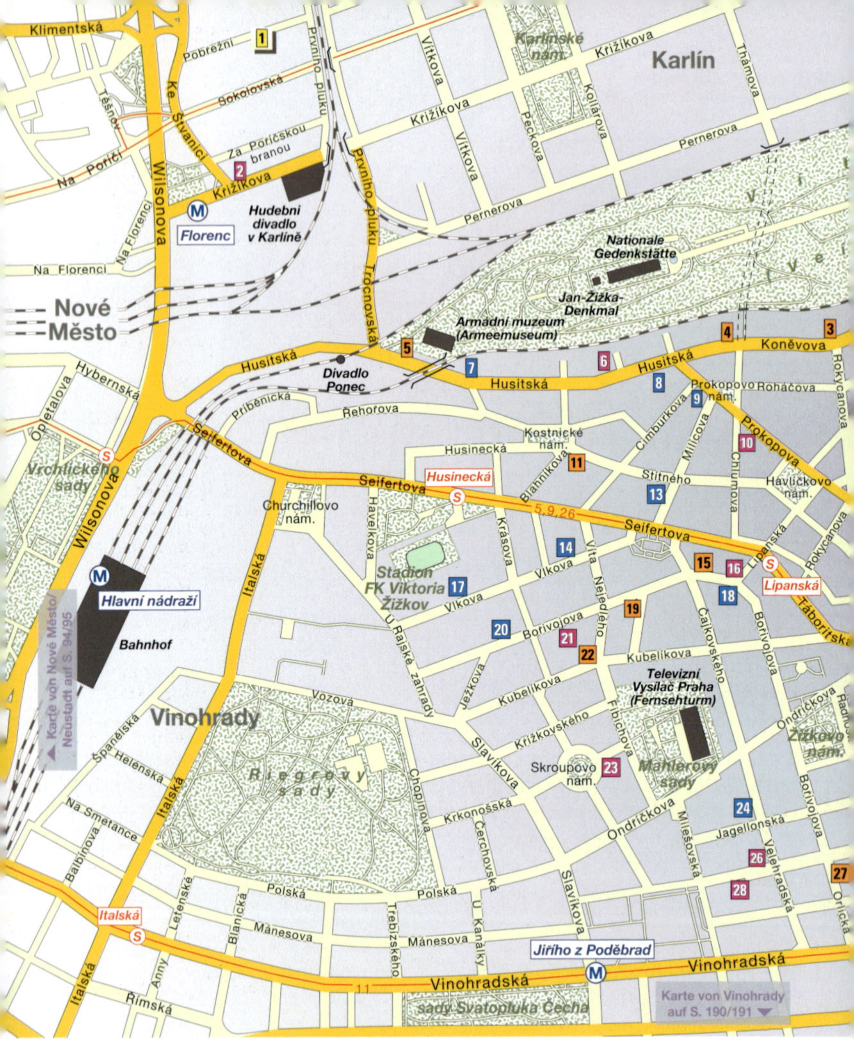

Eck bis hinauf zur Metrostation Flora ist zugleich das lebendigste und schönste des Stadtteils. Auch kann man hier einen Streifzug durch die vielen berühmt-berüchtigten Žižkover Bierkneipen unternehmen – angeblich bot der Stadtteil während der Ersten Republik die weltweit höchste Anzahl an Gasthäusern pro Quadratkilometer. In den Kneipen geht es teils zu, als würde man noch immer den Sieg des Hussitenführers Jan Žižka, dem Namensgeber des Stadtteils, über das Kreuzfahrerheer begießen. Und nirgendwo in Prag ist das Publikum bunter. In intimen, halblegalen Afterhourclubs wird bis in den Nachmittag getanzt, und die Schwulen- und Lesbenszene trifft sich zwischen unscheinbaren Mietshäusern und kleinen Geschäften.

Abseits davon geht es erheblich ruhiger zu, zumal viele Winkel Žižkovs nur

schlecht mit öffentlichen Verkehrsmitteln zu erreichen sind – der einst geplante Bau der U-Bahnlinie D durch Žižkov wurde nie realisiert.

Das Gros der Touristen lässt Žižkov links liegen, und die wenigen, die kommen, besuchen vorrangig den → **Nové Židovské Hřbitovy,** den Neuen Jüdischen Friedhof, oder den → **Televizní Vysílač Praha,** den die ganze Stadt überragenden Fernsehturm. Zu besichtigen gäbe es außerdem noch das → **Armádní muzeum,** ein Armeemuseum, und das Jan-Žižka-Denkmal auf dem → **Vítkov,** einem länglichen Hügel, der die beiden Viertel Žižkov und Karlín voneinander trennt. Allzu viel sollte man von letzteren beiden Attraktionen aber nicht erwarten. Wer jedoch das andere Prag kennen lernen will, kann sich hier einen Nachmittag oder eine Nacht lang treiben lassen.

Nobelpreisträger und Persona non grata – Jaroslav Seifert

Žižkovs berühmtester Sohn und, für den Stadtteil typisch, Sprössling einer Arbeiterfamilie heißt Jaroslav Seifert (1901–1986). 1920 gründete er mit befreundeten Schriftstellern den provokanten Künstlerbund „Devětsil", eine surrealistische Avantgardegruppierung, die eine „neue proletarische Kunst" schaffen wollte. Kurz darauf trat er der Kommunistischen Partei bei. Den Genossen war er jedoch zu bürgerlich-liberal, nach ein paar Jahren warfen sie ihn hinaus. Während des Zweiten Weltkriegs stieg Seifert zum populärsten Lyriker des Landes auf. Als seine einstige Partei nach dem Krieg die Macht übernahm, durfte er nur noch unter Auflagen publizieren. Seifert aber ließ sich nicht einschüchtern und prangerte auf dem 2. Prager Schriftstellerkongress 1956 die Verbrechen Stalins an. Im Ausland erhielt er in den folgenden Jahren unzählige Literaturpreise, und als sich die politische Situation während des Prager Frühlings vorübergehend lockerte, auch im Inland. In den 70er Jahren, als jegliche Liberalität wieder verflogen war, verhängte man über Seifert ein Publikationsverbot, er wurde zur Persona non grata. Doch der Literat verstummte nicht und schloss sich einige Jahre später der Bürgerrechtsbewegung „Charta 77" an. Zwei Jahre vor seinem Tod erhielt er als erster und bislang einziger tschechischer Schriftsteller den Literaturnobelpreis. Zu seinen bekanntesten und vielfach übersetzten Werken gehören „Morový sloup" („Die Pestsäule", 1977) und „Deštník z Piccadilly" („Der Regenschirm vom Piccadilly", 1979).

Sehenswertes

Vítkov (Veitsberg): Hoch über Prag hat man hier Jan Žižka ein Denkmal gesetzt, so gigantisch, als hätte der einäugige Hussitenführer nicht nur ein Kreuzfahrerheer besiegt (→ S. 76), sondern die Erde auch noch vor einem Überfall der Klingonen bewahrt. Das Denkmal ist das größte bronzene Reiterstandbild der Welt. Aus der Nähe betrachtet, wirkt es aber gar nicht so imposant. Hinter ihm liegt die Nationale Gedenkstätte (Národní památník), ein riesiger konstruktivistischer Würfel aus den 1920er Jahren, der zum Ruhm der neuen Republik errichtet wurde. Die Kommunisten zweckentfremdeten das Bauwerk und machten daraus ein Mausoleum. Unter anderen fand darin auch der einstige Präsident Klement Gottwald seine Ruhestätte, aber nicht die letzte: 1990 bettete man ihn schließlich um auf den Friedhof Olšany (s. u.). Der Arme erlag übrigens einer Grippe, die er sich beim Begräbnis Stalins geholt hatte.

Anfahrt Ⓜ B, C Florenc, weiter mit Ⓑ 133 U Památníku, von dort führen Spazierwege nach oben. ⌚ Jeden ersten Sa im Monat ab 14 Uhr Führungen, Anmeldung nötig (✆ mobil 602664078). Ansonsten ist das Mausoleum nur zu gelegentlichen Veranstaltungen geöffnet.

Armádní muzeum (Armeemuseum): Das Museum, untergebracht in einem tristen Kasten am Fuß des Vítkovs, diente einst der Glorifizierung des tschechoslowakischen Militärs und der gesamten Streitkräfte des Warschauer Paktes. Heute beschränkt man sich mehr oder weniger auf die Militärgeschichte des Landes vom Ersten Weltkrieg bis 1945. Zu sehen gibt es in erster Linie Uniformen, Waffen und Orden

Auf dem Neuen Jüdischen Friedhof

aus den Weltkriegen, ein paar Panzer sowie Überbleibsel aus der Zeit des tschechischen Widerstands während des Protektorats.

Adresse U Památníku 2. Anfahrt → „Vítkov". ⌚ tägl. (außer Mo) 9.30–18 Uhr. Eintritt frei.

Nové Židovské Hřbitovy (Neuer Jüdischer Friedhof): Er ist ein bizarr-idyllischer Ort und nicht weniger besuchenswert als der Alte Jüdische Friedhof in Josefov, zumal hier kein Gedränge herrscht. Das Gros der Grabsteine stammt aus dem 19. Jh. und der ersten Hälfte des 20. Jh. Das bekannteste Grab ist das Franz Kafkas, der 1924 im Alter von knapp 41 Jahren an Tuberkulose starb. Er liegt zusammen mit seinen Eltern an der Südmauer bestattet. Seine Fangemeinde legt hier Briefe, Blumen und Steinchen nieder.

Adresse Izraelská 1. Ⓜ A Želivského. Das Kafkagrab ist ab dem Eingang ausgeschildert. ⌚ So–Fr 9–17 Uhr, im Winter bis 16 Uhr.

Der riesige und ebenfalls überaus interessante **Friedhof Olšany (Olšanské hřbitovy)** nebenan wurde ursprünglich für die Toten der Pestepidemie des Jahres 1680 angelegt. Groteskerweise teilen sich hier heute der Protestler Jan Palach (→ S. 81, Sektion 9/2) und Klement Gottwald, der „tschechische Stalin" (Sektion 5/20), dieselbe Erde.

Adresse Vinohradská 294/212. Ⓢ 5, 10, 11, 16 Olšanské hřbitovy. ⌚ Mai–Sept. tägl. 8–19 Uhr, Okt., März u. April bis 18 Uhr, Nov.–Febr. bis 17 Uhr.

Televizní Vysílač Praha (Fernsehturm): Nach 7-jähriger Arbeitszeit wurde 1992 das letzte sozialistische Bauwerk Prags vollendet. Mehr als 100 m ragt es in den Himmel. Davor liegen noch die kümmerlichen Überreste eines jüdischen Friedhofs aus dem 19. Jh., der dem Giganten weichen musste. Ursprünglich sollte der Turm v. a. die Frequenzen westlicher Sender stören. Heute dient er der Übertragung von Radio- und Fernsehprogrammen. Der Panoramablick von der Aussichtsplattform wäre schöner, würde man öfters mal die Fenster putzen. Auf 70 m befinden sich ein Café und ein Restaurant mit satten Preisen. Die Metallbabys, die den Turm hinaufklettern, sind ein Projekt des Prager Popkünstlers David Černý, der u. a. auch für das Metronom im Letná-Park (→ Kasten S. 179) und für den Wenzel in der Lucerna-Passage (→ S. 92) verantwortlich zeichnet.

Adresse Mahlerovy sady. Ⓜ A Jiřího z Poděbrad. ⌚ tägl. 10–23 Uhr. Eintritt 5,30 €, erm. 4,30 €.

Ostalgie-Tipps

An die kommunistische Ära erinnert im Zentrum Prags heute so gut wie nichts mehr. Die Symbole des Sozialismus sind verschwunden wie Spuren im Sand. Teils wurden sie abmontiert, teils hat man sie einfach übertüncht wie z. B. den großen roten Stern über dem ehemaligen Hotel International, der mittlerweile grün ist. Der ideologisch markante Schmuck mit Arbeitern und Bauern, Hammer, Sichel und Sternen, der die Fassade ziert, blieb bislang jedoch erhalten. Das Gebäude selbst, eine Art Prototyp des sozialistischen Realismus, das in Anlehnung an die Lomonossow-Universität in Moskau entstand, beherbergt heute das Crowne Plaza Hotel (Podbabská, Dejvice). Auch Namensänderungen wurden vielfach durchgeführt. So benannte man z. B. die Metrostation Gottwaldova in Vyšehrad um, aus Leninova wurde Dejvická und aus Moskevská („Moskauer") Anděl. In Letzterer finden sich noch Reliefs mit Hammer und Sichel, Arbeitern, Bauern, Fahnen und Kosmonauten, genauso an der Nationalen Gedenkstätte am Vítkov.

Essen und Trinken

(→ Karte S. 182/183)

Restaurants

Mailsi (16), pakistanisches Restaurant. Rosa-türkisfarbenes Ambiente. Leckere Vorspeisen, scharfe Currys, allerdings kleine Portionen. Hg. 4–16 €. ✆ 222717783. Lipanská 1. Ⓢ 5, 9, 26 Lipanská.

Fluidum (28), etwas gediegenere Lokalität mit Stoffservietten auf liebevoll dekorierten Tischen. Verfeinerte tschechische Küche mit frischen Kräutern und mediterranen Einflüssen. Lohnenswert zur Mittagszeit: Suppe, Hauptspeise und Getränk 4,30 €. Hg. am Abend 7–17,50 €. ✆ 222211702. Lucemburská 6. Ⓜ A Jiřího z Poděbrad.

Wings Club (26), das Restaurant ist zugleich Museum über den Luftkampf im Zweiten Weltkrieg. An der Wand vor der Bar hat Besitzer Mirek Petrů z. B. das Cockpit der Spitfire angebracht, die Regisseur Jan Svěrák in seinem Film „Dark Blue World" nutzte. Gute böhmische und internationale Küche, u. a. Käsespätzle *(Špecle se syrem)*. Hg. 5,30–15 €. Von Lesern sehr gelobt. ✆ 222713151. Lucemburská 11. Ⓜ A Jiřího z Poděbrad.

Pivnices

U vystřelenýho oka (6), was für ein Name: „Zum ausgeschossenen Auge"! Alteingesessen. Hinter dem Lokal ganz im Zeichen des einäugigen Hussitenführers verbirgt sich eine nette Mischung aus rustikaler Pivnice, verrauchter Musikkneipe und Studententreff. Kleiner Biergarten. ⌚ tägl. außer So. U božích bojovníků 3. Ⓜ B, C Florenc, weiter mit Ⓑ 133, 504 U Památníku.

Nad Viktorkou (21), simpel-nette Musik-Pivnice mit viel Althippie-Publikum – ein Žižkover Urgestein. Fernseher für Fußballfans und Bilder von nackten Frauen an den Wänden. Snacks zum Bier. Ab und zu kleine Konzerte. Bořivojová 79. Ⓢ 5, 9, 26, 55, 58 Lipanská.

U Sadu (23), typische Žižkover Pivnice mit dunkel getäfelten Wänden und Trödel an der Decke. Dazu Kellerbar und überdachter Außenbereich. Tischfußball und Billardtisch. Škroupovo nám. 5. Ⓜ A Jiřího z Poděbrad.

Na Radhošti (25), alles vorhanden: Altmännerstammtisch, freakige Kids von der

Spacig: der Žižkover Fernsehturm

Schule nebenan und das Ziegenbockmaskottchen der Kozel-Brauerei, deren Bier hier in rauen Mengen fließt. UNESCO-trinkschutzwürdig. Billigste böhmische Tagesgerichte. Radhošt'ská 15. Ⓢ11 Radhošt'ská.

U Žižky (10), kleine, fast urige Pivnice mit bildbandreifem Publikum. Ebenfalls sehr günstige Tagesgerichte. Chlumova 22. Ⓢ5, 9, 26 Lipanská.

Bars/Kneipen

Pivovarský Klub (2), im Viertel Karlín nördlich von Žižkov. 2005 eröffnet. 200 Biere aus dem In- und Ausland werden hier ausgeschenkt – darunter gar Bamberger Rauchbier, zuckerfreies Bier und Biersekt. 0,5 l ab 1,10 €. Dazu gibt's deftige Snacks wie Bierkäse oder *Utopenci*. Modern-rustikal eingerichtet, geraucht wird nur im Keller. Křižikova 17. Ⓜ B, C Florenc.

Hapu (27), kleine, abgeschrammte Cocktailbar mit Teppichboden. Die hiesigen Cocktails zählen zu den besten der Stadt. Viele Amerikaner, stets voll. Orlická 10. Ⓜ A Jiřího z Poděbrad.

Vobejvák (11), das niedliche „Wohnzimmer" sieht aus, wie's heißt. Im witzig zusammengewürfelten Ambiente trifft sich die alternative Szene zu Cocktails oder Primátor-Bier aus Nordböhmen. Ethno-Musik. Stítného 8. Ⓢ5, 9, 26, 55, 58 Husinecká.

Luis Cyphre (19), grungige Musikkneipe, in der gekickert wird. Bořivojova 69. Ⓢ5, 9, 26, 55, 58 Lipanská.

Planeta Žižkov (4), lebendige American-Style-Kneipe mit lauter Musik. Überladen eingerichtet: an den bunten Wänden alte Radios, mexikanische Sombreros und jede Menge Emailleschilder. Man kann auch essen. Tachovské náměstí. Ⓜ B, C Florenc, weiter mit Ⓑ133, 504 Tachovské náměstí.

Biergarten

Parukářka (12), auf dem Hügel zwischen Friedhof Olšany und Vítkov. Zu Panoramablicken über die Stadt gibt es eine Würstchenbude, einen Stehausschank, ein paar Sitzgelegenheiten und drum herum Wiese, über der in lauen Sommernächten zuweilen eine mächtige Graswolke schwebt. Ein Hauch von Festivalatmosphäre (ohne Musik) unter dem Motto: Je wärmer der Tag, desto lauer das Bier. Junges Publikum, viele Hunde. Ⓢ 5, 9, 26, 55 Olšanské náměstí, von dort bereits zu sehen.

Žižkov Karte S. 182/183

Wo einst Weinberge standen, fährt heute die Straßenbahn

Vinohrady

Südöstlich von Nové Město erstreckt sich Vinohrady, ein Stadtteil für Fortgeschrittene. In vielen Reiseführern ist er noch nicht einmal erwähnt, da bedeutende Sehenswürdigkeiten hier nicht zu finden sind. Dennoch zählt Vinohrady zu den schönsten Vierteln der Stadt, nicht zuletzt deshalb, weil es den Pragern gehört.

Bis ins 18. Jh. war Vinohrady das, was es übersetzt auch heißt, ein Weinberg. Doch dann kam die Bourgeoisie, ließ sich vornehme Bürgerhäuser bauen, und Vinohrady entwickelte sich bis zur Jahrhundertwende zu einem der nobelsten Vororte Prags. Bis in die zweite Hälfte des 20. Jh. sollte sich daran nichts ändern. Dann aber färbte das sozialistische Einheitsgrau den Stadtteil. Die Fassaden begannen zu bröckeln. Heute erstrahlen sie teils in neuem Glanz, teils bröckeln sie noch immer. Allmählich mausert sich Vinohrady aber wieder zu dem, was es einst war, zu einem der begehrtesten Wohngebiete der Metropole.

Vinohrady ist ein Stadtteil mit überaus viel Flair, mit versteckten Weinstuben, Cafés und Bars, mit Trödelläden und gewöhnlichen Geschäften – ganz anders als das touristische Zentrum, das „Goldene Prag". Um Vinohrady nicht wie ausgestorben zu erleben, sollten Sie den Stadtteil unter der Woche erkunden – die Wochenenden verbringen viele Prager in ihren Datschen auf dem Land. Dabei ist es ganz egal, ob Sie tagsüber über belebte Straßen schlendern oder eine abendliche Kneipentour unternehmen.

Spaziergang

Das Zentrum Vinohradys ist der **Náměstí Míru**, ein weiter runder Platz, in dessen Mitte eine neugotische Backsteinkirche (Kostel sv. Ludmily) steht. Daneben befindet sich der Eingang zur gleichnamigen Metrostation. Wer gerne Rolltreppe fährt, kann dort an die zwei Minuten lang nach unten tuckern – sie soll die längste Rolltreppe Europas sein.

Das beeindruckendste Gebäude am Platz ist das **Vinohradské divadlo**, ein herrliches Jugendstiltheater und zugleich eine der Bühnen des deutsch-tschechischen Theaterfestivals im Spätherbst. Weiter östlich steht das **Národní dům**, das einstige Nationale Casino, dessen Repräsentationssäle heute Tanzkurse, klassische Konzerte, feudale Banketts und so fort beleben.

Der Náměstí Míru war schon mehrmals Ausgangspunkt größerer Demonstrationen. NATO-Gipfel, Weltwährungsfond-Tagung – gegen was hat man sich hier nicht alles versammelt. Die Demonstranten ziehen dann die Jugoslávská hinab, wo sich die ansässigen Banken hinter meterhohen Holzverschalungen verbarrikadieren.

Von der Jugoslávská geht es links ab in die **Bělehradská**. Im dortigen Hotel Beránek, gleich linker Hand, wohnte einst Maxim Gorki, heute steigen hier Busgruppen ab. Die Bělehradská ist eine belebte Einkaufsstraße. Bäcker, Drogerien und einfache Bekleidungsgeschäfte säumen sie, dazu Metzger mit Stehtischen, an denen Hartgesottene schon um 10 Uhr morgens Braten und Bier

Der Prager Wohnungsmarkt – zwei Welten

In Europa gibt es nur wenige Städte, die so extreme Mietpreisspannen aufweisen wie Prag. In ein und demselben Gebäude kann es durchaus vorkommen, dass die erste Etage rund 60 Euro Miete bezahlt, die zweite für die gleiche Wohnung 600 Euro. Warum? Prager mit vorrevolutionären, regulierten Mietverträgen geben i. d. R. erheblich weniger für ihre Miete aus als für die Gas- und Stromrechnung. Das ist nicht viel, und so kündigt kein Mieter seinen Vertrag, wenn er die Wohnung nicht mehr braucht, sondern vermietet sie unter. Aufgrund der allgemeinen Wohnungsnot und dem Mangel an Büroflächen im Zentrum lässt sich damit gutes Geld verdienen. Dies geht oft so weit, dass nicht mehr nur untervermietet wird, sondern unter-unterunter... Die hohen Mieten haben zur Folge, dass Jobsuchende aus den wirtschaftlich schwachen Regionen des Landes in Prag keine Arbeit annehmen können, da die hiesigen Löhne oft nicht einmal mehr die Miete decken. Andererseits klagen Wohnungseigentümer, dass die Einnahmen aus regulierten Mietverhältnissen oft nicht für die Unterhaltskosten eines Gebäudes ausreichen, geschweige denn für nötige Modernisierungen. Im Jahr 2007 dürfen – erstmals seit dem Niedergang des Sozialismus – die Mieten schrittweise angehoben werden. 2011 soll es schließlich zu einer völligen Freigabe der Mieten kommen. Man erhofft sich dadurch eine Entspannung auf dem Wohnungsmarkt, da es nun für Spekulanten lukrativ ist, die rund 20.000 leer stehenden Wohnungen zu sanieren.

Vinohrady Karte S. 190/191

frühstücken. In den Hinterhöfen findet man kleine Märkte. Vietnamesen verkaufen dort Zigaretten, Obst, Gemüse, T-Shirts mit vielen Streifen und beim Waschen einlaufende Unterhosen.

Einen kurzen Besuch wert ist **Príma Chlebíčky** (Nr. 75): Die mit viel Liebe garnierten, belegten Brötchen gehören zu den besten der Stadt, allein ihr Anblick macht Appetit. Vormittags ist die Auswahl am größten!

Schräg gegenüber befindet sich das Delikatessengeschäft **Fruits de France**. Darin treffen sich Ausländer und die Prager Oberschicht. Bezüglich vieler Zutaten besitzt der Laden bis heute

eine Monopolstellung – so manche frische Kräuter oder Salate, die es in Deutschland in jedem Discounter gibt, sind in Prag selbst in riesigen Supermärkten mit über 40 Kassen noch immer nicht regelmäßig zu bekommen.

Sobald man in die **Bruselská** abbiegt, wird es ruhiger. Es geht nun durch ein hübsches Wohngebiet mit einigen Bars und Restaurants, die meisten mit gemütlicher Außenbestuhlung im Sommer. Dieses Eck ist bei in Prag lebenden Ausländern sehr beliebt, insbesondere bei US-Amerikanern (→ Kasten, S. 195).

Zwischen den Villen an der **Jana Masaryka** kann man gelegentlich auf das

Nusle-Tal blicken. Die Gebäude auf der gegenüberliegenden Hangseite gehören schon zum Stadtteil Vyšehrad. In der eher unscheinbaren **Villa Osvěta** (Nr. 22) lebte der erste tschechische Präsident Tomás Garrigue Masaryk. Nach seinem Sohn Jan ist heute die Straße benannt.

Durch baumbestandene Straßenzüge und vorbei an der dänischen Botschaft gelangt man zum **Havlíčkovy sady**, einem Park, in dem noch heute ein kleiner Weinberg (mit hübschem Weinlokal, → „Essen und Trinken") existiert. In der unübersehbaren, Neorenaissancevilla im Park wohnte vorübergehend Rainer Maria Rilke. Die Villa, nach ihrem Bauherrn Moritz Gröbe *Gröbovka* genannt, wurde zuletzt aufwändig restauriert und soll künftig ein Fortbildungszentrum beherbergen. Den Park selbst suchte Max Brod des Öfteren auf und widmete ihm ein Gedicht. Zusammen mit Franz Kafka, Franz Werfel, Felix Welsch und Otto Baum bildete er einen Literatenzirkel, den er später als den „Prager Kreis" titulierte. Brod ist es zu verdanken, dass Kafkas Werke überhaupt in die Literatur eingehen konnten. Entgegen dem letzten Willen seines Freundes entschloss sich Brod nach dessen Tod, die Manuskripte nicht zu vernichten, sondern in Druck zu geben.

Heute drehen im Park Hundebesitzer ihre Runden. Ein Hund gehört zu jeder tschechischen Familie. Dabei gilt der Grundsatz, je kleiner die Wohnung, desto größer der Hund.

Das nächste Ziel – über die **Voroněžská** und dann über einen steilen Treppenweg zu erreichen – ist die erste konstruktivistische Kirche Prags, die **Kostel sv. Václava ve Vršovicích** aus den Jahren 1932–35. Mit ihrem hohen Turm samt Korkenziehertreppe entspricht sie alles andere als dem herkömmlichen Schema sakraler Bauten.

Prager Cafékultur

Jan Saudek – vom Buhmann zum Aushängeschild

Fettleibige, alte Frauen mit weit auseinander gespreizten Beinen, verkrüppelte Nackte, runzelige Brüste im Russ-Meyer-Format: Gewalt und Traum, verbunden mit Erotik und Obsession in oft surrealen Welten, das sind Jan Saudeks Motive. Diese nachkolorierten Akte machen sein Werk unverwechselbar. Weniger provokant hingegen sind seine früheren Schwarzweißfotografien wie das oft kopierte „Mann mit Kind", das er übrigens selbst in den Armen wiegt. Saudek bezeichnet seine Bilder, die so faszinierend wie absurd sind, als „Theater des Lebens". Das hat er auch erlebt. 1935 geboren, verbrachte er die Kriegsmonate aufgrund seiner jüdischen Abstammung im KZ. Die Kommunisten steckten ihn später ins Gefängnis, seine Arbeiten galten als „subversive Propaganda". Während Saudeks Werk im Ausland schon früh Anerkennung fand, wurden die Arbeiten des bekanntesten tschechischen Fotografen im Heimatland erstmals – man mag es kaum glauben – 1996 gezeigt. Mittlerweile jedoch ist das Enfant terrible nicht nur akzeptiert, sondern gar zu einem Aushängeschild des Landes geworden.

Der Kirche zu Füßen beginnt die Dykova, eine von prächtigen Villen gesäumte Straße. In Hausnummer 18 (heute eine Pension) war während der deutschen Okkupation ein Heim für schwangere tschechische Mädchen untergebracht. Die Kinder, die sie auf die Welt brachten, ließ die Gestapo zur „Germanisierung" nach Deutschland bringen.

An einem Wasserturm aus dem 19. Jh. vorbei führt der Spaziergang weiter zum Náměstí Jiřího z Poděbrad. Die dortige Kirche **Kostel Srdce Páně** inmitten einer weiten Grünanlage hat etwas von einem gestrandeten Öltanker, dem Bug und Heck abgebrochen sind. Sie ist das Werk des Architekten Jože Plečnik, der zu Beginn des 20. Jh. auch die Umbauarbeiten an der Prager Burg leitete. Sollte sie zufällig einmal offen sein, gehen Sie hinein. Ihr Inneres ist sehenswert. Hinter dem Platz ragt der mächtige **Fernsehturm** empor (→ S. 185), der sich bereits im Stadtteil Žižkov befindet. In der Nähe liegt das Atelier des wohl bekanntesten lebenden tschechischen Fotografen, Jan Saudek (→ Kasten, S. 193).

Die **Mánesova** säumen Jugendstilhäuser, aber auch Bauten des Historismus. Empfehlenswert ist ein Abstecher über die Třebizského zum **Riegrovy sady (Rieger-Park)**, vor allem im Sommer. Der Park bietet nicht nur tolle Ausblicke über die Stadt – ein idealer Ort fürs Picknick – sondern auch einen gemütlichen Biergarten (→ „Essen und Trinken").

Südlich der Mánesova verläuft die **Vinohradská**. Einst hieß sie Stalinova. Auf ihr fanden während des Prager Frühlings jene Straßenschlachten statt, deren Bilder um die Welt gingen. Die dortige alte **Markthalle** (Vinohradský Pavilon, Nr. 50) hat man zu einem modernen kleinen Einkaufszentrum umgebaut. Davor bringt Sie die Straßenbahnlinie 11 zur Metrostation Muzeum.

Essen und Trinken

(→ Karte S. 190/191)

Restaurants

Zvonařka (29), Barrestaurant mit toller, baumbestandener Terrasse, die einen Blick auf das Nusle-Tal bietet. Junges, oft schönes Publikum. Pächter und Köche wechseln des Öfteren – zuletzt war die Küche zwar nicht mehr überzeugend, das kann sich aber wieder ändern. Hg. 5–15 €. Im Winter So Ruhetag. ✆ 224251990. Šafaříkova 1. Ⓢ 6, 11, 56 Bruselská.

TIPP! **Aromi (5),** sehr guter Italiener, einer unser Favoriten. Kleine, aber feine Karte (Schwerpunkt ist die Küche Markens), wechselnde Tagesgerichte. Köstliche Pasta- und Fleischgerichte sowie frischester Fisch, den man vorm Verzehr begutachten kann. Aufmerksamer Service. Etwas dekadent die Fruchtscheiben in den Herrenpissoirs. Hg. 7–30 €, sehr gute Weinauswahl (Flasche ab 18 €). Günstige Lunchangebote. ✆ 222713222. Mánesova 78. Ⓜ A Jiřího z Poděbrad.

U bílé krávy (6), die „Weiße Kuh". Gehobene burgundische Küche, vorzüglich die saftigen Steaks der hellen Charolaix-Rinder mit feinen Saucen. Auch Fisch und Geflügel. Gute Weine. Ländlich-rustikale Einrichtung mit alten Wagenrädern und karierten Tischdecken. Sehr freundlicher Service. Hg. 7,20–14,50 €. ✆ 224239570. Rubešova 10. Ⓜ A, C Muzeum.

Mozaika (11), modernes Souterrainlokal mit guter internationaler Küche zu fairen Preisen. Kosten Sie den Burger. Leckere Nachspeisen. Hg. ab 5 €. ✆ 224253011. Nitranská 13. Ⓜ A Jiřího z Poděbrad.

Radost FX (12) → „Danceclubs", S. 62. Schick gestyltes, vegetarisches Restaurant, beliebter Treffpunkt der in Prag lebenden US-Amerikaner. So Brunch. Hg. 4,50–9 €. ✆ 224254776.

Grosseto (16), gute Pizzen, dazu Pasta und Steaks. Sehr beliebt, oft ist ohne Reservierung nichts zu machen. Hinterhofterrasse, im Inneren Schnellrestaurant-Atmosphäre. Pizzen 4,30–6 €. ✆ 224252778. Francouská 2. Ⓜ A Náměstí Míru.

Ein paar Straßen weiter, an der Londýnská, liegt mit der **Romantica (21)** eine weitere Pizzeria – gemütlichere Terrasse, nur die Pizzen können nicht ganz mithalten.

Thrakia (4), bulgarisches Lokal mit grässlicher vorrevolutionärer Einrichtung, aber recht authentischer Balkanküche. Kosten Sie die kalte Gurkensuppe *Tarator* oder die bulgarischen Frikadellen *Kjufteta*. Teuerstes Hg. 8,50 €. ✆ 222240030. Rubešova/Ecke Římská. Ⓜ A, C Muzeum.

Chudoba (9), eine günstige, freundliche und zu Recht sehr beliebte Adresse. Rustikales Ambiente, breite Fensterfront. Mittags Braten-und-Knödel-Küche, abends Kurzgebratenes (gute Steaks). Flinker Service, für den Abend sollte man reservieren. Hg. 2,80–10,50 €. ✆ 222250624. Vinohradská 67. Ⓜ A Jiřího z Poděbrad.

V Korunní (13), einfaches Restaurant mit böhmischer Hausmannskost (Knödelküche nur mittags). Empfehlenswert: Gulasch Radegast oder Ente mit Kraut. Tagesgerichte 2,30–3 €, abends etwas teurer. Nur tschechische Karte. Korunní 39. Ⓢ 10, 16 Šumavská.

Pivnice

U Bohouše (3), angeblich soll man nirgends schneller Tschechisch lernen können als hier. Typische, immer volle Pivnice und einstiger Dissidententreff, in dem auch Hlavsa (→ S. 203) häufig saß. Man kann auch günstig essen. Polská 34. Ⓜ A Jiřího z Poděbrad.

Cafés

Retro (17), weitläufiges, modern eingerichtetes Caférestaurant. Frühstück, internationale Küche zu günstigen Preisen. Sommerterrasse auf dem Gehweg davor. Musicclub im Keller. Francouská 4. Ⓜ A Náměstí Míru.

Kavárna Medůza (22), verspielt eingerichtete Räumlichkeiten mit vielen Spiegeln, alten Gemälden und schweren, gemütlichen Sofas. Vornehmlich junges, amerikanisches Publikum. Belgická 17. Ⓜ A Náměstí Míru.

Shakespeare and Sons (27), angenehmes Literaturcafé mit angeschlossenem, kleinem Buchladen. Viele *Expats*, hin und wieder schauen aber auch Mitglieder der *Plastic People of the Universe* (→ S. 203) vorbei. Ab und zu Lesungen. Krymská 12. Ⓢ 4, 22, 23 Krymská.

Chez Marcel (20), der Ableger aus Josefov (→ S. 131) und genauso nett. Ecke Americká/Záhřebská. Ⓜ A Náměstí Míru.

Weinstube/Kneipe

TIPP! **Viniční Altán (31),** ein Traumplatz für den Sommer. Terrassenbar in einem romantischen Holzpavillon, drum herum ein Weinberg. Das kleine Innere ist weniger reizvoll. Über 80 Sorten Wein, darunter der selbst gekelterte *Gröbovka*. Nicht teuer, kleine Snacks. Havlíčkovy sady. Ⓢ 4, 22, 23 Krymská.

Žlutá Pumpa (24), fröhlich-laute, junge Kneipe, in der man auch essen kann (günstige Mittagsmenüs, Burritos und Enchiladas). Rotes Haus mit gelber Pumpe (*žlutá* = gelb) davor. Belgická 11. Ⓜ A Náměstí Míru.

Biergarten

Park Café (1), kein Café, sondern ein einfacher Biergarten im Rieger-Park. Viel Schatten, das Bier fließt in Strömen und Würste werden gegrillt. Vornehmlich junges, freakiges Publikum. Natürlich nur im Sommer geöffnet. Riegrovy sady. Ⓜ A Jiřího z Poděbrad.

„The Praguen dream" – Amerikaner in Prag

Anfang der 90er Jahre erschienen in diversen US-Magazinen Reportagen über Prag. Die Stadt wurde darin mit dem Paris der 20er Jahre verglichen. Viele junge Amerikaner horchten auf. Sie glaubten, in Prag das exaltierte Leben führen zu können, das Henry Miller und Anaïs Nin rund um die Bars und Cafés von Montparnasse oder Clichy so lustvoll beschrieben hatten. Und so kamen sie zu Tausenden – mit Frank Zappa als Kulturattaché. Ein neues Mekka noch unentdeckter Künstler und Literaten war geboren. Manche blieben für ein paar Monate, andere bis heute. Noch immer zieht es junge Collegeabsolventen nach Prag. Die Zahl der gegenwärtig in der Moldaustadt lebenden US-Amerikaner schätzt man auf 10.000–20.000, darunter sind allerdings auch viele Geschäftsleute. Mitte der 90er sollen es noch bis zu 50.000 gewesen sein. Konkrete Zahlen gibt es nicht, da sich kaum einer offiziell registrieren lässt

Wo bleibt Rapunzel? Märchenschloss in Průhonice

Ziele rund um die Innenstadt

Rund um das alte Prag zieht sich ein breiter Gürtel von tristen Plattenbausiedlungen, schmucken Neubauvierteln, brachliegendem Bauland, Parks und Industriegebieten. Dazwischen verstecken sich aber auch einige interessante Ziele.

Die deprimierendsten Prager Vororte sind die gewaltigen Plattenbausiedlungen. Mit deren Bau begann man in den 50er Jahren des 20. Jh. – und das sehr erfolgreich. Heute lebt fast jeder dritte Tscheche in einem Plattenbau. Die Retortenstädte gehören genauso zu Prag wie die museale Innenstadt, und wer sich ein Gesamtbild von Prag verschaffen will, sollte sich eine davon anschauen. Manche Anfahrten zu den unten aufgeführten Zielen in der Peripherie passieren die Retortenstädte. Falls Sie eine direkt ansteuern wollen, fahren Sie z. B. mit der Metrolinie C in die **Jižní město**, die Prager **Südstadt** (Station Háje), eine der größten Plattenbausiedlungen der Metropole.

Ein Ausflug ins Grüne hingegen bedeutet der Besuch der weitläufigen Parkanlage von → **Průhonice** ganz im Osten der Stadt. Auf der anderen Seite, im Westen Prags, lädt → **Divoká Šárka**, ein herrliches Tal, zum Baden und Spazieren ein. Nicht arg weit davon entfernt steht das → **Letohrádek Hvězda (Lustschloss Stern)** – der Name klingt viel versprechend, die Visite lohnt aber nur für speziell Interessierte. Gleiches gilt für den geschichtsträchtigen, höchsten Berg Prags → **Bílá hora (Weißer Berg)**, der sich vor Ort aber eher als ein Hügel entpuppt.

Mit Kindern ist ein Tiergartenbesuch im → **Zoologická zahrada** ein Erlebnis. Er liegt im Norden Prags, unmittelbar neben dem → **Zámek Troja**, einem Schloss, in dem tschechische Malerei des 19. Jh. gezeigt wird. Wie ein Schloss sieht auch das → **Kloster Zbraslav** im

Leben zwischen Plattenbau und Datscha

Jižní město, die Prager Südstadt, gehört zu den imposantesten Beispielen sozialistischer Wohnungsbaupolitik. Allein 100.000 Menschen leben hier in *Paneláky* – so nennen die Tschechen die aus Betonplatten zusammengeschraubten Blocks. Sie ähneln sich wie ein Ei dem anderen. Und damit das Kind nach der Schule auch wieder nach Hause fand, versah man die Fassaden mit verschiedenen Symbolen. Der Zustand der Gebäude ist heute größtenteils miserabel. Auf 50 Jahre wird die „Lebenserwartung" eines Plattenbaus angesetzt, Jahr für Jahr überschreiten immer mehr dieses Alter. Vielerorts hat man zwar damit begonnen, die einst einheitsgrauen Fassaden zu verschalen und zu streichen, doch im Innern lebt der Geruch des Sozialismus noch heute fort: ein eigenartiger Dreiklang aus Bohnerwachs, Küchenmief und dem in jeder Betonritze festsitzenden Gestank verheizter Braunkohle. Die Gänge erinnern an Flure von Krankenhäusern, in denen man niemals gesund wird. Bis zu 120 Familien wohnen in einem einzigen Block, in winzigen Apartments mit Minibädern und oft schon vorgebohrten Löchern für Wandbilder. Die Klospülung im 10. Stock ist auch im Keller noch zu hören und der Streit des jungen Ehepaars im Erdgeschoss durch die ganze Etage – als Mega-Reality-Soap entpuppt sich schließlich das Leben. Die Enge der Wohnung ist bedrückend, aus dem Weg kann man sich kaum gehen – kein Wunder also, dass die Prager Kneipen immer voll sind. Die Raumknappheit führte auch dazu, dass die Tschechen überaus früh heirateten, eine Tradition, die bis heute, wenn auch in abgeschwächter Form, noch fortbesteht. Es war die einzige Möglichkeit, den erdrückenden vier Wänden bei Mama und Papa zu entgehen.

Einen Ausgleich zur Anonymität der Trabantenstädte finden die Prager in ihren Datschen. Sie sind ebenfalls ein Relikt aus sozialistischer Zeit. Unzählige große Laubenkolonien liegen rund um den Großraum Prag. Fast jede Familie besitzt ein Wochenendhäuschen. Dort vergisst man Arbeitsstress und grauen Beton, grillt stattdessen Würstchen und plaudert mit dem Nachbarn am Gartenzaun. Wie die Zukunft der Plattenbauten liegt aber auch die der Datscha-Kultur im Ungewissen – für viele Prager ist mittlerweile ein Badeurlaub an der türkischen Riviera attraktiver als ein Schrebergarten an der Moldau.

Süden der Stadt aus – heute befindet sich darin ein Museum asiatischer Kunst. In dem westlich des Zentrums gelegenen → **Břevnovský klášter** leben dagegen noch immer Mönche.

Funktionalistische Villen prägen die → **Baba-Kolonie**. Ein besonderes Highlight dieser Architektur stellt die → **Müllerova vila** im Stadtteil Střešovice dar. Aber nicht nur Bauten der Pioniere moderner Architektur sind im Norden Prags zu sehen, die alten Propellermaschinen der Pioniere der Lüfte ebenfalls. Sie sind im → **Letecké muzeum**, dem Museum des Flugwesens zu besichtigen. Im Süden der Stadt wartet noch eine Burg auf Ihren Besuch: → **Vyšehrad**. Zu allen beschriebenen Orten gelangt man problemlos mit Straßenbahn oder Bus. Wer sich übrigens über die Geschichte des öffentlichen Nahverkehrs informieren will, kann das → **Muzeum Městské Hrmadné Dopravy** im Nordwesten Prags besuchen.

Hinweis: Das Gros der hier aufgeführten Ziele ist nur für all jene interessant, die mehr als 3 oder 4 Tage in Prag verbringen oder an irgendeinem Ziel ein besonderes Interesse haben. Die Prager Innenstadt ist für Kurzurlauber sehenswerter.

Sehenswertes

Průhonice: Das Dorf Průhonice, ein Vorort im Südosten Prags, ist bekannt für seine weitläufige Parkanlage mit über 40 km Spazierwegen. Im Mai und Juni ist der Ausflug dahin am bezauberndsten, dann blühen hier Tausende von Rhododendren, Azaleen und Rosen. Der Park mit einem See zum Enten- und Schwänefüttern erstreckt sich vor einem märchenhaften Renaissanceschloss aus dem 14. Jh. Es wird heute für botanische Studien genutzt und ist leider nicht zugänglich. Am zentralen Platz im Ort schenkt die Minibrauerei *U Bezoušků* süffiges Bier aus.

Anfahrt Ⓜ C Opatov, weiter mit Ⓑ325, 363 oder 385 Průhonice, von der Bushaltestelle ist das Schloss zu sehen. ⌚ Parkanlage April–Okt. tägl. 7–19 Uhr, Nov.–März tägl. 8–17 Uhr. Eintritt 1,40 €, erm. die Hälfte.

Divoká Šárka (Šarka-Tal): Die wohl schönste wildwüchsige Grünfläche innerhalb der Stadtgrenzen. Das in weiten Teilen schluchtartige Tal mit einer Länge von knapp 7 km beeindruckt durch bizarre Kalksteinformationen rechts und links des Baches Šárecký potok. Im Sommer lädt dort ein kleines, aber feines Naturbad zum Schwimmen und Sonnen ein. In einem schattigen, idyllischen Biergarten (gleich hinter dem Bad) werden kühle Getränke serviert, ein Picknickkorb ist also nicht erforderlich. Leider ist das Tal an heißen Tagen oft überlaufen. An sonnigen Wintertagen, im Frühling und Herbst hingegen geht es verhältnismäßig ruhig zu, lediglich Spaziergänger sind dann noch anzutreffen. Übrigens ist es nahezu egal,

Burg Vyšehrad

welchen Weg Sie dort einschlagen. Wo Sie auch herauskommen, ein Bus oder eine Straßenbahn bringt Sie ins Zentrum zurück. Namengeberin des Tals war übrigens die legendäre Šarka, eine Art böhmische Jeanne d'Arc, die hier im vorletzten Jahrtausend aus Liebeskummer Selbstmord begangen haben soll.

Anfahrt Ⓜ A Dejvice, weiter mit Ⓢ 20, 26 Šárka (Endstation). Etwa 50 m weiter beginnt – kurz vor dem McDonald-Restaurant – der Weg (weiß-rot-weiß markiert) hinab ins Tal.

Letohrádek Hvězda (Lustschloss Stern): Nicht weit vom Weißen Berg (s. u.) ließ Kaiser Ferdinand I. im Jahre 1530 ein Wildgehege für die Jagd anlegen, heute ein bewaldeter Park mit breiten Spazierwegen. An dessen östlichem Ende gab er für seine Familie ein außergewöhnliches Schlösschen mit dem Grundriss eines sechszackigen Sterns (auf Tschechisch „hvězda") in Auftrag. Stuckateure aus Italien sorgten für eine ansprechende Innenausschmückung. Heute präsentiert darin das Museum der Tschechischen Literatur eine zusammengewürfelte Ausstellung: Dokumente zur Schlacht am Weißen Berg (im Untergeschoss auch ein Modell davon), Renaissance- und Barockstühle, Musikinstrumente, Drucke und Werke tschechischer Künstler usw. Das Obergeschoss ist wechselnden (oft interessanten) Ausstellungen zur Literatur und Druckkunst vorbehalten.

Anfahrt Ⓜ A Hradčanská, weiter mit Ⓢ 1, 18 Petřiny, von dort ist der Weg zum Parkeingang mit „Obora Hvězda" ausgeschildert. Lustschloss ⌚ tägl. (außer Mo) Mai–Sept. 10–18 Uhr, April u. Okt. 10–17 Uhr. Eintritt 1,20 €, erm. die Hälfte.

Bílá hora (Weißer Berg): Am höchsten Punkt der Moldaustadt (383 m) fand 1620 jene denkwürdige Schlacht statt, durch die Prag und Böhmen für die nächsten 300 Jahre unter die Herrschaft der katholischen Habsburger geraten sollten (→ S. 77). Auf einem Rasenhügel inmitten eines Ackers erinnert ein Denkmal in Form einer steinernen Pyramide daran – die Pläne dafür stammen von Josef Gočár, dem bekannten Prager Kubisten, der sich hier allerdings alles andere als selbst übertraf. Unmittelbar nach der Schlacht wurde gleich in der Nähe die Wallfahrtsstätte **Panna Maria Vítězná (Maria vom Siege)** errichtet, die Teil eines Servitenklosters wurde. Die hübsche, Anfang des 18. Jh. barockisierte Anlage ist leider so gut wie immer geschlossen.

Anfahrt Ⓢ 22, 25 Bílá hora (Endstation). Die Wallfahrtskirche ist von dort bereits zu sehen, das Denkmal liegt keine 200 m weiter in einem Acker rechter Hand dahinter.

Zoologická zahrada (Zoo): Neben dem Schloss Troja (s. u.) erstreckt sich auf felsigem Terrain der 1931 eröffnete Prager Zoo mit einer Fläche von 45 ha und einem Wegenetz von mehr als 10 km Länge. Auf dem weiten Gelände befinden sich zudem Restaurants, Kioske und eine Seilbahn. Bekannt wurde der Zoo durch die Zucht des Prschewalski-Wildpferds, das in der Natur schon als ausgestorben galt. Die meisten Tiere kommen aus ehemaligen sozialistischen Bruderstaaten, so z. B. der Tiger aus Sibirien, nicht aus Malaysia. Schwere Schäden und Verluste erlitt der Zoo durch das Hochwasser im Sommer 2002. Ein Elefant musste erschossen werden, als ihm das Wasser buchstäblich bis zum Hals stand und eine Rettung per Helikopter nicht mehr in Betracht kam. Nach dem Hochwasser wurden sechs neue Pavillons erbaut, am spektakulärsten ist davon der 2000 m² große „Indonesische Dschungel".

Adresse U Trojského zámku 3. Anfahrt → „Zámek Troja". ⌚ tägl. April/Mai u. Sept./Okt. 9–18 Uhr, Juni–Aug. 9–19 Uhr, Nov. – Febr. 9–16 Uhr, März 9–17 Uhr. Eintritt je nach Saison 2,50–3,20 €, erm. 1,40–2,10 €.

Zámek Troja (Schloss Troja): Die ehemalige Sommerresidenz des Grafen Wenzel Adalbert von Sternberg befindet sich im Stadtteil Troja, eingebettet zwischen Moldau und ein paar Weinbergen. Das Schloss, im Stil frühbarocker italienischer Villen Ende des 17. Jh. erbaut, gilt als eines der bemerkenswertesten Schlösser Böhmens. Heute zeigt die Städtische Galerie Prag hier tschechische Malerei mit Schwerpunkt auf dem 19. Jh., darunter etliche Tierporträts aus adeligen Sammlungen. In den alten Weinkellern ist eine wenig spannende Ausstellung zum tschechischen Weinanbau untergebracht. In der barocken Gartenanlage, die nach französischen Vorbildern angelegt wurde, treffen sich zwischen Fontänen und Terrakottavasen Verliebte zum nachmittäglichen Rendezvous oder Rentner auf ein Schwätzchen.

Adresse U Trojského zámku 4–6. Ⓜ C Nádraží Holešovice, weiter mit Ⓑ112 Zoologická zahrada. Ⓘ April–Okt. tägl. (außer Mo) 10–18 Uhr, Nov.–März nur Sa/So 10–17 Uhr. Eintritt 3,60 €, erm. die Hälfte.

Břevnovský klášter (Kloster Břevnov): Im Jahre 993 wurde das Benediktinerkloster von Fürst Boleslav II. im Westen des heutigen Stadtgebiets gegründet, ein blühendes Gemeinwesen entstand alsbald drum herum. Der heute nach dem Kloster benannte Stadtteil zählt somit zu den ältesten Siedlungsgebieten der Hauptstadt. Wer hier aber Häuser wie in Staré Město vermutet, wird enttäuscht sein. Das ursprünglich romanische Kloster, dem die Barockarchitekten Christian und Kilian Ignaz Dientzenhofer sein jetziges Aussehen gaben, ist dennoch sehenswert. Die Klosterkirche besticht durch herrliche Deckenmalereien von Johann Steinfels. In ihr fand 1986 die Totenmesse für den Literaturnobelpreisträger Jaroslav Seifert statt (→ S. 184). Fast jedem Trauernden stand damals ein Spitzel der Geheimpolizei zur Seite. Die Krypta aus dem 10. Jh. wurde übrigens erst 1964 wiederentdeckt.

Im Kloster, dem eine beliebte Schenke und ein Hotel angeschlossen sind, leben heute noch 12 Mönche. Führungen werden leider nur auf Tschechisch angeboten.

Adresse Bělohorská 1. Ⓢ15, 22, 25 Břevnovský klášter. Ⓘ nur zu Führungen von April–Sept. Sa/So um 10, 14 und 16 Uhr, von Okt.–März nur 10 und 14 Uhr. Eintritt 2,20 €, erm. 1,10 €.

Baba-Kolonie (funktionalistische Villen): Beeinflusst von der Weißenhofsiedlung in Stuttgart entstand zwischen den Weltkriegen unter Leitung des funktionalistischen Architekten Pavel Janák ein ähnliches Projekt auf einer Anhöhe im Norden des Stadtteils Dejvice. Dabei handelt es sich um über 30 eigenartige und für die damalige Zeit recht provokante würfelförmige Villen mit breiten Fensterfronten und verschachtelten Aussichtsterrassen. Ihren luxuriösen Charakter erhielten die Häuser nicht durch die Verwendung wertvoller Materialien, sondern durch großzügige Raumgestaltung. Zugänglich ist leider keines der Gebäude, doch Blicke über die Gartenzäune lohnen für Architekturinteressierte in den Straßen Na ostrohu, Na Babě, Nad Pat'ankou und Průhledová.

Anfahrt Ⓜ A Hradčanská, weiter mit Ⓑ131 U Matěje.

Müllerova vila (Müllervilla): Das eigenwillige funktionalistische Wohnhaus, errichtet 1928, entwarf der österreichische Architekt Adolf Loos (1870–1933). Benannt wurde das Gebäude nach den Auftraggebern František Müller und dessen Ehefrau Milada. Nach den Grundsätzen seines Architekten sollte ein Gebäude von außen schmucklos und schlicht sein und erst im Inneren seinen Reichtum entfalten. So besticht das Innere des weißen Würfels mit gelben Fensterrahmen durch eine grandiose, offene Raumgestaltung und erstklassige

Schloss Troja

Materialien wie Marmor, Mahagoni oder Zitronenbaum. Der größte Teil der Originalmöbelstücke blieb erhalten. Eine kleine Ausstellung informiert zudem über Leben und Werk des Architekten, der durch seinen Einsatz für ein ornamentfreies Bauen einer radikal neuen Baukunst den Weg ebnete. Aufgrund seiner einzigartigen Architektur wurde das Gebäude 1995 zum nationalen Kulturdenkmal erhoben.

Adresse Nad hradním vodojemem 14, Střešovice. Ⓢ1, 2, 18 Ořechovka. Führungen von April–Sept. Di, Do, Sa u. So um 9, 11, 13, 15 und 16 Uhr. Von Okt.–März nur um 10, 12, 14 und 16 Uhr. Telefonische Voranmeldung vonnöten, unter ✆ 224312012 oder www.mullerovavila.cz erfahren Sie, wann Sie sich einer deutsch- oder englischsprachigen Tour anschließen können. Eintritt 10,50 €.

Zbraslav: Etwa 10 km südlich von Prag, nahe dem Zusammenfluss von Berounka und Moldau, liegt Zbraslav, ein Vorort in der Peripherie. Nur wenige Meter vom Hauptplatz entfernt, befindet sich das ehemalige gleichnamige, schlossartige Zisterzienserkloster, das die sehenswerte **Sammlung asiatischer Kunst der Nationalgalerie** beherbergt. Präsentiert wird Kunst aus Japan, China, Südostasien, Tibet, aber auch aus der islamischen Welt und Indien. Der Klosterpark zeigt tschechische Bildhauerarbeiten.

Anfahrt ⓂB Smíchovské nádraží, weiter mit (u. a.) Ⓑ129, 241, 243, 255 Zbraslavské náměstí. ⌚ tägl. (außer Mo) 10–18 Uhr. Eintritt 2,80 €, erm. die Hälfte.

Hinweis: Es gibt Planungen der Nationalgalerie, die Sammlung asiatischer Kunst 2008/2009 in den Palais Schwarzenberg (→ S. 149) oder in den Palais Kinský (→ S. 115) zu verlegen!

Letecké muzeum (Museum des Flugwesens): Es liegt im nordöstlichen Stadtteil Kbely. Zu sehen sind über 250 Flugzeuge, darunter eine Spitfire aus dem Zweiten Weltkrieg, Flugzeugmotoren, Raketen und eine Weltraumkapsel.

Ehrenfriedhof auf dem Burggelände Vyšehrad

Milan Hlavsa – eine Legende des Underground

In der Klosterkirche von Zbraslav fand im Januar 2001 unter großer Anteilnahme der Trauergottesdienst für Milan Hlavsa statt, dem einstigen Mitbegründer der legendären Undergroundband „The Plastic People of the Universe" (→ „Geschichte", S. 81). Der abgekürzte Bandname PPU war das Geheimsymbol des Widerstands zu sozialistischer Zeit. Schräg, schrill und schreiend kämpfte die Band gegen das rockfeindliche System an. Dafür wurde Hlavsa wegen „öffentlicher Ruhestörung, grob unsittlichen Verhaltens und Verbreitung einer dekadenten Weltanschauung" zu mehreren Jahren Haft verurteilt. Zu den großen Verehrern der Plastic People und Milan Hlavsas zählte u. a. Václav Havel. Auf eine Einladung Bill Clintons reisten die zwei 1998 ins Weiße Haus. Zusammen mit Lou Reed, einem Velvet-Underground-Gründungsmitglied, veranstalteten sie dort eine Session. Der grauhaarige Rest der Plastic People gibt in Prag noch heute hin und wieder Konzerte vor einer immer noch großen Fangemeinde – achten Sie auf Plakate.

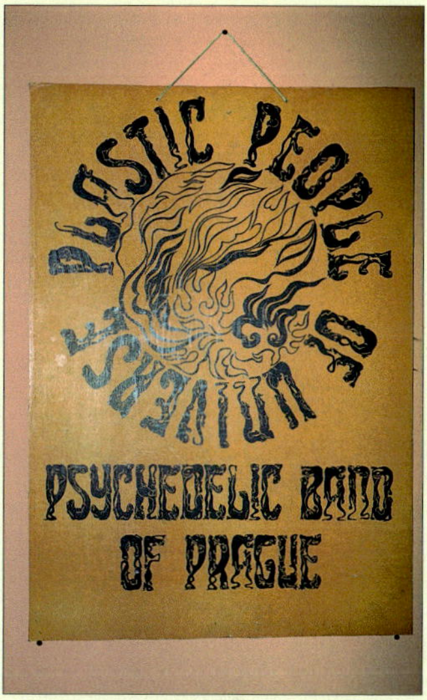

Ganz nebenbei: Die Bezeichnung „Samtene Revolution" für den Novemberumsturz von 1989 geht auf die Begeisterung vieler Bürgerrechtler für die Musik von Velvet Underground (Velvet = Samt) zurück.

Bei vielen der jüngeren Maschinen hat man den Eindruck, sie stehen einfach da, weil man sich die Verschrottung sparen wollte. Lediglich die alten Flieger sind wirklich sehenswert.

Adresse Letiště (Flugplatz) Kbely. Ⓜ B Českomoravská, weiter mit Ⓑ185, 278 Letecké muzeum. ⌚ Mai–Okt. tägl. (außer Mo) 10–18 Uhr. Eintritt frei.

Burg Vyšehrad (Wyschehrad): Zahlreiche Legenden ranken sich um die südlich von Nové Město gelegene Burg Vyšehrad auf einem Felsen hoch über der Moldau. Angeblich war sie die erste Residenz böhmischer Könige, und Prinzessin Libuše soll – wie vielfach in der Literatur beschrieben – von hier die glorreiche Zukunft Prags prophezeit haben (→ Kasten). Leider alles Humbug – Vyšehrad entstand erst um das Jahr 930 und damit später als die Prager Burg.

Von der ursprünglichen Burganlage ist heute außer den ziegelroten Festungsmauern und ein paar Toren kaum mehr etwas erhalten. Dort, wo Herzog Vratislav II. im frühen 12. Jh. residierte, erstrecken sich Grünflächen mit Spazier-

Ziele rund um die Innenstadt

Libuŝes Liebe und Visionen

Erstmals berichtete Domdechant Cosmas Anfang des 12. Jh. von Libuše, der Thronfolgerin des slawischen Königs Crocco. Er beschrieb sie als „liebenswürdig zu jedermann" und als „die Zierde und Pracht der Weiblichkeit, die mit klugen Urteil sich der Geschäfte der Männer annahm". Doch sei sie laut Cosmas eben eine Frau gewesen und habe folglich nicht ordentlich von einem Thron aus regiert, sondern von „einem hoch getürmten Haufen weicher und bestickter Kissen, wie es der wollüstigen Weichlichkeit der Frauen entspricht". Das konnte selbstverständlich nicht gut gehen. Das Volk verlangte nach einem Herzog. Libuše entschied sich für einen jungen, kräftigen Ackersmann, genannt „Přemysl der Pflüger", der von seinem Glück nichts wusste, bis ihn Libuše zu sich bringen ließ. Er wurde ihr Gemahl und damit auch Fürst, der erste des Geschlechts der Přemysliden. Und an seiner Seite prophezeite Libuše, dass dort, wo ein Mann eine Schwelle (auf Tschechisch „prah") zimmert, man eine Burg bauen wird, die den Namen Praha trägt. Und mit Worten, die an Vergil erinnern, lässt Cosmas Libuše fortfahren: „Siehe, ich sehe eine große Stadt, deren Ruhm bis an die Sterne reichen wird".

Cosmas Zeilen inspirierten unzählige Autoren und Komponisten, u. a. Herder, Grillparzer, Brentano, Smetana, Mahler usw. Bis in die Gegenwart lebt Libuše in Kunst und Literatur fort.

wegen. Wirklich sehenswert ist lediglich der im 19. Jh. errichtete **Ehrenfriedhof**. Auf ihm ruht die Crème de la Crème der tschechischen Kunstszene unter reich verzierten Arkaden in prachtvollen Gräbern, darunter Antonín Dvořák und Bedřich Smetana. Ein Plan am Eingang weist auf die wichtigsten Gräber hin. Der Friedhof liegt direkt neben der **Peter-und-Paul-Kirche** (Kapitulní Chram sv. Petra a Pavla), deren Zwillingstürme die Burg dominieren. Ihre Fundamente reichen bis ins 11. Jh. zurück. Zu sehen gibt es ansonsten noch eine romanische **Rotunde**, auf der 1776 Prags erster Blitzableiter installiert wurde, eine Kunstgalerie (meist geschlossen), die spärlichen Überreste einer Basilika aus dem 11. Jh. und die **Kasematten**, unterirdische Gewölbegänge des Befestigungswalls am nördlichen Ziegeltor. Sie münden in einen großen Saal, in dem einige Originalstatuen der Karlsbrücke aufbewahrt werden. Auf eine Pause lädt das Café Citadela mit einem gemütlichen Biergarten ein.

Anfahrt Ⓜ C Vyšehrad, von dort ausgeschildert. Informationsbüro wenige Meter hinterm Eingang, hier gibt es auch einen Plan zur Burganlage. ⏲ Infobüro und Kasematten (Eintritt 1 €) im Sommer tägl. 9.30–18 Uhr, im Winter bis 17 Uhr, Kirche (tägl. außer Di ganztags und Mi nachmittags) 9–12 und 13–17 Uhr, Friedhof im Sommer tägl. 8–19 Uhr, im Winter bis 17 Uhr.

Muzeum Městské Hromadné Dopravy (Verkehrsmuseum): Zu sehen gibt es alte Busse und Straßenbahnen, die einst in Prag unterwegs waren. Darunter auch eine Pferdebahn aus dem Jahr 1886. Hinein darf man aber in kaum ein Gefährt. Übrigens werden in einem hier ausliegenden Prospekt „Besucher, die mit langfingrigen Kindern ohne Sitzfleisch kommen", gebeten, „diese an der Hand zu halten".

Adresse Patočkova 4, Střešovice. ⏲ April–Mitte Nov. Sa/So und feiertags 9–17 Uhr. Eintritt 1 €, erm. 0,50 €. Ⓜ A Hradčanská, weiter mit Ⓢ 1, 8, 18 Vozovna.

Marktplatz von Mělník

Ziele rund um Prag

Rund um Prag liegt der Hund begraben – so sagt man in Tschechien, und das stimmt auch zum Teil. Dennoch gibt es einiges zu entdecken, und zwar nicht nur böhmische Dörfer.

Die Tourenveranstalter in Prag werben mit etlichen Zielen, darunter auch wirklich sehenswerten wie **Kutná Hora**, dessen historisches Zentrum wie das von Prag Weltkulturerbe ist. Diese Ziele sind aber eine eigene Reise wert, z. B. übers Wochenende. Wer nur ein paar Tage in Prag verweilt, findet genügend Interessantes in der Stadt. Wahrgenommen werden solche Touren i. d. R. von Überseetouristen, die längere Zeit in Prag verweilen.

Die hier aufgeführten Ausflugsziele lassen sich relativ einfach von Prag aus erreichen oder sind gut mit der An- oder Abreise zu verbinden und erfordern keine Übernachtung. Sie sind sowohl mit öffentlichen Verkehrsmitteln zu erreichen als auch mit organisierten Touren (die Preise bewegen sich dann zwischen 30 und 75 €). Tourenveranstalter finden Sie im Zentrum an jeder Ecke. Das interessanteste Ziel ist Terezín, das schönste Mělník. Da berühmt, sind noch Konopiště und Karlštejn aufgeführt.

Mělník

Etwa 35 km nördlich von Prag liegt das 20.000-Seelen-Städtchen pittoresk auf einem Hügel über dem Zusammenfluss von Elbe und Moldau. Es ist zugleich das Zentrum des winzigen böhmischen Weinbaugebietes. Mělník besitzt einen kleinen, kompakten Altstadtkern, dessen Marktplatz Náměstí Míru von einfachen Bürgerhäusern aus dem 16. Jh. gesäumt wird. Darüber wacht das **Schloss** der Familie Lobkowicz, ein eigenartiges Durcheinander aus Renaissance und frühem Barock. Von der Schlossterrasse genießt man Panorama-

Karte S. 207

Von böhmischen Dörfern und der Boheme

„Ich sag' ihm das bei meiner Ehren, mir das böhmisch' Dörfer wären" – im didaktischen Tierepos „Froschmeuseler" von Georg Rollenhagen, das im Jahr 1595 erschien, tauchte die Redewendung erstmals auf. Viele Ortsnamen Böhmens klangen für deutsche Reisende schon damals fremd und unaussprechbar – was nach und nach dazu führte, dass der Ausdruck „böhmische Dörfer" für Unverständliches bzw. Unverstandenes im Allgemeinen verwendet wurde. Die Tschechen benutzen übrigens eine ganz ähnliche Wendung, nur sind es dort keine böhmischen, sondern spanische Dörfer, mit denen sich der Ahnungslose konfrontiert sieht. Kommt Ihnen das etwa spanisch vor?

Der Böhme steckt auch im Wort Boheme (frz. bohème), das zunächst für die Pariser Künstleravantgarde vom Anfang des 19. Jh. stand und schon bald ungezwungenes (Lebens-)Künstler-Dasein schlechthin bezeichnete. Nun ist offenkundig nicht jeder Böhme ein Bohemien, aber das ist auch gar nicht gemeint. Die Wortgeschichte fußt auf einer früheren Verwendungsweise von *Böhme*, als auch noch Zigeuner so genannt wurden – vermutlich weil sie über Böhmen nach Westeuropa eingewandert waren. Populär wurde das Wort *bohème* durch Henri Murgers Roman „Scènes de la bohème" (1851), der literarischen Vorlage von Puccinis Oper „La Bohème" (1896).

blicke über das fruchtbare Elbetiefland. Den Ortsrand jedoch verschandeln, wie bei nahezu jeder tschechischen Stadt, triste Plattenbauten.

Der bekannteste Wein Mělníks ist der trockene „Ludmila", der aus der gleichnamigen Rebsorte gekeltert wird. Er trägt den Namen der Fürstin Ludmila, der Großmutter des heiligen Wenzel. Angeblich hatte sie bereits im 9. Jh. den Weinbau in der Gegend angeregt. Wer zufällig am letzten Septemberwochenende nach Mělník kommt, kann das traditionsreiche Weinfest erleben.

Zu besichtigen gibt es neben dem Schloss das **Beinhaus der Pfarrkirche Kostel sv. Petra a Pavla**, in dem Knochen von rund 15.000 Pestopfern aus der Mitte des 16. Jh. zu bizarren Formen gestapelt sind, außerdem eine Kinderwagensammlung im **Kreismuseum** am Marktplatz. Der gotische Gewölbekeller darunter lädt zur Degustation der lokalen Weine ein.

• *Tourist Information* Náměstí Míru 11, ✆/℻ 315627503, www.melnik.cz. ⏲ Mai–Sept. tägl. 9–17 Uhr, sonst Mo–Fr 9–17 Uhr.

• *Anfahrt* **Bus,** ständige Verbindung vom Prager Busbahnhof Holešovice. **Auto,** in Prag zur Autobahn D 8 Richtung Teplice. Nach ca. 10 km ausgeschildert.

Burg Karlštejn

Kaiser Karl IV. ließ die Burg Karlštejn, 28 km südwestlich von Prag, im 14. Jh. zur Aufbewahrung seiner Kronjuwelen und Reliquiensammlung errichten. Heute zählt sie zu den berühmtesten Baudenkmälern Tschechiens. Wenn man sie aus der Ferne sieht, mächtig auf einem Kalksteinfelsen thronend, wirkt sie äußerst imposant. Aus der Nähe jedoch sieht der Sachverhalt anders aus: Zum einen geht es auf und rund um das Burggelände zu, als besuche man eine Plastikburg in Eurodisney, zum anderen lassen die Ende des 19. Jh. ohne Feingefühl vorgenommenen Restaurierungsarbeiten den ursprünglichen Burgcharakter nur noch erahnen. Mittlerweile ist man daran, die alten Restaurierungsarbeiten wieder wegzurestaurieren.

Eine Führung durch die Burg ist im Ganzen ebenfalls eine Enttäuschung, da

Ziele rund um Prag
5 km
Terezín
Medonosy
Labe
Štěti
Chodouny
Brňany
Mšeno
Brozany
Počeplice
Kokořín
Dresden
Roudnice
Želízy
Bechlín
Liběchov
Ohře
Dušníky
Krabčice
Nebužely
Zamachy
Cítov
Vražkov
Hor. Beřkovice
Mělník
Mělnické Vtelno
Bříza
Brozánky
Byšice-Liblice
Vraňany
Vltava
Obříství
Budeničky
Černuc
Podhořany
Tišice
Všetaty
Sudovo-Hlavno
Jizera
Velvary
Neratovice
Dřísy
Veltrusy
Zelevčice
Ješín
Kralupy
Odolena Voda
Kostelec
Podbrahy
Brandýs-St. Boleslav
Slaný
Čelákovice
Libčice
Knovíz
Klecany
Dřevčice
Pchery
Zápy
Zdiby
Olšany
Roztoky
Čakovice
Vinoř
Suchdol
Bohnice
Buštěhrad
Kladno
Kbely
Jirny
Tuchoměřice
Troja
E 67/D11
Prag
Hostouň
Dejvice
Úvaly
Vel. Dobrá
Střesovice/ Břevnov
Dubeč
Unhošť
Škvorec
Kyšice
Koloděje
Petrovice
Nedvězi
Rudná
Hodkovičky
Říčany
E 50/D5
Libuš
Šeberov
Lochkov
Nučice
Průhonice
Cholupice
Železná
E 60/D1
Loděnice
Radotín
Hýskov
Zbraslav
Osnice
Kuchařík
Strančice
Černošice
Jesenice
Lipence
Bubovice
Vel. Popovice
Pilsen, Nürnberg
Brünn
Zvole
Karlštejn
Dobřichovice
Vrané
Štiřín
Beroun
Radlík
Senohraby
Okrouhlo
Berounka
Všenory
Jílové
Kamenice
Řevnice
Pyšely
Davle
Svinaře
Petrov
Kamenný-Přívoz
Sázava
Mnísek
Vltava
Podbrdy
Štěchovice
Týnec
N. Ves p. Pleší
vodní nadrž Slapy
Netvořice
Konopiště
Hostomice
Slapy
Benešov

die größte Attraktion, die Heilig-Kreuz-Kapelle, nur nach vorheriger Reservierung zugänglich ist. In ihr wurden einst die Kronjuwelen aufbewahrt, hinter meterdicken Mauern, deren Wände mit 2200 Halbedelsteinen und Tafelbildern des Meisters Theodoricus verziert sind. So spaziert man durch ein paar kärglich möblierte Räume, lediglich der holzvertäfelte Audienzsaal beeindruckt ein wenig.

Durch das gleichnamige Dorf unterhalb der Burg am Flüsschen Berounka laufen etwa eine Million Touristen jährlich. Kaum ein Haus, das nicht an ihnen zu verdienen versucht. Neben etlichen Restaurants gibt es auch ein nettes Krippenmuseum, das Muzeum Betlémů. Man kommt auf dem Fußweg vom Parkplatz zur Burg direkt daran vorbei.

• *Öffnungszeiten* Tägl. (außer Mo) Nov.–März 9–15 Uhr, April u. Okt. 9–16 Uhr, Mai, Juni u. Sept. 9–17 Uhr, Juli/Aug. 9–18 Uhr, ganzjährig Mittagspause 12–13 Uhr. Nur mit Führung (stündl., Dauer ca. 50 Min.) zu besichtigen, Fotografierverbot.

• *Eintritt* 7,80 €, erm. 4,30 €. Unter ✆ 274008154 oder rezervace@stc.npu.cz kann man eine ausgedehntere Führung inkl. Heilig-Kreuz-Kapelle buchen (mindestens einen Monat vorher!). Pro Person 11 €, erm. die Hälfte.

• *Anfahrt* **Zug,** stündl. vom Prager Hauptbahnhof. Vom Bahnhof in Karlštejn sind es noch ca. 35 Min. zu Fuß bis zur Burg, der Beschilderung „Hrad" folgen.

Auto, vom westlichen Moldauufer im Prager Süden nimmt man die Landstraße 4 Richtung Dobříš, dann ausgeschildert. Großer, gebührenpflichtiger Parkplatz nahe dem Dorf Karlštejn (teuer!). Von dort sind es ca. 15 Min. zu Fuß steil bergauf auf einer Straße, die für Autos gesperrt ist.

Taxi, hinauf zur Burg fährt es wegen der oben genannten Straßensperrung einen weiten Umweg (ca. 8 km), 4,50 € pro Person.

Schloss Konopiště

Ein weiteres beliebtes Ausflugsziel ist Schloss Konopiště, 40 km südöstlich von Prag. Es entstand im 13. Jh. als gotische Burg, wurde jedoch im frühen

Von weitem imposant: Burg Karlštejn

Theresienstadt: Eingang zur Kleinen Festung

17. Jh. zu einem Renaissancepalast umgebaut.

1887 gelangte es in den Besitz des Erzherzogs und österreichischen Thronfolgers Franz Ferdinand d'Este, dessen Ermordung in Sarajewo 1914 den Ersten Weltkrieg ins Rollen brachte. Franz Ferdinand war ein begeisterter Jäger. Angeblich soll er auf alles geschossen haben, was kreuchte und fleuchte. Bis 1906 erlegte er allein über 171.000 Tiere; dies zumindest verkündet die Abschussliste im Schloss.

Für Besucher stehen drei geführte Touren zur Auswahl: Tour 1 führt durch die Empfangssäle Franz Ferdinands mit einer großen Sammlung präparierter Tiere, Tour 2 durch Waffenkammer, Bibliothek und Rauchsalon, Tour 3 durch die Privatgemächer der Familie. Zu sehen gibt es da jede Menge Renaissancemöbel und Meißner Porzellan.

Ohne Führung darf man den Schlosspark besichtigen, in dem sich u. a. mehrere kleine Seen, etliche Plastiken, eine Aufzuchtstation für kranke Vögel und ein Rosengarten befinden.

- *Öffnungszeiten* April–Okt. Di–Fr 9–15 Uhr Sa/So 9–16 Uhr. Eintritt je nach Tour 6,50–11 €, erm. die Hälfte.
- *Anfahrt/Verbindungen* **Züge** nahezu alle 30 Min. vom Prager Hauptbahnhof nach Benešov, regelmäßig auch **Busse** vom Busbahnhof Florenc nach Benešov. Bus- und Zugbahnhof liegen in Benešov nahe beieinander, von dort mehrmals tägl. Busverbindungen zum Schloss.

Auto, Autobahn D 1 Richtung Brünn/Benešov, ab Benešov ausgeschildert. Großer gebührenpflichtiger Parkplatz mit Souvenirläden unterhalb des Schlosses.

Terezín (Theresienstadt)

Die Festungsstadt Terezín – benannt nach der österreichischen Kaiserin Maria Theresia – wurde Ende des 18. Jh. von den Habsburgern zur Verteidigung der nördlichen Grenze gegen die Preußen gebaut. Sie besteht aus der **Großen Festung** (Hlavní pevnost) – mit der einst schachbrettförmig angelegten Ka-

Ziele rund um Prag
Karte S. 207

sernenstadt Terezín in ihrem Inneren – und der einen Kilometer südlich davon gelegenen **Kleinen Festung** (Malá pevnost).

Im Oktober 1941 entschieden sich die Nazis für die Errichtung eines Ghettos in der Großen Festung, in das Juden aus dem Protektorat Böhmen und Mähren deportiert wurden. Darunter waren viele verdiente Soldaten des Ersten Weltkriegs, Wissenschaftler und Künstler. Anfangs gewährte man ihnen eine Art Selbstverwaltung, es gab Schulen, Theater- und Opernaufführungen. Aber schon ab Juni 1942 entwickelte sich Theresienstadt zu einem Sammel- und Durchgangslager auf dem Weg in die osteuropäischen Vernichtungslager. Die Zahl der Gefangenen stieg rapide an, und die Lebensverhältnisse verschlechterten sich drastisch.

Internationale Forderungen nach Inspektionen der Konzentrationslager führten zur so genannten „Verschönerung" Theresienstadts. Eine Delegation des Internationalen Roten Kreuzes, die das Ghetto 1944 inspizierte, fuhr mit einem positiven Bericht im Gepäck nach Hause: Man hatte eine kurortähnliche Anlage mit Parks, Musikpavillons, einem „Gesellschaftshaus" und einer Gebetsstube vorgefunden. Dass für die Propagandaaktion viele Kranke und unterernährte Häftlinge, die das Bild der Sommerfrische getrübt hätten, nach Auschwitz abtransportiert worden waren, konnten die Inspekteure nicht wissen. Kurz vor Kriegsende wurde Theresienstadt schließlich zu einem reinen Durchgangslager auf dem Weg nach Auschwitz. Bis Mai 1945 hatten etwa 150.000 Juden das Ghetto durchlaufen, davon starben 33.000 Menschen bereits vor Ort, 87.000 bestiegen die Züge in die todbringenden Vernichtungslager.

Heute wirkt die Stadt unheimlich und seelenlos, nur 1500 Menschen leben noch hier, überwiegend Rentner und Roma. Bis zu 60.000 Menschen hausten während der Ghettozeit darin, für ca. 15.000 Soldaten war die Festung einst konzipiert worden. Zwei hervorragende Museen, das **Ghetto-Museum** und die **Magdeburger Kaserne**, konfrontieren auf erschütternde Weise mit dem dunkelsten Kapitel deutscher Vergangenheit.

Die **Kleine Festung** (Malá pevnost) nutzte die Prager Gestapo ab 1940 als Gefängnis für Oppositionelle. Etwa 32.000 Häftlinge wurden während des Krieges darin interniert. Es wurde gefoltert und gemordet. Der zynische Nazi-Slogan „Arbeit macht frei" ist über einem Tor links nach dem Eingang noch zu sehen. Auf dem Friedhof vor dem Eingang liegen über 10.000 Menschen begraben.

• *Anfahrt* **Bus,** halbstündl. ab Busbahnhof Florenc. **Auto,** Autobahn D 8 Richtung Teplice, etwa 30 km vor Teplice ausgeschildert.

• *Öffnungszeiten* **Ghetto-Museum** und Ausstellungen in der **Magdeburger Kaserne** April–Sept. tägl. 9–17.30 Uhr, sonst 9–16 Uhr; **Kleine Festung** April–Sept. 8–18 Uhr, sonst 8–16.30 Uhr. Ticket für alle Museen 7,10 €, erm. 5,40 €.

Was haben Sie entdeckt ?

Haben Sie ein ausgefallenes Restaurant gefunden, eine urige Pivnice, ein romantisches Hotel?

Wenn Sie Tipps, Anregungen oder Verbesserungsvorschläge zum Buch haben, lassen Sie es uns bitte wissen. Auch für Kritik sind wir dankbar.

Michael Bussmann & Gabriele Tröger
Stichwort „Prag“
c/o Michael Müller Verlag GmbH
Gerberei 19
D-91054 Erlangen
bussmann/troeger@michael-mueller-verlag.de

Etwas Tschechisch

Aussprache

Grundsätzlich gilt, dass alle Vokale ohne Längenzeichen kurz gesprochen werden, alle mit gedehnt werden. Die Betonung liegt stets auf der ersten Silbe. **Hier nur die Abweichungen von der deutschen Aussprache:**

á	langes A wie in Vater
é	langes Ä wie in Hände
C, c	wie Ts (nie wie K!)
d'	erweichtes D wie Dj
Ě, ě	wie Je, erweicht zudem vorangehendes D, T und N
H, h	wenn es zwischen zwei Vokalen steht, wie das deutsche H, ansonsten wird es zum Teil leicht angehaucht ausgesprochen, also fast wie unser Ch
í, ý	langes I wie in Liebe
ch	wie das Ch in Ach
K, k	K, unbehaucht
Ň, ň	erweichtes N wie Nj in Sonja
ó	langes O wie in Mode
R, r	gerolltes R
Ř, ř	in etwa Rsch
S, s	wie Ss
Š, š	wie Sch
t'	erweichtes T wie Tj
ů, ú	langes U
V, v	wie W
Z, z	stimmhaftes S (nie Tz)
Ž, ž	wie J in Journal

Grundlegende Wörter und Sätze

Ano/Ne	Ja/Nein
Děkuju/Prosím	Danke/Bitte
Pardon, promiňte	Entschuldigung
Ahoj	Hallo/Tschüs
Na shledanou	Auf Wiedersehen
Dobré jitro	Guten Morgen
Dobrý den	Guten Tag
Dobrý večer	Guten Abend
Dobrou noc	Gute Nacht
Jak se máte?	Wie geht es Ihnen?
Prosím vás, můžete mi pomoci?	Können Sie mir bitte helfen?
Máte ...?	Haben Sie ...?
Kolik je hodin?	Wie viel Uhr ist es?
Pomoc!	Hilfe!
Velké/Malé	groß/klein
Dobře/Špatně	gut/schlecht
S/Bez	mit/ohne

Unterwegs

Ortsbezeichnungen

Nádraží	Bahnhof
Zámek	Schloss
Ulice	Straße/Gasse
Třída	Boulevard
Náměstí	Platz
Klášter	Kloster
Hrad	Burg
Zahrada	Garten
Kostel	Kirche
Banka	Bank
Směnárna	Wechselstube
Nemocnice	Krankenhaus
Most	Brücke
Starožitnictví	Antiquitätengeschäft
Knihkupectví	Buchhandlung
Lékárna	Apotheke
Lahůdky	Feinkostladen
Obchodní dům	Kaufhaus
Potraviny	Lebensmittelgeschäft
Trh	Markt
Pošta	Postamt
Cestovní kancelář	Reisebüro

Zur Orientierung

Kde je...?	Wo ist ...?
Jak je to daleko?	Wie weit ist das?
Jak se dostanu k ...?	Wie komme ich zu...?
Kdy?	Wann?
Nalevo	Links
Napravo	Rechts
Rovně	Geradeaus
Autobusem	Mit dem Bus
Vlakem	Mit dem Zug
Příjezd/Odjezd	Ankunft/Abfahrt
Musím přestupovat?	Muss ich umsteigen?
Musím mít místenku?	Muss ich reservieren?
Autem	Mit dem Auto
Pěšky	Zu Fuß
Taxíkem	Mit dem Taxi
Jízdenka	Fahrkarte
Autobusová stanice	Busbahnhof

Mit dem Auto unterwegs

Měl/-a jsem poruchu	Ich habe eine Panne
Můžete se na to podívat?	Können Sie mal nachsehen?
Je tady někde blízko autoopravna?	Wo ist hier in der Nähe eine Werkstatt?
Stala se nehoda	Es ist ein Unfall passiert
Zavolejte prosím rychle policii	Rufen Sie bitte schnell die Polizei
Plnou prosím	Voll tanken, bitte

Verständigung

Rozumím	Ich verstehe
Nerozumím	Ich verstehe nicht
Co?	Was?
Mluvíte anglicky/německy?	Sprechen Sie Englisch/Deutsch?
Mluvím jen málo ...	Ich spreche nur wenig ...
Jak se to řekne česky?	Wie sagt man das auf Tschechisch?
Jmenuji se ...	Ich heiße ...

Hinweise

Vchod	Eingang	Pozor!	Gefahr!
Východ	Ausgang	Policie	Polizei
Záchod	Toilette	Kouření zakázáno	Rauchen verboten
Muži	Männer	Koupání zakázáno	Baden verboten
Ženy	Frauen	Vstup zakázán	Eintritt verboten
Otevřeno/Zavřeno	Offen/Geschlossen		

Zahlen

Jeden	1	Dvacetjedna	21
Dva	2	Třicet	30
Tři	3	Čtyřicet	40
Čtyři	4	Padesát	50
Pět	5	Šedesát	60
Šest	6	Sedmdesát	70
Sedm	7	Osmdesát	80
Osm	8	Devadesát	90
Devět	9	Sto	100
Deset	10	Sto jedna	101
Jedenáct	11	Dvě stě	200
Dvanáct	12	Tři sta	300
Třináct	13	Čtyři sta	400
Čtrnáct	14	Pět set	500
Patnáct	15	Šest set	600
Šestnáct	16	Sedm set	700
Sedmnáct	17	Osm set	800
Osmnáct	18	Devět set	900
Devatenáct	19	Tisíc	1000
Dvacet	20		

Wochentage

Pondělí	Montag	Pátek	Freitag
Úterý	Dienstag	Sobota	Samstag
Středa	Mittwoch	Neděle	Sonntag
Čtvrtek	Donnerstag		

Monatsnamen

Leden	Januar	Červenec	Juli
Únor	Februar	Srpen	August
Březen	März	Září	September
Duben	April	Říjen	Oktober
Květen	Mai	Listopad	November
Červen	Juni	Prosinec	Dezember

Übernachten

Můžete mi prosím doporučit nějaký dobrý hotel?	Können Sie mir bitte ein gutes Hotel empfehlen?
Máte ještě volné pokoje?	Haben Sie noch Zimmer frei?
Jednolůžkový	Einzelzimmer
Dvoulůžkový	Doppelzimmer
Se sprchou/s koupelnou	Mit Dusche/Bad
Na jednu noc	Für eine Nacht
Kolik stojí pokoj se snídaní?	Was kostet ein Zimmer mit Frühstück?
Máme bohužel všechno obsazené	Wir sind leider voll belegt.
Mám reservaci	Ich habe reserviert
Nosič	Portier
Klíč	Schlüssel

Essen und Trinken

Allgemein

Kde je tady nějaká dobrá restaurace?	Wo gibt es hier ein gutes Restaurant?
Dobrou chut'	Guten Appetit
Na zdraví!	Prost!
Jsou tyto místa volná?	Sind diese Plätze frei?
To jsem si neobjednal/-a	Das habe ich nicht bestellt
Nejím maso	Ich esse kein Fleisch
Zaplatím prosím	Die Rechnung bitte
Snídaně	Frühstück
Oběd/večeře	Mittag-/Abendessen
Bylo to výborné	Das Essen war ausgezeichnet

Frühstück

Chléb	Brot
Houska	Rundes Brötchen
Rohlík	Längliches Brötchen
Máslo	Butter
Vejce	Eier
Vajíčko na měkko	Weiches Ei
Míchaná vejce	Rühreier
Vejce na slanině	Eier mit Speck
Med	Honig
Džem	Marmelade
Šunka	Schinken
Salám	Wurst
Sýr	Käse
Uzený sýr	Räucherkäse
Cukr	Zucker
Sůl	Salz
Pepř	Pfeffer

Getränke

Pivo	Bier
Budvar	Budweiser
Plzeňský prazdroj	Pilsner Urquell
Černé pivo	Dunkles Bier
Nealkoholické pivo	Alkoholfreies Bier
Bílé víno	Weißwein
Ryzlink	Riesling
Červené víno	Rotwein
Frankovka	Blaufränkischer (trockener, beliebter Rotwoin)
Svařené vino	Glühwein
Džus	Saft
Minerální voda	Mineralwasser
Čaj	Tee
Káva	Kaffee
Káva překapávaná	Filterkaffee
Černá káva	Schwarzer Kaffee
Bílá káva	Kaffee mit Milch
Káva bez kofeinu	Koffeinfreier Kaffee
Vídeňská káva	Wiener Kaffee (mit Sahnehaube)
Mléko	Milch
Čokoláda	Schokolade

Zum Auftakt

Předkrmy	Vorspeisen
Pražská šunka	Prager Schinken
Polévka	Suppe
Bramborová polévka	Kartoffelsuppe
Čočková	Linsensuppe
Hovězí vývar	Rinderbrühe

Žampionový krém	Champignon-cremesuppe
Hrachová	Erbsensuppe
Rajská	Tomatensuppe
Zeleninová	Gemüsesuppe

Das Beste zum Bier

Nabídka dne	Tagesgericht
Hlavní jídlo	Hauptgericht
Maso	Fleisch
Vepřové	Schweinefleisch
Vepřový řízek	Schweineschnitzel
Vepřový steak	Schweinesteak
Kotleta	Kotelett
Žebírko	Rippchen
Uzená krkovice	Rauchfleisch
Hovězí	Rindfleisch
Telecí	Kalbfleisch
Guláš	Gulasch
Svíčková na smetaně	Lendenbraten mit Sahnesoße
Španělský ptáček	Gefüllte Rinderroulade
Sekaná	Hackbraten
Biftek	Beefsteak
Skopové	Lammfleisch
Játra	Leber
Ledvinky	Nieren
Jazyk	Zunge
Kuře	Hähnchen
Kachna	Ente
Pečená husa	Gänsebraten
Ryby	Fisch
Pstruh	Forelle
Kapr	Karpfen
Zavináč	Hering
Tuňák	Tunfisch
Krevety	Krabben
Na roštu	gegrillt

Und dazu

Přílohy	Beilagen
Houskové knedlíky	Semmelknödel
Špekové knedlíky	Speckknödel
Bramborové knedlíky	Kartoffelknödel
Brambory	Kartoffeln
Bramborový salát	Kartoffelsalat
Hranolky	Pommes frites
Rýže	Reis
Zelí	Sauerkraut
Červené zelí	Rotkraut
Špenát	Spinat
Zelenina	Gemüse
Cibule	Zwiebeln
Česnek	Knoblauch
Fazole	Bohnen
Hrášek	Erbsen
Květák	Blumenkohl
Mrkev	Karotten
Chřest	Spargel
Houby	Pilze
Salát	Salat
Okurka	Gurke
Rajčata	Tomaten
Ocet	Essig
Tatarská omáčka	Remouladensoße

Zum Abschluss

Zákusky	Nachspeisen
Kompot	Kompott
Zmrzlina	Speiseeis
Ovocné knedlíky	Obstknödel
Palačinky	Palatschinke
Vdolečky se šlehačkou	böhmisches Hefe-gebäck mit Sahne
Sýrový talíř	Käseplatte
Dort	Kuchen

Zwischendurch

Chlebíček	Belegtes Brötchen
Pečivo	Gebäck
Klobásy	Würste
Párek	Würstchen
Slanina	Speck
Hořčice	Senf
Oříšky	Erdnüsse

Obst

Ovoce	Obst
Banán	Banane
Hrozny	Weintrauben
Hruška	Birne
Jablko	Apfel
Jahody	Erdbeeren
Maliny	Himbeeren
Pomeranč	Orange

Verlagsprogramm

- Abruzzen
- Ägypten
- Algarve
- Allgäu
- Altmühltal & Fränk. Seenland
- Amsterdam *MM-City*
- Andalusien
- Apulien
- Athen & Attika
- Azoren
- Baltische Länder
- Barcelona *MM-City*
- Berlin *MM-City*
- Berlin & Umgebung
- Bodensee
- Bretagne
- Brüssel *MM-City*
- Budapest *MM-City*
- Bulgarien – Schwarzmeerküste
- Kanada – der Westen
- Chalkidiki
- Chianti – Florenz, Siena
- Cornwall & Devon
- Costa Brava
- Costa de la Luz
- Côte d'Azur
- Dolomiten – Südtirol Ost
- Dominikanische Republik
- Ecuador
- Elba
- Elsass
- England
- Franken
- Fränkische Schweiz
- Friaul-Julisch Venetien
- Gardasee
- Genferseeregion
- Golf von Neapel
- Gomera
- Gran Canaria
- Gran Canaria *MM-Touring*
- Graubünden
- Griechenland
- Griechische Inseln
- Hamburg *MM-City*
- Haute-Provence
- Ibiza
- Irland
- Island
- Istanbul *MM-City*
- Istrien
- Italien
- Italienische Adriaküste
- Kalabrien & Basilikata
- Karpathos
- Katalonien
- Kefalonia & Ithaka
- Korfu
- Korsika
- Kos
- Krakau *MM-City*
- Kreta
- Kroatische Inseln & Küste
- Kykladen
- La Palma
- La Palma *MM-Touring*
- Languedoc-Roussillon
- Lanzarote
- Lesbos
- Ligurien – Italienische Riviera, Genua, Cinque Terre
- Liparische Inseln
- Lissabon & Umgebung
- Lissabon *MM-City*
- London *MM-City*
- Madeira
- Madrid & Umgebung
- Mainfranken
- Mallorca
- Malta, Gozo, Comino
- Marken
- Mittel- und Süddalmatien
- Mittelitalien
- Montenegro
- Naxos
- Neuseeland
- New York *MM-City*
- Niederlande
- Nord- u. Mittelgriechenland
- Nordkroatien – Kvarner Bucht
- Nordportugal
- Nordspanien
- Norwegen
- Nürnberg, Fürth, Erlangen
- Oberbayerische Seen
- Oberitalien
- Oberitalienische Seen
- Ostfriesland & Ostfriesische Inseln
- Ostseeküste – Mecklenburg-Vorpommern
- Ostseeküste – von Lübeck bis Kiel
- Paris *MM-City*
- Peloponnes
- Piemont & Aostatal
- Polen
- Polnische Ostseeküste
- Portugal
- Prag *MM-City*
- Provence & Côte d'Azur
- Rhodos
- Rom & Latium
- Rom *MM-City*
- Rügen, Stralsund, Hiddensee
- Salzburg & Salzkammergut
- Samos
- Santorini
- Sardinien
- Schottland
- Schwäbische Alb
- Sinai & Rotes Meer
- Sizilien
- Skiathos, Skopelos, Alonnisos, Skyros – Nördl. Sporaden
- Slowakei
- Slowenien
- Spanien
- Südböhmen
- Südengland
- Südfrankreich
- Südmarokko
- Südnorwegen
- Südschweden
- Südtirol
- Südtoscana
- Südwestfrankreich
- Teneriffa
- Teneriffa *MM-Touring*
- Tessin
- Thassos, Samothraki
- Toscana
- Tschechien
- Tunesien
- Türkei
- Türkei – Lykische Küste
- Türkei – Mittelmeerküste
- Türkei – Westküste
- Türkische Riviera – Kappadokien
- Umbrien
- Ungarn
- Usedom
- Venedig *MM-City*
- Venetien
- Wachau, Wald- u. Weinviertel
- Westböhmen & Bäderdreieck
- Wien *MM-City*
- Zakynthos
- Zypern

Aktuelle Informationen zu allen Reiseführern finden Sie im Internet unter
www.michael-mueller-verlag.de

Michael Müller Verlag GmbH, Gerberei 19, 91054 Erlangen
Tel. 0 91 31 / 81 28 08-0; Fax 0 91 31 / 20 75 41; E-Mail: mmv@michael-mueller-verlag.de

Register